# 発達障害支援の社会学
―― 医療化と実践家の解釈

The Sociology of Support for Developmental Disabilities: The Medicalization and the Practitioners' Interpretation

木村祐子

東信堂

# はじめに——発達障害児支援への問い

　1990年代後半、筆者が大学に入学したころ、学級崩壊が教育問題の一つとしてセンセーショナルに取りあげられた。立ち歩き、さわぐ児童を前に、ベテランの教師陣が太刀打ちできず、授業が崩壊していく様は唖然とさせられるものであった。学級崩壊問題は当初、教師の指導力や家庭のしつけ不足などで説明された。しかし、あるときを境に「学習障害（Learning Disabilities:LD）」「注意欠陥多動性障害（Attention-Deficit/Hyperactivity Disorder: ADHD）」の児童の存在が指摘されるようになり、彼らがいることで授業が崩壊してしまうのだという新しい解釈が導入されるようになった。

　筆者はこの突然の解釈の変容に驚き、こうした解釈の変容がいかに生じたのか、背景に何かあったのではないかと疑問をもつようになった。思い起こしてみれば筆者が子どものころにも、今でいう発達障害の症状に似た子どもは数人いたように思う。こうした子どもが今では発達障害児として扱われていることに違和感を覚えたのである。

　本書は、子どもの不適応や逸脱が「発達障害」というカテゴリーで説明され、支援されていくプロセスを社会学的に検討することを目的としている。発達障害とは、自閉症、アスペルガー症候群、広汎性発達障害、学習障害、注意欠陥多動性障害などを含む包摂的な概念である。いわゆる、コミュニケーション能力、学習能力、社会性に何らかの問題を抱えている人たちのことをさす。2004年には、「発達障害者支援法」が制定され、子どもから大人にいたるまで、より多くの人々を発達障害児・者として認定し、医療、教育、福祉、労働の場面で支援していくことが目指されている。

　発達障害に含まれる障害は今でこそよく知られるようになったが、1990

年代に入るまでほとんど世の中に知られていなかった。事実、1980年代の朝日新聞の記事に「学習障害」、「ADHD」、「アスペルガー症候群」の診断は全くでてこない（聞蔵Ⅱビジュアル朝日新聞記事データベース）。1990年代半ばから徐々に取り上げられる件数が増え、2000年代半ばには100件ちかく掲載されている(学習障害、ADHD)。アスペルガー症候群の場合は1998年になってようやく2件掲載され、2008年に84件とピークに達する（詳細は第1章1節を参照）。1990年代半ばからほんの20年ほどで、発達障害に関連する制度が次々と成立・施行され、急速に医療的カテゴリーとして認知されるようになったのである。

こうして、以前であれば「不器用な子」、「ちょっと変わった子」、「勉強が苦手な子」、「わがままな子」、「怠け者」などと非医療的に捉えられてきた子どもは、発達障害という医療的なレッテルを貼られるようになった。不適応や逸脱のカテゴリーで捉えられてきた問題は、今や医療の問題として再解釈され、対処されつつある。

この非医療から医療への移行は、社会学者のコンラッドとシュナイダーによれば、「医療化（medicalization）」と呼ばれる。それは「非医療的問題が通常は病気あるいは障害という観点から医療問題として定義され処理されるようになる過程」(Conrad & Schneider 訳書, 2003, p.1) を意味する。この定義にしたがうと、子どもの不適応や逸脱は発達障害という診断で説明され、支援されるようになっており、そこに医療化の進行がうかがえる。

医療的な支援が拡大し充実化することは、これまで見過ごされてきた人々を救済するという意味において、望ましいことのように考えられがちである。しかし、子どもに障害というレッテルを付与することは、レッテルに対する拒否や葛藤を生じさせ、支援者と当事者間に新たな軋轢を生じさせている。

医療的な解釈や実践を単純に良いものとして評価し、前進させるのではなく、今いちど立ち止まって考えなおす必要があるのではないだろうか。なぜ、医療的な解釈や実践は急速に普及したのか。非医療から医療への変更（医療化）は、支援現場に何をもたらしているのか。支援現場ではどのような問題が表面化しているのか。

筆者はこうした疑問を明らかにするために、2002年から2011年にかけて、発達障害に関わる資料収集（第2章、第5章）、小学校、療育施設、矯正施設で発達障害児に支援をしている実践家を対象にインタビュー調査（第3章、第4章、第6章）を実施してきた。本書はこうした質的データに基づく分析と考察である。

　本書の構成は以下のとおりである。
　序章では、発達障害児・者支援において、どのような問題が取りあげられるようになっているのかについて概観する。具体的には、発達障害の概念が曖昧で不確かであることや関連する支援機関との連携が困難であることがあげられる。これらの問題を社会学的に分析することの意義について論じる。
　第1章では、発達障害に分類される障害が新聞記事に何件掲載されているのかをみることで、日本における医療化の進行状況を把握する。医療社会学分野の医療化や不確実性に関する先行研究や理論枠組について整理し、本研究の課題を明確にする。また、発達障害の概念や制度状況についても説明する。
　第2章では、発達障害に分類される「学習障害」がどのようにして制度化されたのかを明らかにする。教育現場における「学習障害」の制度化こそが発達障害の制度化を推し進める契機となったからである。第1章と第2章は、構築主義や医療化論に関心がある方にとっては、なじみのあるものであるが、質的データに興味がある方は第3章から読み進めていただきたい。
　第3章と第4章では、小学校（第3章）と医療施設（第4章）の実践家の語りに基づいて、実践家が子どもの不適応や逸脱をいかに医療的に解釈し、支援していくのかを分析する。注目すべきは、実践家や発達障害児の親が発達障害というレッテル貼りに対して、拒否感や葛藤を抱える場面であり、それらは支援施設ごとに独特なかたちで対処されている。
　第5章では、1990年代後半から非行の原因として発達障害が取りあげられつつあることをふまえ、専門家や矯正施設の実践家が非行と発達障害の関係性をどのように位置づけているのかを資料に基づいて読み解く。
　続いて第6章では、矯正施設で実際に支援に携わる実践家が発達障害をど

のように解釈し、対処・管理しているのかについて、実践家の語りを追うことで明らかにする。

　第7章では、発達障害児支援の現場で、曖昧で不確かな特徴が多々みられたことを整理し、それらが支援現場特有のかたちで管理・運用されていることを社会学的に考察する。そして、本書の知見のまとめとして医療化論の再検討を試みる。

　本書は発達障害児支援の現場で生じている問題に対して、すぐに解決策を提示できるものではないが、発達障害児支援の現実を描き出すことをとおして、発達障害児支援に関わる人々の一助になればと願っている。

【発達障害支援の社会学──医療化と実践家の解釈／目次】

はじめに──発達障害児支援への問い ……………………………… i

序　章──発達障害児支援の問題と課題 …………………………… 3

 1　本書の目的　3
 2　発達障害児支援の諸問題　5
 3　先行研究とその課題　8
  1）医療化研究　9
  2）医療の不確実性　12
 4　調査方法とデータ　17
  1）資料調査　19
  2）インタビュー調査　20

第 *1* 章　医療化論と発達障害 ……………………………………… 31

 1　日本における医療化の拡大　31
 2　医療化の理論的検討　36
  1）医療化理論の概要　37
  2）発達障害にみる医療化　44
 3　発達障害の概念と制度の整理　48
  1）発達障害の定義　48
  2）発達障害の診断と支援　55
  3）発達障害に関わる制度　59

第 *2* 章　「学習障害」概念の制度化プロセス …………… 62

 1　本章の目的　62

    2　医療的要因　64
        1）アメリカにおける学習障害の研究　64
        2）日本における学習障害の研究　67
    3　社会的要因　69
    4　小括　73

## 第3章　学校における医療化プロセス ──────── 77

    1　本章の目的　77
    2　調査概要と状況設定　78
      1）調査概要　78
      2）モデル事業の概要　80
      3）小学校における事業の実態　83
      4）小学校における教育的支援の概要　86
    3　小学校における医療化プロセス　87
      1）不適応から医療的レッテルへ　87
      2）医療化の内実　92
      3）小学校における障害への意味づけ　102
    4　小括　106

## 第4章　療育施設における諸問題と不確実性 ─────── 110

    1　本章の目的　110
    2　調査概要と状況設定　111
      1）調査概要　111
      2）診断・療育の状況　113
    3　医療実践における諸問題　117
      1）障害の概念をめぐる混乱　117
      2）障害の捉え方　123

3）診断の難しさ　124
　　　4）療育の多様性　127
　　　5）告知の仕方　127
　　　6）組織・親との距離　135
　4　小括　138

# 第5章　非行と障害の関連性についての語られ方 ----- 142
　1　本章の目的　142
　2　先行研究の課題と研究方法　143
　3　非行と障害の語られ方　145
　　　1）非行と障害の関係性　145
　　　2）不確実性としての非医療的な解釈　149
　　　3）障害の原因　152
　　　4）障害の概念と非行　154
　4　小括　156

# 第6章　矯正施設における医療化プロセス -------------- 159
　1　本章の目的　159
　2　調査概要　162
　3　実践家の解釈における医療化プロセス　163
　　　1）非医療から医療的な解釈へ　163
　　　2）医療の不確実性のパターン　166
　　　3）不確実性についての解釈と管理　170
　4　小括　181

# 第7章　まとめと結論 ---------------------------------------- 183
　1　各章のまとめ　183

2　考察と結論　185
　　　1）学校、療育施設、矯正施設における医療化プロセス　187
　　　2）3つの場面でみられた不確実性　191
　　　3）不確実性の3類型　194
　　　4）不確実性の管理・運用　197
　　　5）不確実性と医療化　200
　3　実践的インプリケーション　203

参考文献 ---------------------------------------------------------- 207
おわりに——発達障害児支援への期待 ---------------------------- 215
付　録 ------------------------------------------------------------ 219
索　引 ------------------------------------------------------------ 225

# 発達障害支援の社会学
―― 医療化と実践家の解釈

# 序　章──発達障害児支援の問題と課題

## 1　本書の目的

　近年、我が国が抱えてきた教育問題（いじめ、不登校、非行）や社会問題（フリーター、ニートなどの若年者就労）の背後に、発達障害児・者の存在が指摘されるようになり、彼らを支援していく動きが高まっている。1990年代半ばから、発達障害に関連する制度が次々と成立・施行され、発達障害児・者への支援が急速に整えられつつある。2004年には、「発達障害者支援法」が制定され、子どもから大人にいたるまで多くの人々が発達障害[1]児・者として支援の対象となっている。
　彼らへの注目度は、現代の社会問題がどのように説明・解釈されているのかにおいても測ることができる。文部科学省の「特別支援教育を推進するための制度の在り方について（答申）」（2005年）では、発達障害に分類される「学習障害」や「ADHD」の児童がいじめの対象になりやすく、不登校におちいりやすいと報告している。非行や犯罪の問題では、加害者の精神鑑定の判定である「行為障害」、「アスペルガー症候群」、「広汎性発達障害」などの障害に注目が集まり、裁判において責任問題の争点となるケースがある[2]。若年者就労の問題においては、発達障害者は学校から職業への移行が極めて困難で、就職できたとしても非正規雇用である場合や離職につながりやすいことが指摘され、支援の必要性が訴えられている（小泉他 2008, 望月・内藤 2009）。発達障害児・者は、以前であれば「不器用な子」、「ちょっと変わった子」、「勉強が苦手な子」、「わがままな子」、「怠け者」などと非医療的に説明・解釈されてきた。不適応や逸脱のカテゴリーで捉えられてきた問題は、今や

医療の問題として再解釈され、対処されつつある。

　医療的介入は、これまで子どもの学習面や性格面の困難さを早期に見つけ、支援するという点において良い面のみが強調されてきた傾向にある。しかし支援現場では、さまざまな問題が指摘されるようになっている。発達障害の概念は曖昧な部分があり、専門家の間でもその定義をめぐって意見の相違がみられる。そのため、発達障害者の支援に携わる実践家（医療関係者、教師など）の間では、障害の原因をどこにみいだすのか、どの範囲・程度までを障害とみなすのかについて混乱や衝突が生じている（生地　2005，田中　2006a，太田編　2006a）。障害の概念の曖昧さは、誤診や多重診断の問題を引き起こし、当事者や支援者はそうした状況に翻弄され、障害というレッテルを十分に受容できずにいる。その他にも、発達障害の告知の問題、関連機関の連携の難しさなど支援現場ではさまざまな困難を抱えている（文部科学省　2002, 2003）。

　日本で子どもの不適応や逸脱が発達障害として解釈され、支援されるようになってから、10数年が経とうとしている。子どもの不適応や逸脱は、ますます医療的な支援の対象として取りこまれている[3]。この移行（子どもの不適応・逸脱から障害へ）が進むことは、従来の見方や対応では不十分で、児童を医療的に解釈し、支援していくことが必要であるとみなされているからであろう。しかし、前述したように、支援の現場でさまざまな問題が生じているのであれば、それらを改めて客観視する必要がある。

　発達障害児・者支援の現状は、実はこれまで十分に明らかにされてこなかった。発達障害に関する研究は、医療、保育・教育、労働、司法などの領域で多数蓄積されるようになっているが、その多くが発達障害の事例に基づいた医学的な知識や療育方法[4]（ノウハウ）に関するものである。こうした研究は、支援実践（診察、告知、療育）がいつ、誰によって、どのように行われ、そして、そこにいかなる社会的文脈が埋め込まれているのかを見落としがちである。医療実践にみられる問題を医療や支援側の観点からではなく、支援現場の人々の相互作用の観点から捉える必要がある。

## 2　発達障害児支援の諸問題

　まず、発達障害の概念を簡略に説明する（詳細は第1章3節を参照）。2004年に制定された「発達障害者支援法」によれば、「発達障害」は次のように定義されている。

　　自閉症、アスペルガー症候群その他の広汎性発達障害、学習障害、注意欠陥多動性障害その他これに類する脳機能の障害であってその症状が通常低年齢において発現するものとして政令で定めるもの（発達障害者支援法第2条第1項）。

　発達障害の法的定義は、多くの障害が包摂されている。発達障害の治療は薬物療法を用いることもあるが、基本的に完治する障害ではないという前提のもとに、療育（治療教育）が施される。療育とは「精神医学、心理学、認知科学、脳科学などの科学的な成果に基づいており、教育的な手段を使うことにより、精神機能の障害や行動の異常を改善するように働きかけたり、精神発達や適応行動を促進したりする方法である」（太田編　2006a, p.13）。発達障害児・者は、療育による持続的な支援を必要とする。
　では、発達障害児支援で指摘されている問題には、どのようなものがあるのだろうか。
　第一に、発達障害の概念上の混乱に問題をみいだすことができる。2011年版『発達障害白書』では、第2部第1章の「障害概念」で、発達障害の概念の曖昧さについて取りあげている（日本発達障害福祉連盟編　2010）。発達障害の概念は世界的には知的障害を含む意味で用いられているが、日本では発達障害に含まれるほとんどの障害（自閉症は除く）が知的障害を含まないものとして用いられている。日本では従来の特殊教育の枠組で十分な支援を受けてこなかった層（知的障害のない学習障害やADHDなど）への支援を目指して制度が制定されたからである。そのため、学術上用いられる発達障害と法律や制度上用いられる発達障害の定義は必ずしも一致しない。アメリカ精

神医学会が作成し、世界的に標準化されたマニュアルとして精神疾患を分類し定義した『精神障害の診断・統計マニュアル（*Diagnostic and Statistical Manual of Mental Disorders*：*DSM*）』の第4版改訂版（*DSM-IV-TR*）によれば、発達障害に分類される障害は、精神遅滞（知的障害）を含む（American Psychiatric Association 訳書　2003a）。しかし、「発達障害者支援法」をはじめとする法律や制度上の発達障害の定義は、基本的には精神遅滞を含まない。発達障害に分類される学習障害を例に説明すると、DSM-IV-TRと文部科学省の定義とでは、内容がそれぞれ微妙に異なる。DSM-IV-TRでは、知的発達から期待される読み、書き、算数（計算）の学業成績に著しい遅れを示す場合を学習障害と診断する。一方で、文部科学省の定義は「知的発達に遅れはないが」とし、学習障害のなかに知的障害の症状を含んでいない。主な症状についても「聞く、話す、読む、書く、計算する又は推論する」能力に困難があることとしており、会話の問題を含むカテゴリーとすることで、医学上の定義よりも広義になっている。こうして、発達障害の定義はそれが用いられる領域（教育、福祉、心理など）によって差異があり、一貫していない（太田編　2006b）。

　第二に、現場の医師は、発達障害の診断が一貫していないことを指摘し始めており、発達障害者支援を反省的に捉えようとする傾向がみられる。これは、前述した諸障害の概念が統一されていないことと関連している。『発達障害白書』では、小児科医師の石崎が発達障害の診断について以下のように述べている。

　　症状がどの程度で診断がつくかは、診断をつける医師の主観によるところが多くなる。特に、近年、社会性に関する問題については敏感で、以前はマイペースくらいの評価だったものを障害域とし、広汎性発達障害の診断をつけることが多くなったのではないかと感じる。発達障害についての専門家といわれる医師で、よりこの傾向は見られるように思う。同時期の同じ子どもが、広汎性発達障害と診断されたり、広汎性発達障害の要素をもつ個性とされたり、特に問題なしとされたりすることもある（日本発達障害福祉連盟　2010, pp.27-28）。

また、精神科医も以下のように述べている。

> 「正しく気づき理解する」ために必要な診断がなかなか一貫して一般化した形で行われないということである。……そもそも軽度発達障害は、この障害がないと想定される子どもたちの間に境界を引きにくく、年齢や発達状況、保育・教育的介入により、表現される状態像が著しく変化し、診察する医師の間でさえも、診断名が異なる場合が少なくない、といった技術的困難さがある（田中　2006a, p.7）。

> なかでも注意欠陥／多動性障害や学習障害は、裾野の拡がりが大きく、いわゆる「健常児」や正常な発達を遂げている子どもとそれらの障害を持っている子どもとの境界線は、はっきりしたものではない。しかも、その実態や本質も十分に理解されているとは限らない。医学的にも十分に理解が進んでいるとは言えないのである（生地　2005, p.60）。

このように、どの医師が診断するかによって診断結果が異なるということが生じている。これは、客観的な根拠に基づいて行われるはずの診断が社会的な文脈に左右されることを意味している。発達障害の診断の問題は、まさにこの点にある。DSMなどに掲載されている精神疾患は除くが、多くの病気では診断する医師が異なっても、診断結果が頻繁に異なることはあまり生じない。太田によれば、発達障害に属する診断のなかには妥当性の高いものとそうでないものがある。たとえば、自閉症については比較的よく研究されており、普遍性を有しているが、高機能自閉症とアスペルガー症候群の区別は十分な妥当性があるとは言い難い（太田編　2006a, p.19）。このように発達障害に分類される障害のなかには、研究が十分に蓄積されていないものもあり、診断は一貫性のない曖昧なものになりがちである。

　第三に、発達障害児に支援を行っている現場で、さまざまな問題が報告されるようになっている。発達障害の支援は、主に医療、保健、福祉、教育、労働の領域で行われている。これらの領域は、発達障害者支援法の「国及び

地方公共団体の責務」第三条の4に記載されている。国や地方公共団体が発達障害者の支援等の施策を講じる際に、これらの部局の緊密な連携を確保することが目指されている。なかでも、制度が導入される以前に医療的な実践がなかった領域において混乱が生じる傾向にある。たとえば、教育現場では2007年よりすべての小・中学校で特別支援教育の取り組みが始まっているが、地域や学校によって支援体制に大きな差異があり、実際は機能していなかったり、目の前にいる発達障害児に有効な支援ができずにいる。文部科学省が2000年度から2002年度までに実施したモデル事業(「学習障害児(LD)に対する指導体制の充実事業」)では、教師が児童の親に障害の可能性について伝えたことで、両者の関係性を悪化させてしまったケースを報告している(文部科学省　2002)。教師が障害の可能性に気づいたとしても、医療機関につなげることはたやすくない。

　以上のように、発達障害の支援現場では多様な問題が存在し、容易ではないことがうかがえる。本書では、発達障害者支援にさまざまな問題が表出しつつあることをふまえ、子どもの不適応や逸脱が発達障害としてみなされていくプロセスに焦点をあて、前述した諸問題の原因や背景について明らかにする。そのために、次節で医療化と不確実性についての先行研究を概観し、それらの枠組について整理する。

## 3　先行研究とその課題

　本研究では、子どもの不適応や逸脱が医療の問題として扱われていくプロセスをコンラッドとシュナイダーが提示した医療化の枠組で捉え、支援実践にみられる諸問題やその背景について検討する。本節ではまず、医療化の先行研究と理論枠組について説明する。次に、医療社会学で論じられている「不確実性(uncertainty)」の概念について整理する。前節で述べたような発達障害の概念の曖昧さや診断の不確かさの問題は、不確実性の概念で捉え直すことができる。

### 1) 医療化研究

　医療化研究は、イヴァン・イリッチやアーヴィング・ケネス・ゾラが「生活の医療化」を危惧し、医療を社会統制の一つとして用いることで、医療による監視を増大させ、患者の能力と自律性を減少させることを批判したように（Zola 訳書　1984, Illich 訳書　1998）常に、異議申し立ての性格を保ちながら確立してきた（進藤　2003）。一方で、1970年代後半以降の先端医療‒医療技術革命（臓器移植、体外受精、胎児診断、遺伝子治療、終末医療）は、個人の「選択」や「自己決定」の権限を拡大させた。その結果、医療からの解放としての「脱医療化」志向、「健康至上主義」傾向、「リスク管理」志向をまねいた。これらの志向が現代における医療化研究の対象となっている（進藤　2003）。

　これまで研究されてきた医療化の範囲は、通常の人生上の過程（出産、死亡、加齢、閉経）、「逸脱」類型（精神病、アルコール依存症、肥満、嗜癖、摂食障害、児童虐待、子どもの問題行動）、すべての人に共通する諸問題（学習障害、不妊、性的機能障害）が含まれている（Conrad & Schneider 訳書　2003）。興味深いのは、医療化される対象が逸脱行動だけでなく、それまでノーマルとみなされてきた行為や事象にまで及んでいるという点である[5]。多くの対象が医療化されているのであるが、医療化によって人道的な保護のみがなされているわけではない。「病人」というラベル自体が「非健常」という「逸脱」を作りだしていることを医療化研究は明らかにしている（進藤　2003）。医療化研究は、医療化される対象への社会的な価値や道徳を含んだまなざしを批判的に検討しようとしている。

　社会的なラベルの付与は、以前から社会学者が「逸脱」研究のなかで継続してきた論点である。コンラッドとシュナイダーは、「逸脱」や「病い」の定義・範囲をアプリオリなものとして捉える実証主義者を批判し、それらが社会的に構築されることを主張した。特に、タルコット・パーソンズの「病人役割(sick role)」や「逸脱」の議論、ラベリング‐相互作用論、スペクターとキツセの構築主義理論（Spector & Kitsuse 訳書　1990）の影響を受け、狂気、アルコール依存症、アヘン嗜癖、同性愛、犯罪などの事例研究を通して、マクロとミク

ロの観点から医療化の特徴や帰結を指摘し、そのプロセスの理論化を図った。

マクロな視点では、医療的なカテゴリーが立ち上がる際の「定義のポリティクス」に焦点をあてている。スペクターとキツセは、アメリカ精神医学会が出版した DSM で「同性愛」に関する学術用語がどのように取り扱われているのかについて分析している（Spector & Kitsuse 訳書 1990）。その分析によれば、DSM の初版（1952 年）では、同性愛が直接言及されていないが、DSM 第 2 版（1966 年）では、性障害の下位分類の一つとして掲載された。これに反発したゲイグループは、学術用語委員会との会合で精神医学の権威に反抗し、同性愛は精神障害とはみなしえないという証拠を提出した。ゲイグループは、彼らに賛成してくれる精神科医らを味方につけ、同性愛のカテゴリーを DSM から削除させた。同性愛はこうした政治的な過程を通して、精神医学の対象から削除されたのである（Spector & Kitsuse 訳書 1990）。こうした脱医療化の事例は、その他にマスターベーション、出産（自然分娩）においてみられるが、一般的には少ない（Conrad 2007）。一方で、医療化研究の多くは ADHD（Conrad 1976, Conrad & Potter 2000）や PTSD（Wilbur 訳書 2000）の事例のように、これまで医療と関わりのなかった行為がいかにして病気や障害として認定されるようになったのかについて分析している。その他にも、アルコール依存症、月経閉止、月経前症候群、慢性疲労症候群、パニック障害、アルツハイマー病、インターネット中毒などが医療化の例として取りあげられている（Conrad 2007）。以上のような事例は、脱医療化（同性愛など）と医療化（ADHD、PTSD など）という別の物語を作り出したが、両者とも正常か異常かをめぐる政治的な闘争であったといえる。コンラッドとシュナイダーは、医療化の背後に存在する医師集団、利害集団、社会的な運動などさまざまな組織や専門家の活動に注目し、彼らこそが定義のポリティクスを実践する主要なプレイヤーであることを指摘してきた。しかし、近年、アメリカの医療環境（ヘルスケアシステム、医学的知識、市場）が大きく変化したことで、医療化を推進させる主要なプレイヤーは、バイオテクノロジー、消費者、管理医療（managed care）へと移行しつつある（Conrad 2007）。コンラッドによれば、遺伝学の発展にともない、さまざまな病気や健康は遺伝的に解釈

され、治療・管理されようとしている。しかも、製薬会社は、以前であれば医師に対してのみ薬の宣伝をしてきたが、規制緩和によって一般の人々を対象に病気やその治療法について宣伝し、医師の診察を受けるように勧めるようになった。こうして、コンラッドは、現代の医療化が医師以上に製薬会社によって押し進められていることを指摘している（Conrad 2007）。

　次に、ミクロ過程に焦点をあてた研究としては、すでに「逸脱」研究のなかで、ラベリング‐相互作用論の観点からラベリングにおける偶発性、逸脱キャリア、逸脱者の下位文化、逸脱者のアイデンティティ、スティグマについての知見が蓄積されてきた（Conrad & Schneider 訳書　2003）。これに引き続き、医療化論は経験的事例における相互作用場面を検証している。たとえば、コンラッドは多動児がどのように発見され、クリニック内で診断されていくのかを制度と相互作用場面に依拠して明らかにしている（Conrad 1976）。日本でも障害が相互作用場面で社会的に構築されている点に焦点をあてた研究が散見されるようになっている。内田はスティグマや精神的傷害が社会の規範や構造によって生成される過程をインタビュー調査に基づいて明らかにしている（内田　2002）。また、鶴田は障害者との会話分析に依拠して、私たちが「知的障害者」というカテゴリーをどのような会話をとおして認識しているのかについて分析している（鶴田　2006）。

　医療化研究をマクロとミクロの視点から整理したが、碇によれば、既存の医療化研究はマクロ場面でみられる病いの社会的構築性や政治性を強調しすぎており、ミクロの領域、すなわち相互作用場面の検証をほとんどしてこなかった（碇　2005）。確かに、コンラッドの最近の著書である『社会の医療化』（Conrad 2007）でも、医療化を進める鍵は治療の有効性や収益性、医療的定義を推進する個人や集団（製薬会社）にあると指摘しており、マクロな視点が強調されている。したがって、相互作用場面でどのような要素が医療化を進めるのかについての論考を深める必要がある。

　コンラッドとシュナイダーの『逸脱と医療化（*Deviance and Medicalization : From Badness to Sickness*）』（1992）は、1980年に出版されたものに後記を加筆したものであり、彼らの理論が発表されてから30数年が経とうとしている。医療化

に関わる研究は、欧米では社会学だけではなく、医療人類学、歴史学、医学、フェミニズム研究など多様な領域で行われており、医療化の起源、範囲、社会的なインパクトについての議論が蓄積されている。日本でも 1990 年代後半になると、医療社会学分野の書籍や論文が多数発表されるようになり、不妊（白井 2001）、看護（三井 2004）、薬物（平井 2005, 佐藤 2006）、非行（赤羽 2007）などの事例に基づいた研究が蓄積されている。医療化の理論研究では、医療化のカテゴリーが孕む曖昧性を指摘し、医療化を分節化して捉え直すべきだとするの論文（平井 2004）や医療化論の不足を補うために医療化を再定義した論文（碇 2005）がある。また医学側から、アスペルガー症候群の歴史研究（石川 2007）や診断の拡大にともなう危険性についての議論（石川・高岡 2006）が展開され、医療的な解釈や実践の拡大を反省的に捉えようとする研究が提出されるようになっている。

　本書では、医療化を定義づけることの困難さ（平井 2004）をふまえ、医療化の水準と程度に注意しながら分析する。コンラッドとシュナイダーによれば、医療化には 3 つの水準（levels of medicalization）、すなわち概念（concept）、制度（institution）、相互作用（interaction）がある（Conrad & Schneider 訳書 2003）。概念の水準では医学的な語彙が作られ用いられるようになり、制度の水準では医学的なアプローチやプログラムが採用され、相互作用の水準では実際に医師と患者の間で治療的行為が展開される過程を意味している（Conrad & Schneider 訳書 2003）。そこで第 2 章では、発達障害に分類される「学習障害」を取りあげ、概念、制度の水準に注目する。第 3 章以降では、発達障害が発見、診断、療育される相互作用の水準に注目し、医療実践にともなう諸問題について検討する。

### 2) 医療の不確実性

　医療化研究はとりわけ精神疾患にみられる定義の変動性、診断基準や方法の曖昧さを問題視してきた（Spector & Kitsuse 訳書 1990, Kutchins & Kirk 訳書 2002）。こうした問題は、医療社会学で議論されてきた「不確実性」の概念で説明することができる。医療の不確実性は「臨床場面で医療的な知識の管

理、伝達、受容の間を媒介する医療的な訓練と実践における要素に関わっている」(Gabe et al. 2004, p.101)。たとえば、パーソンズは不確実性を医療実践 (特に外科手術) に不可避な存在として取りあげている (Parsons 訳書 1974)。医学的知識や技術面に不確実な要素がある場合でも、医師は患者やその家族に治療の「成功」への期待をかけられ、自ら行為 (手術) するように訓練されている (Parsons 訳書 1974)。また、パーソンズの弟子のレネ・フォックスは、医学生が医師になる過程において、医療の不確実性をうまく処理・管理する能力を身につけていることを明らかにしている (Fox 2000)。フォックスによれば、医学生は医師になるまでに3つのタイプの不確実性に出会う。それらは、①医療的な知識の不十分さから生じるもの、②常に変化し続けている技術や知識を習得することの難しさ、③現代医療の知識や学生の能力の限界から生じるものである。しかしながら、医学生はこれらの不確実性を次第にうまくコントロールする手法を学んでいく。医師は医療実践において常に不確実性と隣り合わせであるが、それらとうまくつきあうよう訓練されている (Fox 2000)。

　このように、不確実性は医療実践において不可避なものであり (Fox 2000)、それらは医学とは別種の仕組みによって処理・管理される。フォックスが問題視しているのも不確実性の存在自体というよりは、人々が医療を正当なものとみなすことで医療実践に潜んでいる不確実性の存在やそれらが処理・管理されていることに気づきにくくなっていることに対してである。実際、人々の健康志向は高まっており、医学に基づいた予防・管理が賞賛される一方で、不確実性は軽視されがちである (Fox 2000)。ギデンズによれば、現代医療には特定の専門家による権威が不在で、医療実践において多様な選択肢が用意されているため、医療実践は常に不確実な状態にある。人々は多くの選択肢から医師 (専門家) や治療方法を選び、そこに生じる不確実な状態をうまく管理するよう求められ、たびたびジレンマを抱える (Giddens 訳書 2005)。

　医療化研究は、精神疾患が社会的に構築されたものであり、政治的な産物だと批判することをとおして、医療の不確実性を暴露する傾向にあったが (Spector & Kitsuse 訳書 1990, Kutchins & Kirk 訳書 2002)、医療の不確実性は精

神疾患だけにみいだされる問題ではない。これまで述べてきたように、医療実践が存在する限り不確実性は避けられないのであれば、どんな病気においても不確実性は存在する。もちろん、病気や障害の原因が特定されれば、診断方法や治療技術が標準化され、不確実性は減少するだろう。しかし1990年代以降、遺伝子解析技術やゲノム研究など生物医学において目覚ましい発展がみられたが、そうした背景にも社会的構築性が存在し、医学的知識（生物医学）や先端医療の現場でも不確実な状況が生じている（額賀 2006）。医療化研究は「逸脱としての病い」の社会的要因に注目しすぎたため、医学的知識（生物医学）やそれらが医療現場で用いられるときの複雑な状況を分析してこなかった（額賀 2006）。病気の原因が特定され治療できるようになっても、医療実践における不確実な状態は、医学的知識や技術を扱う人々の間で生じ続け、管理・運用され続けているのである。

　こうした知見に基づけば、医療化は不確実性の管理・運用のメカニズムによって推進される可能性がある。さらに、医療化の程度を規定する要因はこれまで十分に明らかにされてこなかったが（Conrad & Schneider 訳書, 2003, p.528）、不確実性の存在やそれらの管理・運用のされ方にあるかもしれない。医療実践に存在する不確実性がどのように管理・運用されているのかを検討することは、医療化という現象を理解するうえで重要な鍵となる。

　では医療の不確実性を分析するために、ガーベらが整理した医療の「不確実性」の3つの類型について説明する。それは①医学上（clinical）の不確実性、②機能上（functional）の不確実性、③実存的不安（existential）[6]としての不確実性に区分される（Gabe et al. 2004）。

　まず、医学上の不確実性は病気や障害に関する医学の知識体系のことを意味しており、それが確立していないところで不確実性が生じる。たとえば、ADHDの診断は以前、多くの異なった診断で説明されてきており、概念のもつ曖昧さや不確かな特徴が明らかにされている（Conrad 1976）。ADHDはアメリカで「多動児」、「微細脳損傷」、「微細脳機能障害」、「子どもの運動過剰反応」、「運動過剰障害」などと呼ばれ、同様の症状にもかかわらず、多くの診断が用いられた（Conrad 1976）。また、フォックスは、医学生が医学に

ともなう不確実性をどのように管理・運用するようになるかを明らかにしている（Fox 2000）。発達障害の場合は、原因、診断方法、支援方法において曖昧で不確かな点が多数みられ、知識体系が確立していないという点において、医学上の不確実性が確認できる。

次に、機能上の不確実性は本書が特に注目する点であるが、医療実践に関わる人々の間で、不確実性がどのように表出し、管理・運用されていくのかについて焦点をあてるものである。古典的な研究では、医師が小児まひの子どもの親と会話する時、不確実な事実を伝えたり、隠してごまかしながら、医療実践を管理していることを明らかにしている。医師が不確実性を伝えることは、患者に希望や好機を与える場合もあるが、絶望や混乱を生じさせ、それらは医師にとってわずらわしいものと認識される（Davis 1960）。また、グレイザーとストラウスは、看護師が常に死ととなりあわせにいる終末期のがん患者との相互作用において、不安定な状態をつくらずに職務をこなせるようにさまざまな戦略を用いていることを指摘している（Glaser & Strauss 訳書 1988）。このように、実践家は実践を円滑に行うために、多様な戦略を用いて不確実性を管理する可能性がある。

最後に、実存的不安としての不確実性は、医学上の不確実性に直面した患者が経験する不確実性をテーマにしている。特に、病気の原因が特定されていないときに患者が経験するものである（Gabe et al. 2004）。病気の経験（阻血性壊死、炎症性腸疾患）に基づいて、実存的不安としての不確実性が医学上の不確実性によっていかに生じるのかが論じられている（Adamson 1997）。最近の研究では、鷹田が小児がんの子どもをもつ親を対象に、彼らが前診断期（小児がんと診断されるまでの期間）、治療期、寛解期（治療の結果として疾患の徴候や症状が完全に、もしくは部分的に消失した状態）の局面においてどのような不確実性に直面し、それらを対処しているのかを論じている（鷹田 2011）。鷹田によれば、小児がんの初期段階は潜行的で、前診断期において親が医師の診断を受けようとしても、しばしば「心配のしすぎ」、「神経質」などと位置づけられ「問題なし」とみなされてしまったり、誤診されてしまうことが少なくない。治療期では、親は子どもの死が差し迫っており、それらが予測

不可能で不確かなものであると認識している。治療終了後も、親たちは再発、二次がんに対する不安を抱き続け、それらが実際に起こるかどうかは予測不可能であり、「継続的な不確かさ」を抱えながらの生活を余儀なくされる。親たちはこうした不確実性に直面しつつも、小児がんについての情報をうまく管理し、生き方を再編していくといった対処を試みている（鷹田　2011）。

　以上、先行研究に基づいて医療の不確実性の3つの特徴について整理した。発達障害の医療実践にも不確実性は存在する。しかし、これまで日本の医療化研究は、医療の不確実性がどのような特徴をもち、実践家によっていかに管理・運用されているのかについて十分に明らかにしてこなかった。当然、医療化と不確実性の関係性についても言及されていない。先行研究の知見に基づけば、医療実践には必ず何らかの不確実性があり、実践家は現場の実践を遂行するためにそれらを管理・運用せざるをえないということである。このことは、同時に、不確実性の管理や運用は、本当の意味で医療実践に生じている諸問題を解決しているわけではないことを意味する。解決するどころか、そうした問題をうまく覆い隠している。特に、発達障害は概念や原因が曖昧なため、医学上の不確実性が多く、必然的に機能上の不確実性や実存的不安としての不確実性をともないやすくなると予想できる。医学上の不確実性によって、実践家だけでなく当事者やその周辺者がより多くの不確実性に直面し、不安に感じ、葛藤しているのであれば、医療実践で生じる不確実性についてもっと検討すべきである。そして、本章の2節で述べたような組織間の連携の困難さは、医療の不確実性、それらの管理・運用のされ方と関わっているのではないだろうか。不確実性の実態を明らかにすることをとおして、発達障害児・者支援の問題が明確になり、それらをどのように解決していくべきなのかについて議論することができるようになるのではないか。

　本論文では、医療実践にたずさわる人々の間で、どのような不確実性が生じ、それらがどのように取り扱われているのかを不確実性の3つの類型に基づいて分析する。医療実践に不確実性が避けられないのであれば、それらの存在や管理・運用のされ方を分析することで医療化を捉え直していく必要がある。

## 4 調査方法とデータ

　本書では、子どもの不適応や逸脱がいかにして医療的に解釈され、支援されていくのかについてのプロセスに焦点をあてるため、質的方法を用いる。詳細な調査方法やデータについては、各章を参照していただきたいが、概要について以下に紹介する。

　医療社会学は、病いの定義や意味の成立過程に注目して、多くの研究を蓄積してきた。そうした研究の多くは質的方法を用いてきた。病いとは、社会的な意味を付与された産物であり、そうした意味付与の過程をとおして、私たちは病気や障害を理解し経験している。ある社会、ある時代においては、道徳的な問題として処理された問題も、別の社会、別の時代では病気として医療的に処遇されることがある。質的調査は、量的調査では得られないようなリアリティに迫ることができる。質的調査の手法・技法には、エスノメソドロジー、エスノグラフィー、ナラティブ分析、言説分析、カルチュラル・スタディーズ、現象学、参与観察など多様なものがあるが、本書では主に資料調査とインタビュー調査を用いる。

　方法論的立場については、ラベリング‒相互作用論とスペクターとキツセ（Spector and Kitsuse 訳書　1990）の社会問題の構築主義に依拠する。コンラッドとシュナイダーが自らの理論的立場を歴史的社会構築主義（historical social constructionism）と述べているように（Conrad & Schneider 訳書　2003）、これらは医療化理論のベースになっている。

　まず、ラベリング‒相互作用論は逸脱を他者のレッテル貼りによって与えられた属性であるとみなす。ハワード・ベッカーによれば、「社会集団は、これを犯せば逸脱となるような規則をもうけ、それを特定の人々に適用し、彼らにアウトサイダーのレッテルを貼ることによって、逸脱を生み出すのである」（Becker 訳書，1978, p.17）。ラベリング理論に基づいた研究は、逸脱が規則を作り出して適用する人と逸脱者の共同行為によって生まれた社会的産物であるとみなすため、両者の相互作用に注目してきた。それゆえ、ラベリング‒相互作用論に基づいた逸脱研究は、ミクロ社会学的側面に焦点を

あわせており、ラベリングにおける偶発性、逸脱キャリア、逸脱者の下位文化、逸脱者のアイデンティティ、スティグマの影響について明らかにしてきた。また、医療化研究はシンボリック相互作用論や現象学的社会学、それに続くバーガーとルックマンの知識社会学の影響も受けている（Conrad & Schneider 訳書 2003）。その後展開したエスノメソドロジーやグラウンデッド・セオリーに基づいた研究では、病院内の医療実践で繰り広げられる人々の相互作用に注目し、彼らの関係性、病気や障害（あるいは、生と死）に対する態度、感情労働（特に看護）、医療専門職や患者間で行われる交渉や戦略を明らかにしている（Glaser and Strauss 訳書 1988, Sudnow 訳書 1992）。これらの研究は、病院内における日常生活がいかにして構築されているのかを主題としており、ラベリング理論と次に述べる構築主義理論に共通した視座をもつ。

　ラベリング - 相互作用論の研究は、上述したようにマクロ社会学的側面にあまり注目しておらず、政治的、構造的な問題を検討してこなかった。そこで、コンラッドとシュナイダーはラベリングの視点をベースにおきながら、逸脱の定義や認定の集合的活動に焦点をあてるために、スペクターとキツセの社会問題の構築主義（Spector & Kitsuse 訳書 1990）に基づいて医療化研究を進めた（Conrad & Schneider 訳書 2003）。社会問題の構築主義は、ラベリング理論を社会問題研究の分野で再構成したものであり、問題を所与のものとして捉える実証主義を批判し、諸問題が人々によって生成されるプロセスに注目した（Spector & Kitsuse 訳書 1990）。医療の問題でいえば、医療専門職が病気の原因や治療方法を発見し、発展させることを目指すのに対して、構築主義者や医療社会学分野の研究者は、病気や障害の定義、診断、治療を客観視し、反省的に捉えることで、それらの社会的構築性を明らかにする。構築主義者やそれをベースにした医療化論者は、アルコール依存、アヘン中毒、同性愛、PTSD、ADHD の事例を基に、「病い」がいかにして社会的カテゴリーとして定義され、一般的に定着されていくのかについて分析し、その背後にあるクレイム集団の活動、学閥、製薬会社や専門家らの利害関係を明らかにした（Conrad & Schneider 訳書 2003）。

　このように、医療化研究はラベリング研究で欠けていた集合的な活動に焦

点をあてたため、マクロ的な視点に基づいた研究が多く、医療化の相互作用の水準（ミクロ的視点）については十分な理論化がなされていない。そこで本書では、ラベリング‒相互作用論と構築主義理論の視点に基づいて、発達障害という概念がどのようにして一般的に知られるようになったのか、支援現場で報告されつつある問題がどのようなプロセスを経て生じているのか、実践家は諸問題をどのように解釈し、対応しているのかといった疑問に答えるために、質的調査（資料調査とインタビュー調査）を実施する。そして、支援現場の実践がいかにして生成されているのかを構築主義理論やラベリング‒相互作用論の立場に依拠して分析する。

### 1）資料調査

　第2章では、「学習障害」の制度化プロセスについて扱う。「学習障害」に関わる資料や文献に基づいて、「学習障害」という概念が学問上どのように発展したのか、「学習障害」という診断がどのようにして普及していったのかについて分析する。また、「学習障害」の制度化に貢献した特定非営利活動法人「全国LD親の会」からは、以下のような貴重な資料の恵投を得た。

　　●「全国LD親の会」提供資料（要望書）
　　平成2年6月25日　　文部大臣宛
　　平成3年8月29日　　厚生大臣宛
　　平成5年6月15日　　厚生大臣宛
　　平成6年3月8日　　 労働大臣宛
　　平成7年6月27日　　文部大臣宛、厚生大臣宛、労働大臣宛
　　●全国LD親の会　2001,『全国LD（学習障害）親の会　設立10周年記念誌―「かけはし」の10年』。

　第5章では、非行と発達障害の関係性が専門家や実践家によって、どのように語られているのかについて邦文論文（1997年～2008年）を収集し、その内容を整理した。邦文論文数については、第5章を参照していただきたい。

## 2) インタビュー調査

　第3章、第4章、第6章では、インタビュー調査を用いて分析しているためそれらの調査概要について説明する。これらの章では、子どもの不適応や逸脱がいかにして医療的に解釈され、支援されるようになっているのかを分析するために、小学校、療育施設、矯正施設での相互作用に注目している。研究方法は、フィールドワークや参与観察も考えられたが、現場の組織体系、支援の内容、実践家の解釈を把握するためにはインタビュー調査が最も適していると考えた。また研究対象が障害児、あるいは、非行少年であり、プライバシーの観点から支援場面を直接観察し、データを記録することが難しく、インタビューであればアクセスしやすいという面があった。本論文で実施したインタビュー調査は、特定の組織内における医療化プロセスのリアリティを把握するために、最も適した調査方法だと判断した。また、少ないデータしかないため分析対象にはしていないが、小学校、少年院では施設見学をし、教師や法務教官が児童や少年を指導している場面も観察することができた。その他、現場でさまざまな資料をいただき、閲覧することで現場の状況をより把握することができた。

　インタビュー調査の対象者は、発達障害児・者への支援を行っている実践家である。具体的には、教員、医療施設の職員（医師、言語聴覚士など）、矯正施設の職員（家庭裁判所調査官、法務技官、法務教官）である。対象者については、児童本人や親にインタビューをすることを考えたが、支援体制・取り組み、組織内にいる発達障害児の全体像、関連機関との関わりを把握するために、発達障害児に支援をしている実践家を対象とした。そのため、本研究の知見は実践家のインタビューデータに依存しており、限定的であることを明記しておきたい。なお、調査前のインタビュー対象者と調査者の面識はない。

　対象者のなかでも、家庭裁判所調査官、法務技官、法務教官へのインタビューデータは貴重であった。最近になって、現場でのフィールドワークや彼らへのインタビュー調査が実施されつつあるが（広田他編　2012）、これまで矯正施設はアクセスが難しく、閉ざされた世界であった。もちろん、彼ら

の実践についての研究がなかったわけではないが、それらのほとんどが内部関係者によるものであった。矯正施設では、非行少年の守秘義務が重視されるため、調査の交渉は極めて困難であった。本研究では、小学校、療育施設、矯正教育の支援現場に対して調査依頼をしてきたが、どの組織においてもプライバシー保護や業務の多忙さゆえに、数件は断られた。

　インタビュー内容は、実践家、児童、児童の親などの関係性や相互のやり取りを把握できるような内容にした。対象者には、事前に用意した質問内容について聞いており、半構造化面接を行った。具体的な質問内容については、付録を参照していただきたい。インタビューのデータは、発言内容をICレコーダーに録音し、文字おこししたものである。データの文脈については、提示した語りがどのような文脈で語られたのかについてデータの前後にできる限り記述するようにした。また、データの提示の仕方についてであるが、各章で取りあげている発言内容の下線は筆者が引いた強調線であり、発言者を特定するためにデータの最後にコードを表記している。

　インタビュー調査の概要や対象者については、詳細を各章で説明しているためそれを参照してほしい。以下には、その一部を示した。

　　（第3章）　インタビュー対象者：小学校で発達障害児やその周辺的な障害児に教育的な支援を行っている教員9名
　　　　　　　調査時期：2003年10月〜2003年11月

　　（第4章）　インタビュー対象者：医師2名（精神科医、小児科医）、保育士1名、心理職1名、言語聴覚士3名、臨床発達心理士1名、発達障害者支援センター職員3名の計11名
　　　　　　　調査時期：2007年2月〜2008年1月

　　（第6章）　インタビュー対象者：家庭裁判所調査官2名、法務技官7名(うち、1名が法務教官兼任)、法務教官6名、法務事務官1名、元法務教官1名の計17名

調査時期：2005年8月～2006年11月

　次に、学校、療育施設、矯正施設の3つの場面では、医療との関わりにおいて、状況設定が異なるため、これらの場面を取りあげた理由について説明する。
　まず、学校現場を取りあげる理由は、日本において発達障害に分類される障害が、教育の領域で初めて制度化されたからである。発達障害に分類される「学習障害」は、1995年に文部省によって初めて公式に定義され、その後、ADHDや高機能自閉症も支援対象となった。現在では、発達障害に分類される障害やその周辺的な障害も含めて支援の対象となっているが、最初は「学習障害」児の支援から始まった。日本における発達障害の支援は、制度上、教育現場からスタートしたのである。教育現場の特徴は、これまで全く医療と関わってこなかったところに、医療が介入してくるという点にある。この特徴は、まさに医療化プロセスを表している。このプロセスを分析することで、子どもの不適応や逸脱が障害として位置づけられたときに、児童の親、教員が医療的な解釈や実践に対してどのように理解し、振舞うのかを明らかにすることができる。支援現場では、障害に対する偏見、障害を受け入れることができない親、疑いがある段階で告知してしまう教員などの問題が生じ、教師、児童、児童の親の間でさまざまな混乱や葛藤を抱える。医療実践がなかった領域に医療が介入するということが、どのような状況や問題を構築させることになるのかについて検討することは、重要である。なぜなら、そうした現場で医療はより正当なものとして介入してくる可能性があり、人々は葛藤を抱えやすくなる危険性があるからである。
　また、本書では学校現場として小学校を取りあげる。小学校では、子どもの不適応・逸脱が障害として発見、診断されていくプロセスを検討することができる。発達障害は通常、子どもにみられる障害であり、幼少期に発見されることが多い。したがって、小学校の段階であれば、誰が子どもの不適応や逸脱を発見し、どのようなプロセスをとおして診断が付与され、支援されていくのかという医療化のプロセスを把握しやすい。保育園や幼稚園など幼少期を対象に分析することも考えられたが、発達障害に関する事業が小学校

から展開してきたこと、発達障害の症状が幼少期においてしばしば診断しづらい状況にあることに鑑み、小学校を対象にした。

次に、療育施設（病院や発達障害者支援センターを含む）は、小学校と異なり、発達障害が一般的に知られる前から診断し、支援を行ってきた。医療化論の観点からいえば、療育施設は以前から医療的に解釈されてきた場であり、医療化のプロセスは捉えづらい場面である。しかしながら、医療関係者にインタビューをすると、医療関係者全員が以前から医療的な知識を用いて、児童らを支援してきたわけではないことがわかる。発達障害等の知識をもっている人は、医療関係者のなかでもほんの一握りの人々であり、療育施設では実践家が新しい知識を習得しようと常に努力していた。また、発達障害の概念が普及したことで、発達障害の疑いのある児童がみつけ出され、受診する児童が増えていた。発達障害が社会的に認知されるようになったことで、療育現場では、さまざまな混乱や問題が生じるようになっていた。こうして療育施設は、子どもの不適応や逸脱が発達障害として社会に広く認知されるようになる過程、すなわち、社会における医療化の影響を大きく受けている。

療育施設を分析する理由は、第一に、教育現場の実践を分析したことで、医療実践にしばしば曖昧で不確実な状況がみられたからである。教師は医師の診断や処方に対して疑問を抱き、不確実な実践にとまどったり、葛藤していた。これらは、療育施設に対する不信感、抵抗として読み取ることができる。そこで、療育施設で発達障害の診断や処方がどのように行われ、実践家の間でどのような問題が生じているのか、それらは実践家によってどのように管理・処理されているのかを検討することにした。加えて、医療関係者がそうした実践をどのように受けとめているのかについても明らかにする。不確実性の特徴や管理・運用のされ方を分析することは、本論文の主要なテーマの一つである。

第二に、小学校の実践と療育施設の支援実践を取りあげることで、組織間で生じる問題について検討することができる。小学校に医療的な解釈や実践が急速に広がり、療育施設では教育側や障害児の親によってこれまでにはなかったような訴えや要請がもたらされており、しばしば混乱状態にあった。

たとえば、その一つに障害の概念をめぐる問題がある。前述したように、発達障害に分類される諸障害の概念は、学術上と行政上で異なる傾向にあり、障害の概念は混乱した状態にある。学術上と行政上で概念が異なるということは、療育現場と教育現場において概念の取り扱われ方が異なることを意味している。学校と療育施設は、発達障害者支援において連携を必要とする組織であるが、概念の捉え方の違いが現場にどのような影響を与えているのかについて検討する必要がある。

　最後に、矯正教育の現場を取りあげる理由について述べる前に、非行が医療的に解釈されるようになった背景について簡単に説明する（詳細は第5章、第6章参照）。1990年代後半から非行や犯罪についての報道は、たびたび加害者に発達障害のレッテルを付与するようになった。1997年の神戸児童殺傷事件では加害少年に「行為障害」の診断を付与しており、その後の事件でも医療的な解釈がみられる[7]。赤羽によれば、マスメディアは1997年の神戸連続児童殺傷事件を契機に、非行の増加・凶悪化を問題視するようになった。この時期、注目をあびた非行は、非行歴のない普通の少年や模範的な優等生だった少年が凶悪な犯罪を突然、起こしてしまうという「いきなり型」と呼ばれるものであった。それゆえ、人々は理解不能な溝を何とか埋めようとして、心や障害という心理学や精神医学的な語彙を用いて、少年の個人的な異常性に犯罪の原因を求めようとした（赤羽 2007）。実際、専門家や実践家は非行と障害の関連性について指摘するようになっており、宇治少年院（2008年3月で老朽化のため閉鎖）をはじめとする少年院ではLDやADHDなどをもつ児童に配慮した教育的な取り組みが積極的に行われた（向井 2003a, 2004, 品川 2005）。このように、非行の語られ方や矯正施設の実践において、医療化の進行がみられる。

　矯正教育の現場を取りあげる第一の理由は、加害少年に発達障害があると認められた場合においても、責任の所在や処遇のあり方が曖昧な点にある。コンラッドとシュナイダーによれば、「医療的認定は逸脱者に対する犯罪学的定義の厳しさを和らげ、総じてそのような認定に対する武器として通常用いられてきた」（Conrad & Schneider 訳書, 2003, p.513）。医療モデルは、以前か

ら、同性愛者に対する法的抑圧と厳しい罰則規定に反対するため、あるいは、アヘン中毒者に対する刑法上の処遇の不正を攻撃するために用いられてきた。診断が付与されれば、本人やその周辺者の責任は転嫁され、免除・軽減される（Conrad & Schneider 訳書 2003）。しかし、非行の問題においては、少年に発達障害の診断が付与された場合でも、本人やその周辺者の責任は必ずしも免除・軽減されていない。

2000年の少年法改正[8]により、重大事件は原則、検察官送致がなされるようになり、被疑者が未成年であっても責任能力判断が求められる事例が増えている（十一 2011）。非行事例[9]を検討すると、加害少年に発達障害が認められた場合、障害の影響を十分に考慮し保護処分になることもあれば、障害が非行の直接的な原因ではなく責任能力なしとはいえず、刑事処分になることもあった。診断が付与されれば責任が免除・軽減されているわけではない。また、保護処分の場合、加害者側が医療的な処遇を望んでも、医療少年院に送致されない場合もあった[10]。元家庭裁判所調査官の藤川によれば「致死事件や性犯罪における処罰感情は強く、加害者に発達障害が認められてもそれのみを理由に免責されず、情状面でこれを考慮に入れるかどうかが論議されるという情勢にある」（藤川 2012, p.152）。弁護士の金岡は、発達障害のある被告人の事案で責任能力が争われ得ることをふまえ、現時点では完全責任能力を否定した裁判例がごく少数にとどまっていると指摘している（金岡 2012）。このように、加害少年の障害の有無は処遇のあり方を決定づけるものではなく、責任の所在は曖昧になりがちであった。発達障害のある少年が犯した非行の場合、医療化理論に依拠した「責任の転嫁（軽減・免除）」は適応されないことがあった。また、1990年代後半から少年犯罪の動機や原因は加害少年の「心の闇」や「心の病い」にあると語られ、加害少年の猟奇性や不可解さに焦点があてられるようになると、加害少年の被害者性は薄くなり、加害少年及び事件の責任をもつ人々への非難の声が高まっている（牧野 2006）。しかし、発達障害のある少年の事件では、加害少年への批判は必ずしも強まっているとはいえない[11]。

次に、加害少年の周辺者の責任は、どのように解釈されているであろうか。

非行の報道のされ方について分析した研究によれば、1960年代までは親の責任を問う声はなかったが、1970年代半ばから親や教師の責任が強く問われるようになった（広田　2003，牧野　2006）。赤羽によれば、2000年の豊川主婦殺人事件や2003年の長崎男児誘拐殺害事件の報道では、加害少年の周辺者が病気に対して適切な対処や保護を怠ったと述べており、それが犯罪の背景にあったとみなされている（赤羽　2007，2012）。したがって、発達障害のある少年の事件では、批判の対象が加害少年から周辺者へと移行しており責任の転嫁が生じている。

　加害少年に発達障害が認められた非行の場合、医療化理論が適応される場合とそうではない場合がみられる。医療化理論が適応されない背景の一つには、少年法改正にみられる厳罰化[12]の影響が考えられる。2000年の少年法改正では、刑事処分を可能にするための検察官送致（逆送）の年齢を16歳から14歳に引き下げ、16歳以上の少年が故意の犯罪行為によって被害者を死亡させた場合（殺人、強盗・強姦致死、傷害致死など）には、保護処分など刑事処分以外の措置を適当と認める場合を除き、検察官送致の手続きが取られるようになった。その他にもこの改正では、18歳未満の少年の無期刑は必要的に有期刑（10年以上15年以下）に軽減されるというこれまでの規定を改め、軽減するかしないかを裁判官の裁量において決定できるようにした。そして、死刑を軽減して無期刑にしたときの仮釈放可能期間7年（改正前）を成人と同様に10年にするなど、刑罰強化の意図が表明されている。また、保護者に対する措置が明文化された。家庭裁判所は、保護者に対し、少年の監護に関する責任を自覚させ、その非行を防止するため、調査又は審判において、自ら訓戒、指導その他の適当な措置をとることができる（澤登　2011）。

　続いて、2007年の少年法改正では、少年院送致可能な年齢の下限を14歳以上から「おおむね12歳以上」へと引き下げた。2000年の改正でみられた保護者に対する措置では、少年院長も少年の保護者に対して指導・助言その他の適当な措置を取ることができるようになり、加害少年だけでなく、親への指導が強化されている。こうして、少年法改正は刑罰の適用範囲を拡大させた。こうした変化は、少年法が保護原則に基づいた行為者主義に対し、責

任原則に基づいた行為主義的な要素を取り入れ始めたことを意味する（土井 2007）。「少年法『改正』は、保護主義の理念から離れ、少年事件が『凶悪化』しているという認識のもとでの『厳罰主義』を求める主張の反映であった」（大庭　2010, p.155）。

　厳罰化は、日本の少年法においてのみみられるわけではない。近年、日本の刑事政策は、2001年の危険運転致死傷罪の制定や2004年の刑法・刑事訴訟法の改正にみられるように、厳罰化傾向にある。2004年の刑法・刑事訴訟法の改正では、重大事件に対する有期懲役刑の上限を現行の20年から30年に延長、殺人などの死刑にあたる罪の公訴時効期間を15年から25年に延長、殺人罪の下限を3年から5年に引き上げなど刑期が長期化している。また、2010年に導入された裁判員制度は、欧米の例示にあるように厳罰化が加速する可能性がある。谷岡によれば、「一般に大衆の判断は、厳罰を望む方向に働く」（谷岡　2007, p.80）。厳罰化傾向は日本だけでなく、英米圏を中心とした欧米先進国において共通してみられる（浜井　2008）。こうした法体系の変化は、逸脱や犯罪への責任帰属を強める可能性がある。

　以上のように、加害少年に発達障害の診断が付与された場合、医療化理論で示されたように、加害少年の責任が転嫁され、刑が軽減されることもあったが、厳罰化傾向にみられるように、障害が認められても刑罰が適応されることもあった。医療モデルは逸脱者の処罰を軽減させるために用いられるため、刑罰を軽減させる医療化と厳罰化は並行しないが、日本の非行問題ではそれらが並行してみられる（赤羽　2007）。赤羽はその背景について、医療化が教育的配慮の限界を補完するものとして存在しており、処罰／治療よりも処罰／教育の対立軸が重要な争点となり続けていること、そして、厳罰化と対抗関係にあるのは保護主義理念に基づいた教育的配慮の要請であることを明らかにした。それゆえ、医療的配慮の要請は目立たず、厳罰化と医療化は対抗的な関係になりにくい（赤羽　2007）。しかし、加害少年に発達障害の診断がつけられた事件では、医療化と厳罰化が並行してみられるというよりは、事件の特徴に応じてどちらかが選択されており、どちらが選択されるのかについての基準は明確ではなかった。どちらかが選択されるため、全体をみる

と医療化と厳罰化が並行しているかのようにみえるのだと考えられる。このように、加害少年に発達障害の診断が付与された事件の場合、医療的な解釈や実践は曖昧に構成されており、それらが矯正施設でどのように受容されるのかについて分析する必要がある。

　第二に、非行少年の処遇の問題がある。学校や療育施設では、診断が明確になっていなくても、支援の必要な子どもを対象にすることで、曖昧にされながらも継続した支援を行うことができる。また、療育施設でよくみられることであるが、医療関係者の支援がいったんうち切られても、仕方がないこととしてみなされる（第4章参照）。しかし、非行少年の場合は、法律に違反する問題行動を起こしており、さまざまな原因を調査し、特定したうえで、司法に従って処遇しなければならない。子どもの逸脱が司法と関わるとき、発達障害などの医療的な解釈や実践（診断の付与、療育）は、非行の原因の特定、処遇の仕方にどのような影響を与えているのかを明らかにする必要がある。

　本書では、学校、療育施設、矯正教育の3つの領域における子どもの不適応・逸脱の医療化を取りあげる。医療化は、子どもに限らず大人にもみられる現象ではあるが、とりわけ子どもにおいて進行しやすいことが指摘されてきた（Conrad & Schneider 訳書　2003）。子どもは、依存的で行為に十分な責任を負えない存在であるとみなされているからである。発達障害に関わる問題は、3つの領域以外にもマスコミ、家族、地域、当事者などの問題が考えられるが、①実践家（療育や支援をする人）や当事者（児童の親）の相互作用において、子どもの不適応や逸脱が障害としてみなされていくプロセスを分析し、②実践家の視点から医療実践の内実や不確実性の特徴、管理・運用のされ方を検討したいため、3つの領域が適切であると考えた。

　また、3つの場面で取りあげる子どもの年齢層についてであるが、小学校と療育施設では主に小学校段階の児童を対象としているのに対し、矯正施設では年齢層があがる。ただし、どの領域も年齢にかかわらず、子どもの不適応や逸脱が発見され、医療の対象になっていくプロセスを明らかにすることができる。矯正施設ではほとんどの少年が診断されずに鑑別所に入所しており（第6章参照）、診断が付与されていくプロセスを検討できる。これは発達

障害が最近になって知られるようになり、診断されるようになってきたからであろう。

<注>
1 発達障害の「害」の表記については、本書では発達障害者支援法の表記に基づいた。
2 加害少年に診断が付与された事件については、以下の表を参照。

**序章表1　少年犯罪と加害少年への診断結果**

| 年代 | 事件名 | 診断結果 |
|---|---|---|
| 1997 | 神戸連続児童殺傷事件 | 行為障害 |
| 2000 | 豊川市主婦殺人事件 | アスペルガー症候群 |
| 2000 | 佐賀バスジャック事件 | 解離性障害 |
| 2000 | 大分一家6人殺傷事件 | 行為障害 |
| 2003 | 長崎男児誘拐殺傷事件 | アスペルガー症候群 |
| 2004 | 石狩・同級生の母刺殺事件 | アスペルガー症候群 |
| 2005 | 寝屋川教職員殺傷事件 | 広汎性発達障害 |
| 2005 | 静岡タリウム事件 | 発達障害 |
| 2006 | 札幌・姉殺人事件 | 発達障害 |
| 2006 | 和歌山・写真店主殺害事件 | 適応障害 |
| 2006 | 奈良・医師宅放火殺人事件 | 広汎性発達障害 |
| 2008 | 岡山駅突き落とし事件 | 広汎性発達障害 |

3 第1章の図1-1を参照。図1-1は、朝日新聞の記事に発達障害に含まれる諸障害が年ごとに何件掲載されているのかを示している。子どもの不適応や逸脱は年々、医療的なカテゴリーで説明されるようになっている。
4 療育の詳細については、第1章を参照。また、2000年代中ごろから、現場の医師は発達障害の概念が拡大した背景やそうした現象の危険性について論じている（高岡・岡村編　2005、石川・高岡　2006）。
5 美容整形（脂肪吸引、豊胸手術、植毛など）に代表されるような体の医療化（Conrad 2007）はノーマルな医療化の一事例である。
6 アダムソンは実存主義者の影響を受け、患者（特に原因不明の病気をもつ患者）が経験する不安を「existential uncertainty」という概念で説明した（Adamson 1997）。実存的な不確実性とも訳せるが、意味がつかみにくいため、実存的不安としての不確実性と訳した。
7 注2の序章表1を参照。
8 少年法改正の内容については、26頁を参照。「少年法等の一部を改正する法律」

は、2000年に成立。翌年、施行。
9 2005年寝屋川教職員殺傷事件では、加害少年に懲役15年、2008年3月の岡山駅突き落とし事件では、18歳の少年に広汎性発達障害の診断が出たが、刑事責任能力は認められるとして、懲役5年以上10年以下の実刑が確定した。同年6月の奈良県大和郡山市の父親殺害事件では、19歳の長男の犯行経緯や態度に広汎性発達障害の影響があることを認定したが、刑事処分（懲役5年以上10年以下の不定期刑）を科した。2009年の大阪府富田林市・高一殺害事件でも、少年（15歳）に広汎性発達障害があったが、障害の程度は軽く事件当時の責任能力の有無とは関係ないとし、懲役5年以上10年以下の不定期刑となっている。一方で、「発達障害」が認定され、責任が軽減されるケースもみられる。2006年の札幌の姉殺人事件では、元大学生（19歳）に発達障害が認められ、保護処分が相当として中等少年院に送致されている。同年の奈良・医師宅放火殺人事件では、少年（16歳）に広汎性発達障害の診断が提出され、中等少年院への送致が決定した。
10 奈良・医師宅放火殺人事件では、家族が医療少年院の送致（保護処分）を望んだが、中等少年院送致になっている。
11 加害少年に発達障害などの障害が付与された事件では、少年の奇行を診断で理解しようとする傾向にあり、必ずしも少年を批判する論調が強まっているとはいえない。たとえば、奈良・医師宅放火事件では、加害少年に対して同情の声が多数寄せられており、非難の声が強まっているとはいえない。「同情し寛大な処遇を訴える嘆願書が3千通あまり弁護士のもとに寄せられた」（朝日新聞2006年10月27日朝刊）。
12 赤羽によれば、「厳罰化には二つの過程があり、第一に、犯罪化が進行することによって、処罰の対象となる逸脱者の範囲が拡大する過程と、第二に、適用される処罰がより厳しくなる重罰化の過程とがある」（赤羽　2007, p.115）。

# 第 *1* 章　医療化論と発達障害

　本章では、日本で医療化が進行・拡大しつつあるのかを概観し（1節）、子どもの不適応・逸脱が発達障害として解釈され、支援されていくプロセスを分析するために、コンラッドとシュナイダーの『逸脱と医療化』（訳書 2003）の理論枠組を紹介する。そして、発達障害を医療化の枠組で分析することの意義について論じる（2節）。最後に、発達障害に分類される諸障害の概念について整理し、発達障害に関連する制度について説明する（3節）。

## 1　日本における医療化の拡大

　日本で子どもの不適応や逸脱の医療化が実際に生じているのかを概観しておきたい。たとえば、**図 1-1** は朝日新聞が「学習障害」、「PTSD」、「ADHD」、「アスペルガー症候群」を掲載した件数を年別に示したものである。これらの障害は、1990 年代以前はほとんど記事に登場しておらず、1990 年代半ば以降、掲載件数が増えている。これらの障害は 1990 年代半ばから次第に知られるようになったことがうかがえる。

　同様に、**図 1-2** では「発達障害」の掲載記事件数を示した。図 1-2 によれば、2000 年以降、発達障害に関する記事が急増しており、発達障害者支援法が制定された 2004 年の掲載件数は、著しく増加している。図 1-1 では、諸障害の掲載件数が減少傾向にあったが、これは諸障害が発達障害として包摂的に取りあげられるようになっているからであろう。このように、1990 年代中ごろから、医療的なカテゴリーによる説明・解釈が増加しており、医療化の進行がうかがえる。

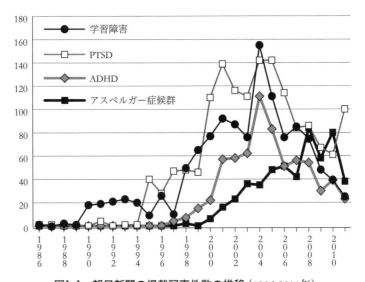

図1-1　朝日新聞の掲載記事件数の推移（1986-2011年）
（聞蔵IIビジュアル朝日新聞記事データベースを基に筆者が図を作成）

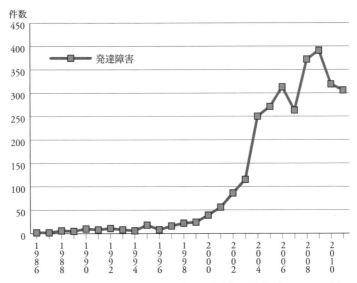

図1-2　朝日新聞の掲載記事件数（発達障害）の推移（1986-2011年）
（聞蔵IIビジュアル朝日新聞記事データベースを基に筆者が図を作成）

次に、日本において医療化はどのように進行し、拡大しつつあるのか。たとえば、木村・小針は、近年、心のトラウマとして頻繁に取りあげられるようになった「PTSD」の新聞記事掲載件数と記事内容について取りあげている（木村・小針　2010）。DSM-IV-TR によれば、「PTSD」とは、「外傷後ストレス障害」と訳され、次の2つの事がともに認められるような外傷的な出来事に暴露されたことがある状態をさす。「実際にまたは危うく死ぬまたは重症を負うような出来事を、一度または数度、あるいは自分または他人の身体の保全に迫る危険を、その人が体験し、目撃し、または直面した」、「その人の反応は強い恐怖、無力感または戦慄に関するものである」（American Psychiatric Association 訳書　2003a）。

　図 1-1 で明らかになったように、1986 年から 2011 年までの「PTSD」に関する掲載記事の総数は 1489 件である。記事は 1980 年代後半からみられるが、1986、1987 年にそれぞれ1件、1988、1989、1990 年は0件となっている。1995 年になると記事数は 40 件と急増し、その後も増え続け 2004 年には 142 件とピークに達する。その後は、下降ぎみではあるが、10 数年間で「PTSD」という診断が、急速に知られるようになったことがわかる。さらに、**図 1-3** は、「PTSD」の記事内容を①戦争、②災害・事故、③犯罪、④教育、⑤医療、⑥その他の6つに分類し、それらの記事が年ごとにどれぐらい増えているのかについて示している（木村・小針　2010）。「PTSD」の記事は、1980 年代後半から 1990 年代前半にかけては「戦争」に関する内容で掲載されているが、徐々にさまざまな領域でみられるようになる。朝日新聞で「PTSD」が初めて取りあげられたのは、1986 年 12 月 23 日の夕刊で、ベトナム戦争の帰還兵がこうむる障害として紹介されている。この記事では、戦争終結から 10 数年たっても「心の傷」に苦しみ、診療所に通い続けている人たちがいることを伝えている。1990 年代はじめの記事も同様に、「PTSD」はベトナム戦争や湾岸戦争の帰還兵の問題として報道されている。このように「PTSD」は、戦争体験者が被る障害として語られてきたのである。それが、1990 年代半ばになると、「PTSD」はさまざまな領域で取りあげられるようになる。なかでも「災害・事故」、「犯罪」、「教育」の領域で多く掲載された。「災害・事

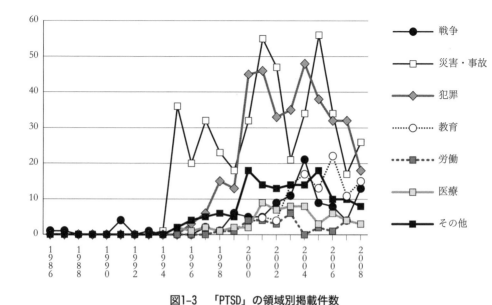

**図1-3　「PTSD」の領域別掲載件数**
（木村・小針　2010，p.194に基づいて作成）

故」に関する記事では、阪神大震災をはじめとする地震、集中豪雨などの自然災害、または、飛行機や船の事故、交通事故など人為的な事故の被害者が「PTSD」と診断されていることが取りあげられている。1990年代後半には、「犯罪」の領域でも「PTSD」がたびたび掲載された。たとえば、地下鉄サリン事件、和歌山市の毒物混入事件、アメリカ同時多発テロ事件の被害者に「PTSD」の診断がつけられた。2000年以降になると、どの領域でも身近に起こりうるような諸問題（ネグレクト、虐待、アルコール依存、DV、体罰、セクハラなど）に関する記事で、「PTSD」が取りあげられるようになっている（木村・小針　2010）。

　1990年代以降、日本では発達障害などDSMに掲載されている障害の概念が急速に普及しつつある。上述した「PTSD」の記事内容の分析に依拠すると、より身近な問題までもが障害と関連づけられていることがわかる。さまざまな問題が医療的に解釈されやすくなっており、医療化が進行・拡大しつつあることがうかがえる。

医療化の拡大は、診断される対象においてもみられる。たとえば、それは診断が付与される人の年齢においてみられる。コンラッドによれば、1970年代、アメリカにおいて ADHD は子どもの障害であったが、1990 年代には大人にも付与されるようになり、診断される年齢が上がっている（Conrad 2007）。日本でも、発達障害に分類される諸障害は、通常子どもに付与される障害であったが、近年では「大人の ADHD」、「大人のアスペルガー障害」などと呼ばれ、診断が付与される対象は子どもから大人にまで拡大している。ADHD をはじめとする諸障害を大人の障害として紹介する著書も多数出版されつつある[1]。診断される対象の拡大は、発達障害に限らない。その他にも、認知症、アルコール依存症も同様の傾向がみられる（Conrad 2007）。

こうした傾向は、これらの診断を掲載している DSM の診断カテゴリーの数をみても明らかである。DSM は、DSM-I が 1952 年に出版されて以降、II（1968 年）、III（1980 年）、III-R（1987 年）、IV（1994 年）、IV-TR（2000 年）、5（2013）と改訂されているが、改訂ごとに精神疾患のカテゴリーは増えている。1952 年に出版された DSM-I では診断数は 106 であったが、DSM-IV では 297 もの診断が掲載されている（Conrad 2007）。最近では、DSM-IV でフォローできない症例をマニュアル化した *Zero to Three*[2] が出版され改訂版も出されている。こうして、診断はますます細分化され、何が正常で何が異常なのか、その境界線がどこにあるのかを判断することは非常に難しくなっている。

以上のように、以前は全く障害と関連づけられてこなかった人々の行為が、医療的に解釈されつつあり、そうした現象が拡大しているという点において、日本における医療化の進行を確認することができた。発達障害の場合、日本では発達障害に分類される「学習障害」が 1995 年に初めて文部省によって公式に定義され、教育の領域で問題視されるようになった。その後、「ADHD」や「高機能自閉症」も公式に定義され、これらの障害や周辺的な障害をもつ児童は特別支援教育の対象となり、教育現場で支援体制が整えられていった。2005 年 4 月に「発達障害者支援法」が施行され、そこでは、発達障害児・者に教育的支援をするだけでなく、就労支援を含む生活全般にわたる支援を行うことが目指されている。発達障害者支援法において、支援の対象は

子どもだけでなく、大人も含まれている。こうして、子どもの不適応や逸脱は、発達障害というカテゴリーで解釈され、生活全般において持続的に支援されるようになっている。

実際、日本で発達障害の診断を付与される児童は増加している。近年、こうした状況を危惧した医師が、発達障害の概念の普及について批判的な議論を展開するようになっているため、以下に紹介しておきたい。小児神経科医の石川は、多くの親がはっきりしない診断名だけを告知され、困惑の中に放置されるというラベリングの被害を受けていると指摘し、「何でこの子が」と絶句させられるような子どもまでもが続々と受診しにくると述べている（石川　2005）。また、生地は臨床事例に基づいて、発達障害概念の拡大の危険性について3つ指摘している。第一に、安易な診断は、不必要な投薬が行われる危険性、必要な心理的あるいは教育的な支援が行われない危険性を生じさせる。第二に、学校教育現場で混乱が生じる。たとえば、同じ診断の子どもには同じ対応でよいと判断されたり、危険な子どものように誤解されたり、通常学級での教育は無理であると断定されることにつながる。第三に、発達障害に焦点があたりすぎて、情緒や愛着、対人関係などの発達の問題に対しての理解が乏しくなる。発達障害に焦点をあてた支援だけでは、不十分な事例があり、そうした場合には対人関係の発達、愛着などの面も評価し、包括的で多面的な評価と心理ケアが必要になる（生地　2005）。これらの指摘からも明らかなように、子どもの不適応や逸脱が医療的に解釈・支援されるようになったことで、発達障害児の家庭や学校環境などの社会的な文脈が見落とされがちになっている。

## 2　医療化の理論的検討

本書は、子どもの不適応・逸脱が医療的に解釈・支援されていくプロセスに注目するため、コンラッドとシュナイダーが提示した医療化理論（Conrad & Schneider 訳書　2003）に基づいて分析する。医療化の理論は、教育社会学の領域ではあまり知られていないため、本節でその概要を説明する。そして、

発達障害を医療化の枠組で検討することの意義について論じる。

### 1) 医療化理論の概要
#### ①コンラッドとシュナイダー

　コンラッドとシュナイダーは医療化研究の代表的な研究者であり、『逸脱と医療化』(1992)[3]で有名である。コンラッドは、医療化研究の第一人者であるが、ボストン大学で多動児の事例研究[4]で博士号を取得し、ブランダイス大学の教授をしている。シュナイダーと共著の『逸脱と医療化』は、1981年にチャールズ・ホートン・クーリー賞（シンボリック相互作用論学会）、2004年にレオ・G・リーダー賞（アメリカ社会学会医療社会学部門）、2007年リー・ファウンダーズ賞（社会問題研究学会）を受賞しており、医療社会学の分野に貢献している。2007年に出版した『社会の医療化』は、『逸脱と医療化』に続く著書であるが、医療化の社会的な背景が『逸脱と医療化』を出版した頃とは劇的に変容していること、そして、医療化がますます増大していることを指摘している。一方で、シュナイダーは、ドレーク大学のカルチュラル・スタディーズ講座の教授で、構築主義者でもある。最近の研究では、中国の老親ケアをテーマにした研究やダナ・ハラウェイの理論をベースにした理論的展開を提唱し、カルチュラル・スタディーズ、フェミニズム、科学研究に影響を与えている。

　逸脱の医療化理論は、コンラッドとシュナイダーがさまざまな事例から帰納的に導きだした理論である（Conrad & Schneider 訳書　2003）。理論枠組は、逸脱認定の変容とその構築過程に焦点をあて、知識社会学、ラベリング - 相互作用論、社会構築主義的アプローチに依拠しており、いかにしてある行為がある一定の形態へと導かれていくのか、どのようにして逸脱が病気とみなされていくのかのプロセスに焦点をあてる。コンラッドとシュナイダーは、事例研究に基づいて、逸脱認定のプロセスに政治性が介在していることを指摘し、定義や認定の社会的構築性やそれらを取り巻く集団の活動、統制機関の利害関係を明らかにしてきた。そして、一般化を可能にしつつ、事例の経験的なリアリティを壊さないような医療化理論を展開した。医療化理論では、

時系列モデル（sequential model）と根拠ある一般化（grounded generalization）[5]を提示している。本研究では、医療化のプロセスに注目したいため、以下に時系列モデルを紹介する。

②時系列モデル

コンラッドとシュナイダーが提示した時系列モデルは、医療化がどのようなプロセスを経て進むのかを分析する際に参考になる。コンラッドとシュナイダーによれば時系列モデルは、次の5段階から構成されている。①逸脱としての行動の定義、②探査：医学的発見、③クレイム申し立て：医療的・非医療的な利害関心、④正統性：医療的な管轄地の確保、⑤医療的逸脱認定の制度化（Conrad & Schneider 訳書, 2003, p.504）。

まず、①逸脱としての行動の定義であるが、コンラッドとシュナイダーが分析した多くの事例で問題となっている行為や活動は、医学的な定義が現れる以前から一般的に逸脱とみなされている。狂気、同性愛、非行、犯罪などの行動は、医学的記述が現れる前から望ましくないものとして認識されている。逸脱の医療的な認定は、新しく逸脱を定義するものではなく、すでに人々に共有されている定義を反映し、常識的な逸脱定義に妥当性を与える。悪しきものから病めるものへの変容は、どちらも否定的な道徳的判断である。

次に②探査：医学的発見がある。ある行為の医学的発見は、まず医学雑誌に発表するところから始まる。これらは、一部の限られた医師や研究者らによって生みだされ、新しい診断に関する知見や逸脱行動の病因論の提案、新しい治療薬の報告などが行われる。しかし、新しい逸脱認定の社会的認知と受容を得るには、擁護者や「道徳的起業家（moral entrepreneurs）」を必要とする。これが起こるときにクレイム申し立ての段階が始まる。

③クレイム申し立て：医療的・非医療的な利害関心は、逸脱が認定される鍵となる。道徳的起業家や提唱者、あるいは利害をもった集団が逸脱認定を要求し、医療管轄を拡大していく。新しい逸脱認定のためのクレイム申し立てに関わる医療専門職の利害関心は、専門家集団を通常構成し、特別な診療所を運営するなど逸脱行動における治療の管理面に関与する。これらの医師

は、医療職一般に典型的なものではなく、彼らの関心は一般の医師とかけ離れたところにあり、ほとんどの一般の医師はこのようなクレイム申し立て活動と無縁である。

　活発に医療上のクレイム申し立てをしている人々は、多くの場合、職業上の関心を同じくするところから集まる。医療上の専門的なクレイム申し立ては、一見組織化された行動のようにみられるが、初期の段階では個人や小集団によって構成されている。彼らの活動は、専門的なフォーラムや会議を組織し、学会やセミナー、ワークショップなどの会議をとおしてクレイムを表現したり、宣伝したりする。このような活動は、クレイム申し立てが進むにつれ、急速に政治的なものとなる。特に、医療関係者でないクレイム申し立て者は、すでに行われた専門的な医療的クレイムを利用し、逸脱認定の促進、拡大に重要な役割を果たす。たとえば、企業（製薬会社）、素人による組織（学習障害児協会、アルコール依存症全国協議会）、政府省庁、セルフ・ヘルプ・グループなどがある。これらのグループは、逸脱の医療的認定によって、経済、道徳、管理、治療面での利害に関心を持っている。

　クレイム申し立て者たちは、自らの主張を進めるためにマスメディアを利用し、広報活動を積極的に行うかもしれないが、スペクターとキツセによれば、逸脱認定のポリティクスにおいてそれらはそれほど重要な役割を果たしていない (Spector & Kitsuse 訳書　1990)。政治活動は、一般大衆のレベルというよりも、専門的・管理的・法的レベルで起こるからである。マスメディアは、情報をばらまいたり、新しい逸脱認定に公的な圧力を作り出したりするのに役立つが、一般的にいって政治闘争の中核に位置することはあまりない。

　④正統性：医療的な管轄地の確保の段階は、医療的な逸脱認定の支持者たちがすでに存在する逸脱認定に対して、実践的な異議申し立てに着手するときに始まる。医療的な逸脱認定の支持者は、国家に対して医学的な見方を認識させるために、議会、特別調査会、法廷などで異議申し立てを行う。医学的認定に関する論争は、議会や法廷という場でよく行われる。医学的認定にとっての勝利は、医学的観点を支持し、医学に社会統制の問題について公の権限を与えることを支持する法律の通過である。法律的な決定は、特定の認

定における優位性を確かなものとし、それを正統なものとする。議会や行政機関によって組織された特別調査委員会は証拠を評定し、逸脱認定に多かれ少なかれ好都合な報告書を提示し、公的に認知されたことをアピールする。また、一般的に逸脱の医療化は、国家による一定の承認がなければ起こらないため、逸脱認定と国家間の関係は注目に値する。

　最後に、⑤医療的逸脱認定の制度化がある。逸脱認定が制度化されることは、医療的観点が正統化され、公的な秩序のなかで受容されたカテゴリーとなったことを示している。制度化のタイプは、成文化と官僚制化の二つがみられる。逸脱認定が成文化される時、公式の医学上、あるいは法律上の分類システムにおける受容された部分となる（たとえばDSM）。これにより、逸脱は医学的カテゴリーとして象徴的・実践的に受容される。一方で、官僚制化とは、大規模な組織の創出を意味する。社会統制機構が設立され、医療化に制度化された支持を与える（たとえば、国立精神保健研究所、国立アルコール濫用・依存症研究所など）。これらの官僚制機構では、研究費や技術支援および施設の利益となるような支援を、特定の逸脱観を支持するものに与えることによって医療化を支援する。他方で、これは大きな予算と多くの人員を持った官僚制的な「産業」であり、「既得権益」層を構成している。そして、官僚制をともなう逸脱認定は、異議申し立てに対し堅牢であり、変化に対し抵抗力をもつ。

　以上の時系列モデルは、医療化のマクロのプロセスに焦点をあてたものであり、本書では主に第2章で検討する。もちろん、相互作用場面においても、時系列モデルの影響を受けており、その考え方については参照している。

③時系列モデルの課題

　『逸脱と医療化』は、1980年に初版、1992年に改訂版が出され、2003年に翻訳がなされたが、中心的な医療化の理論枠組は変わっておらず、現在においても根本的には支持できる。厳密を期すならば、1992年の際のafterwordで指摘された構築主義への批判検討、すなわち、「存在論的ゲリマンダリング」について述べておく必要がある。「存在論的ゲリマンダリング」

とは、科学哲学者ウールガーとポーラッチによる構築主義批判である。構築主義者たちは、客観的な状態をエポケーするといいながら、今まで問題とされてこなかった状態の定義が変化したことを強調することで、暗黙に客観的状態を想定し、それへの判断をしている（Woolgar & Pauluch 訳書 2000）。たとえば、児童虐待の場合、親の殴る行為や叱る行為は、19世紀以前はしつけとしてみなされており、虐待として捉えられてこなかった。小児科医による告発によって、初めて児童虐待として「発見」され、社会問題として表面化する。構築主義者は、クレイム申し立てがあって初めて社会問題となると主張してきたが、問題とされてこなかったときの行為（殴る、叱る）を取りあげ、定義の変化（しつけから虐待へ）が起きていることを強調することで、客観的状態を判断してしまっている。それゆえ、時系列モデルの①逸脱としての行動の定義は、何を逸脱であるとみなすかという点で微妙な問題となる。ウールガーとポーラッチの議論をめぐって、その後激しい論争が行われ、方法論は変容をとげてきた。しかしながら、進藤が『逸脱の医療化』の訳者あとがきで述べているように、構築主義理論の意義は、方法論的議論のなかにあるのではなく、実質的な分析をとおしてより魅力的なものとなる。コンラッドとシュナイダーも、著書のなかでこのような論争を扱うのは適切ではないとしている（Conrad & Schneider 訳書, 2003, p.530）。本書も、同じ立場にたつ。

以上のように、医療化の時系列モデルは、クレイム申し立て、正統性、医療的逸脱認定の制度化からもわかるように、マクロな視点を重視している。一方で、相互作用場面で医療化がどのような要因によって進行しているのかについては十分に理論化されていない。既存の医療化論は、マクロ場面の病いの社会的構築や政治性を強調しすぎており、ミクロの領域、すなわち医療化の3つの水準のうち、相互作用の水準をほとんど検討してこなかった（碇 2005）。コンラッドの最近の著書である『社会の医療化』(2007) でも、医療化を進める鍵が治療の有効性や収益性、医療的定義を推進する個人や集団（製薬会社）にあると指摘しており、マクロな視点が強調されている。時系列モデルは、相互作用場面でも医療化を進める重要な要因となるが、ミクロ場面においてどのような相互作用が医療化を進めるのかについての論考を深

めるべきである。本研究は、人々の相互作用が医療化に与える影響力について検討することで、理論的インプリケーションを提示する。

#### ④医療化の帰結

　次に、逸脱の医療化がどのような帰結をもたらすのかについてコンラッドとシュナイダーの医療化論に基づいて説明する（Conrad & Schneider 訳書 2003）。これは、医療化が批判される根拠となる。コンラッドとシュナイダーは医療化の帰結を6つの観点から批判的に論じている。①責任の転嫁、②医学における道徳的中立性の仮定、③専門家による統制の支配、④医療的社会統制、⑤社会問題の個人化、⑥逸脱行動の脱政治化である（Conrad & Schneider 訳書, 2003, pp.470-475）。これらの特徴は、医療化を捉えなおすうえで重要な視点である。特に本書の事例は、これらの帰結がみられない場面があるため、それらを再検討する。以下に、6つの帰結を簡潔に説明する。

　まず、①責任の転嫁であるが、医療化された行動は通常、病気であるとみなされるため、行為を行った者の責任は免除されるか、軽減される。医療的カテゴリー以前の逸脱行動は、本人の責任として罰せられたり、制裁を受けてきたが、病気とみなされることで本人の責任は免除され、矯正の対象となる。パーソンズは、病気を逸脱行動に対する呼称であることを指摘し、責任の所在や義務のあり方について「病人役割（sick role）」（Parsons 訳書　1974）の概念で説明している。コンラッドは、パーソンズの病人役割を以下のようにまとめている。

> 病気の役割には四つの構成要素があり、これは二つの通常の責任性からの免除と二つの新たな義務から成っている。第一に、病人は、少なくとも「よくなる」上で必要とされる程度までは通常の責任から免除される。第二に、その個人は、自分の状態に対して責任を負わされないし、意志の働きによって回復することは期待できない。第三に、病人は病気であるということが本質的に不満足な状態であることを認めねばならないし、回復を欲せねばならない。第四に、病人は適当な治療行為者（通例は医師）

を探して、彼と協力をしなければならない（Conrad 訳書, 1985, p.179）。

　病気のレッテルを貼られた者は、自身の行為に対して責任をとる必要がなくなり、病気の回復についても自身の責任ではない。責任は免除されるが、自分自身が正常でないことを認めなければならず、治療行為を受けなければならない。医療化が進む社会では、問題が生じたときの責任の所在は極めて曖昧になる。また、病人は責任から免除されるが、自分の行動に対して責任をもつことができない人として、社会的地位は引き下げられる。
　次に、②医学における道徳的中立性の過程がある。医療実践は、科学という名のもとに客観的で正統な証拠をもつものとして肯定的に捉えられている。しかしながら、これは全く事実に反している。コンラッドとシュナイダーは、医療実践では常に価値判断が要求されており、何かを病気とみなすことは、そのことを望ましくないものとみなすことであり、社会の道徳基準に影響されることを指摘している。
　③専門家による統制の支配についてであるが、何を病いとして概念化するかは医療専門職によって決定される。医療専門職の組織体系や社会から委託された権限によって、診断や治療に関わる決定を医療専門職がすべて行う。ある行動を逸脱とみなし、医療的カテゴリーとするとき、専門家の概念は一般の人々のものよりも優勢になる。医学的な定義は、支配的で覇権をもっているため、しばしば究極の科学的な解釈とされる。専門家の言葉は神秘化を助長し、一般の人々が議論に加わることを困難にする。
　④医療の社会統制。逸脱は、診断の付与によって治療の対象へと移行する。治療は、社会統制の一つの形態となる。たとえば、逸脱行動を治療するために行われる手術や薬（精神活性剤）の投与などがある。このような形態で行われる医療による社会統制は、逸脱の医学的定義を前提として行われる。
　⑤社会問題の個人化は、医療実践においてある個人が病んでいると診断されることによって生じる。医療化の説明図式は、社会問題を個人の内面の問題として捉える。社会問題の原因は個人にあるとみなされ、社会状況や社会体系は矮小化される。たとえば、多動児はその典型例である（Conrad 1976）。

多動児は、学校や家庭で問題視されてきたが、医学的提案により多動症と診断され、向精神薬の処方がなされ医療の問題へと変容した。こうして児童の問題行動が少なくなり、治療は医学的な成功とみなされる。しかし、症状に注目して多動症であると定義することによって、その行動が病気ではなく社会環境に対する適応の問題であるという可能性を見落としてしまう。このような捉え方は、家庭や学校に対する注意を逸らし、問題は社会体系の構造のなかにあるかもしれないという可能性を真剣に考えさせない。同時に、現存する社会や政治制度を養護することになる。

⑥逸脱行動の脱政治化は、社会問題を個人化していく過程に起こる。逸脱行動の医療化は、社会体系を背景とした逸脱行動が意味するものを見逃すことになる。子どもの問題行動は病気や障害の症状というよりも、学校や教室に対する反抗とみなすことができるかもしれない。こうして逸脱行動を医療化することによって、子どもの問題行動が現行の制度に対する意図的な拒絶である可能性を見逃す。

## 2) 発達障害にみる医療化

本項では、発達障害を医療化の枠組で分析することが、どのようなことを意味するのかについて説明する。

### ①不適応・逸脱の医療化

近年、「逸脱」だけでなく「ノーマル」とされてきた行為までもが医療化されはじめている（Conrad & Schneider 訳書 2003）。ノーマルの医療化の問題点は、負のレッテルを貼られてきた逸脱の医療化よりも、医療化された後に社会的に付与されるレッテルや処遇の変化が大きいことにあるだろう[6]。

では、発達障害の場合は、何の医療化といえるのだろうか。発達障害児は、必ずしも以前から逸脱児としてみなされてきたわけではない。発達障害児は、以前であれば算数や国語が苦手な子、不器用な子、変わった子などのレッテルを貼られてきたが、これらは決して逸脱を意味するものではない。彼らの行為は、教室の統制を乱すほどのものではなく、教師にとって教室の統制を

乱さない児童は問題視されにくかった(第3章参照)。なかには、問題視されていない児童もいた[7]。もちろん、ADHD児に典型的にみられるが、以前から「逸脱」児とみなされてきた児童もいる。彼らの多動や衝動的な行動は、教育現場でたびたび問題視されており、教室運営を困難にしてきた[8]。

したがって、発達障害児は、これまで逸脱児として問題視されてきた児童とそうではない児童の両者が医療的に解釈され、支援されるようになっている。そこで、本研究ではこれまで問題視されてこなかったが、学校文化に適応できていない子どもを「不適応」児と捉えることにした。発達障害は、「逸脱」だけでなく、「不適応」の医療化の事例でもある。

### ②医療化の程度問題と非医療

医療化研究は、これまで非医療的に解釈・対応されていたところに、医療がいかに介入するのかについて分析してきた。しかし、すべての事例において医療化のプロセスが完全にみられるわけではない。ある現象において、部分的には医療化されているが、そのほかの部分は全く医療化されていない、あるいは医療的な関与が少ないといった状態が生じている。こうした医療化の程度問題について、コンラッドとシュナイダーは次のように指摘している。

> 医療化は往々にして不完全である。ある状態の一定の側面ないし事例が医療化されても、他の側面ないし事例は非医療的に定義される、あるいはかつての定義の残滓が生き延びて意味が多義的になるということがある。……ほぼ完全に医療化された逸脱行動もあれば(たとえば狂気)、部分的にしか医療化されなかったものもあり(たとえばアヘン嗜癖)、ほとんど医療化されなかったものもある(たとえば性的嗜癖、配偶者への暴力)(Conrad & Schneider 訳書, 2003, p.528)。

医療化は、事例によって程度が異なる。医療化の程度を把握するためには、医療化を水準(概念、制度、相互作用)ごとに検討する必要がある(Conrad & Schneider 訳書, 2003, p.527)が、医療化の程度をどのように測るのかについ

ては十分に議論されておらず、曖昧な点が多い。コンラッドとシュナイダーは、「まだ特定問題の医療化の程度を規定する要因が何であるかを完全に理解しているわけではない」（Conrad & Schneider 訳書, 2003, p.528）と述べている。その後もコンラッドは、医療化の程度に影響を与える要因を、医療専門職、新しい病因の発見、治療の有効性や収益性、医療保険の適用、医療的定義を推進する個人や集団の存在にみいだしているが、明確にはなっていないと述べている（Conrad 2007）。したがって、事例によって医療化の程度が異なるのであれば、その状態とはどのように説明されるものなのか、医療化されている部分とそうではない部分はどのように説明されているのか、医療化の程度を規定する要因は何かについてもっと議論すべきである。

医療化の程度論については、佐藤が「薬物問題」の事例を取りあげ、以下のように論じている。

> 医療化の中で脱医療化や犯罪化が起こるのではなく、医療的処遇が他の処遇とともに用いられるとするのであれば、それらが選択される際に用いられる基準が特定の傾向をもっていることそれ自体の方が、医療化よりも上位に位置する記述可能な傾向性だと考えられる（佐藤 2006, p.91）。

1980年代以降のイギリスの薬物政策の事例では、医療化、脱医療化、さらには犯罪化が並存しており、そうした状態は「医療が薬物問題への対処においてその全体を貫徹するパラダイムとしてあるのではなく、部分的に利用可能な資源にしかすぎないことを意味している」（佐藤 2006, p.91）。薬物政策の事例において、医療は部分的にしか利用可能な資源となりえていないのである。コンラッドとシュナイダーが指摘しているように、医療化プロセスは、しばしば部分的には医療化しているが、部分的には医療化していないという状況をともなう（Conrad & Schneider 訳書 2003）。そうした状況に対して、医療化しているか、していないかといった議論をつきつめてもあまり意味がない。それよりも、医療と医療以外の解釈や実践が同時に用いられているのであれば、それらがどのようにして並存可能となっているのか、医療と非医

療がどのような関係性にあるのかについての議論を深めるべきである。

　では、発達障害の事例にみられる医療化とはどのようなものであろうか。発達障害は完治するものではなく、療育が施されており、医療と教育が並存している。この点で、発達障害における医療的な介入は部分的であり、教育などの別の利用可能な資源が機能している可能性がある。また、少年犯罪の事例では、非行の原因を発達障害などの障害にみいだす一方で、依然として環境に原因をみいだす傾向が根強い。このように、発達障害にみられる医療化は、事例によって程度の差があり、医療化されている部分とそうではない部分とが並存している。そこで、本書では医療と非医療がどのように混在し、いかに折り合いをつけながら存在しているのかについて注目しながら、医療化の程度を規定する要因は何かについて検討する。

　なお、本書では「医療」という言葉の他に「医療的」という言葉を用いるが、両者は同義である。ここでの「医療的」とは、非医療的な要素も含むといった意味では用いない。「医療的」とは、曖昧さを含む意味で用いているのではなく、形容詞として用いる。「非医療」、「非医療的」の言葉も同様である。

### ③実証主義的視点について

　序章でも述べたように、発達障害に関連する研究の多くは、医療、保育・教育、労働、司法における支援体制のあり方、療育方法に関するものである。こうした研究は、医学的知識を蓄積することで逸脱の原因を追究し、療育方法を普及・向上させるものであり、実証主義的アプローチ（positivist approach）に依拠している。これらの研究は、発達障害者支援をしていくうえで重要であるが、障害をはじめからあるものとして扱うため、障害に関わる実践（障害やその支援の制度化、診察、告知、療育）が、どのような場面で、誰によって、どのように支援され、そして、そこにどのような社会的な文脈が埋め込まれているのかについて見落としがちである。最近になって、発達障害の支援に関する実証主義的研究がみられるようになったが、これらの研究においても、ラベリング理論以前の機能主義的な視点に基づいており、支援実践の社会的構築性は十分に検討されていない。

たとえば、平澤他は全国の公立幼稚園に質問紙調査を実施し、障害の診断がある幼児と診断はないが気になる幼児の在籍率、園内や相談機関の支援状況について比較している。平澤らによれば、診断のある児童は、補助の指導者や外部機関からの助言を多く受けていたが、気になる幼児は担任のみの対応で相談機関に通っていることが少なく、彼らへの支援リソースに限りがあり、就学前の支援体制を整備する必要がある（平澤他　2011）。就学前の幼児への支援不足を指摘し、支援の充実化を求めることは重要なことであるだろうが、なぜ気になる幼児がいるにもかかわらず、彼らが診断されないままになっているのか、なぜ気になる幼児は担任の支援しか受けていないのかなどの疑問は彼らの調査からはわからない。また、廣瀬らは、平成 12 年度から 14 年度の「学習障害児（LD）に対する指導体制の充実事業」で研究指定校になった小中学校への質問紙調査に基づいて、校内委員会の構築方法、活動内容、専門家チームや巡回相談との連携における成果や課題、モデル事業終了後の校内委員会の活動状況について質問紙調査に基づいて分析している（廣瀬他　2005）。この調査では、モデル事業終了後に支援が停滞した学校の存在が指摘されている。支援が停滞している学校は、特別支援教育を進めていくうえで重要な存在であるが、なぜ支援が停滞したのかについては、十分に明らかにされていない。

　このように、教員、医療関係者、児童の親たちが医療的な支援についてどのように向き合い、どのような問題に遭遇し、対処・解決しているのかは明らかにされていない。本研究は、支援に携わる人々の相互作用に注目し、発達障害の支援実践を捉えなおす作業をする。

## 3　発達障害の概念と制度の整理

### 1) 発達障害の定義

　本節では、発達障害に分類される障害の定義について説明する。発達障害の定義は、序章で述べたとおりであるが、再度確認しておこう。

自閉症、アスペルガー症候群その他の広汎性発達障害、学習障害、注意欠陥多動性障害その他これに類する脳機能の障害であってその症状が通常低年齢において発現するものとして政令で定めるもの（発達障害者支援法第2条第1項）。

厳密にいえば、内閣はこの定義に基づき、2005年の発達障害者支援法施行令で、発達障害の定義について以下のように追記している。

> 第1条　発達障害者支援法第2条第1項の政令で定める障害は、脳機能の障害であってその症状が通常低年齢において発現するもののうち、言語の障害、協調運動の障害その他厚生労働省令で定める障害とする。

「その他厚生労働省令で定める障害」については、厚生労働大臣が発達障害者支援法施行規則で次のように定めている。

> 発達障害者支援法施行令第1条の厚生労働省令で定める障害は、心理的発達の障害並びに行動及び情緒の障害（自閉症、アスペルガー症候群その他の広汎性発達障害、学習障害、注意欠陥多動性障害、言語の障害及び協調運動の障害を除く。）とする。

また、発達障害者支援法によれば、年齢についての記述がある。発達障害者支援法では、発達障害者のうち18歳未満のものを発達障害児と呼んでいる。

> 「発達障害者」とは、発達障害を有するために日常生活又は社会生活に制限を受ける者をいい、「発達障害児」とは、発達障害者のうち十八歳未満のものをいう。

発達障害は、子どもの障害として成立してきた歴史があるが（Conrad & Potter 2000）、現在では子どもから大人までを含むより広い概念として用いら

れている。ただし、本書が対象とするのは、主に18歳未満の「発達障害児」である。

次に、発達障害に分類される諸障害について整理する。発達障害は、複数の診断を含んだ包摂的な概念であるが、どこまでの診断を発達障害とみなすかは、立場によって異なり明確ではない。序章で述べたように、発達障害に分類される諸障害の定義は、学問上と行政政策上の定義とでは異なる傾向にあるが、ここでは文部科学省による定義を用いて説明する。ただし、制度上、定義が示されていない障害についてはICD-10とDSM-IV-TRを参照した。ICD（International Statistical Classification of Diseases and Related Health Problems）は、世界保健機構（WHO）が身体・精神疾患に関する世界共通の分類確立を目指して作成したものである。ICD-10は1992年に出版され、翌年、日本語翻訳の初版が出版された。「監訳者の序」によれば、ICDは当初から10年に1回の改訂が合意されていたが、ICD-10は20年見直しを行わないという方針で提案されており大きな訂正はされてこなかった（World Health Organization 訳書 2005）。現在、改訂版の作業が進められている。DSMは、米国精神医学会が作成したものであり、分類システムのなかに操作的基準を取りいれている点が特徴的である（American Psychiatric Association 訳書 2003b）。ICDとDSMに掲載されている精神疾患のカテゴリーは極めて類似している。

発達障害に分類される代表的な障害と定義を**表1-1**（次頁）に示した。発達障害に分類される代表的な障害は、自閉症、アスペルガー症候群、その他の広汎性発達障害、学習障害、注意欠陥多動性障害である。これは、2004年に公布された発達障害者支援法の定義に基づいている。表1-1では、文部科学省が学習障害、注意欠陥多動性障害の定義を公式に示しているため、それらを引用した。自閉症の定義は、2003年「今後の特別支援教育の在り方について（最終報告）」の参考資料に基づいて作成した。文部科学省の定義によれば、高機能発達障害とアスペルガー症候群は、広汎性発達障害に分類される。アスペルガー症候群の定義は、文部科学省のHPより引用している。また、発達障害者支援法の定義の「その他の広汎性発達障害」に含まれる障害として、高機能自閉症の定義を記載した。この定義は、「今後の特別支援

**表1-1 発達障害に分類される障害とその定義**

| 診断名 | | | 定義 |
|---|---|---|---|
| 発達障害 | 広汎性発達障害 *1 | 自閉症 | 自閉症とは、3歳位までに現れ、他人との社会的関係の形成の困難さ、言葉の発達の遅れ、興味や関心が狭く特定のものにこだわることを特徴とする行動の障害であり、中枢神経系に何らかの要因による機能不全があると推定される。(平成15年「今後の特別支援教育の在り方について (最終報告)」参考資料より作成) |
| | | アスペルガー症候群(障害 *2) | アスペルガー症候群とは、知的発達の遅れを伴わず、かつ、自閉症の特徴のうち言葉の発達の遅れを伴わないものである。(文部科学省HP「主な発達障害」の定義についてより引用) (http://www.mext.go.jp/a_menu/shotou/tokubetu/004/008/001.htm) |
| | | 高機能自閉症 | 高機能自閉症とは、3歳位までに現れ、他人との社会的関係の形成の困難さ、言葉の発達の遅れ、興味や関心が狭く特定のものにこだわることを特徴とする行動の障害である自閉症のうち、知的発達の遅れを伴わないものをいう。また、中枢神経系に何らかの要因による機能不全があると推定される。(平成15年「今後の特別支援教育の在り方について (最終報告)」参考資料より引用) |
| | 学習障害 | | 学習障害とは、基本的には全般的な知的発達に遅れはないが、聞く、話す、読む、書く、計算する又は推論する能力のうち特定のものの習得と使用に著しい困難を示す様々な状態を指すものである。学習障害は、その原因として、中枢神経系に何らかの機能障害があると推定されるが、視覚障害、聴覚障害、知的障害、情緒障害などの障害や、環境的な要因が直接の原因となるものではない。(平成11年「学習障害児に対する指導について (報告)」より引用) |
| | 注意欠陥多動性障害 | | ADHDとは、年齢あるいは発達に不釣り合いな注意力、及び/又は衝動性、多動性を特徴とする行動の障害で、社会的な活動や学業の機能に支障をきたすものである。また、7歳以前に現れ、その状態が継続し、中枢神経系に何らかの要因による機能不全があると推定される。(平成15年「今後の特別支援教育の在り方について (最終報告)」参考資料より引用) |

<注>
*1 PDD (Pervasive Developmental Disorders) と呼ばれることもある。ICD-10 では、広汎性発達障害に分類される障害として、「小児自閉症、非定型自閉症、レット症候群、他の小児期崩壊性障害、精神遅滞 (知的障害) および常同運動に関連した過動性障害、アスペルガー症候群、他の広汎性発達障害、広汎性発達障害、特定不能のもの」をあげている (World Health Organization 訳書 2005)。DSM-IV-TR では、「自閉性障害、レット障害、小児期崩壊性障害、アスペルガー障害、特定不能の広汎性発達障害」が広汎性発達障害に分類されている (American Psychiatric Association 訳書 2003a)。表では、発達障害者支援法と文部科学省によって定義されている障害を取りあげている。また近年、ほぼ同じ内容で「自閉症スペクトラム」と呼ぶことが多い。厳密には、広汎性発達障害よりも範囲が広い。スペクトラムは連続体、範囲の意味であり、正常との間に明確な境界線をひいていない。
*2 DSM-IV-TR では、アスペルガー障害と表記されている (American Psychiatric Association 訳書 2003a)。

教育の在り方について（最終報告）」で文部科学省によって示されたものである。

　表 1-1 では、主に文部科学省の定義に基づいており、それらは学術的な定義（ICD や DSM）とは異なる。文部科学省は、用語の使用について学術的な発達障害と行政政策上の発達障害とは一致しないと述べている。まず、診断の分類が異なる。発達障害は、ICD-10 に依拠すると、心理的発達の障害と小児期および青年期に通常発症する行動および情緒の障害の下位分類として位置づけられる（World Health Organization 訳書　2005）（表 1-2 参照）。DSM-IV-TR では、通常、幼児期、小児期、または青年期に初めて診断される障害のなかに分類される（American Psychiatric Association 訳書　2003a）。たとえば、学習障害という診断は DSM-IV-TR にはあるが、ICD-10 には掲載されていない。ICD-10 では、学力の特異的発達障害が学習障害にあたる（World Health Organization 訳書　2005）。これらの定義は、行政政策上の定義のように聞く、話す、推論するなどの会話の問題を含まず、狭義になっている。また、自閉症は DSM-IV-TR に依拠すると自閉性障害（American Psychiatric Association 訳書
　2003a）であり、ICD-10 では広汎性発達障害の下位分類にある「小児自閉症」になる（World Health Organization 訳書　2005）。高機能自閉症は、知的発達の遅れがない自閉症であるが、DSM や ICD には記載されていない。とりわけ、自閉症とその周辺的な障害の定義は、曖昧で区別が難しく専門家らの間でも意見がわかれるため、自閉症の連続体という意味で「自閉症スペクトラム」と呼ばれることが増えている。このように、行政政策上と学問上の診断とでは、分類、概念、範囲において類似しているが、異なる点が多いことに留意しておきたい。こうした状況からも、発達障害という概念の曖昧さや捉えづらさが理解できる。

　さて、表 1-1 では、発達障害に分類される代表的な障害についてみてきたが、発達障害者支援法の支援対象となる発達障害はどれだけあるのだろうか。2004 年に公布された発達障害者支援法の発達障害の定義には、自閉症などの障害の他に「その他これに類する脳機能の障害であってその症状が通常低年齢において発現するものとして政令で定めるもの」と明記されている。

2005年の発達障害者支援法施行令では「脳機能の障害であってその症状が通常低年齢において発現するもののうち、言語の障害、協調運動の障害<u>その他厚生労働省令で定める障害</u>」と制定した。「その他厚生労働省令で定める障害」とは、ICD-10(疾病及び関連保健問題の国際統計分類)における「心理的発達の障害(F80-F89)」及び「小児＜児童＞期及び青年期に通常発症する行動及び情緒の障害(F90-F98)」に含まれる障害である(平成17年4月1日付け17文科初第16号厚生労働省発障第0401008号 文部科学事務次官・厚生労働事務次官通知)。詳細については、**表1-2**に示した。

**表1-2　ICD-10における「心理的発達の障害」と「小児期および青年期に通常発症する行動および情緒の障害」**

| F8 | 心理的発達の障害 | |
|---|---|---|
| | F80 | 会話および言語の特異的発達障害 |
| | F81 | 学力の特異的発達障害 |
| | F82 | 運動機能の特異的発達障害 |
| | F83 | 混合性特異的発達障害 |
| | F84 | 広汎性発達障害 |
| | F88 | 他の心理的発達の障害 |
| | F89 | 特定不能の心理的発達の障害 |
| F9 | 小児期および青年期に通常発症する行動および情緒の障害 | |
| | F90 | 多動性障害 |
| | F91 | 行為障害 |
| | F92 | 行為および情緒の混合性障害 |
| | F93 | 小児期に特異的に発症する情緒障害 |
| | F94 | 小児期および青年期に特異的に発症する社会的機能の障害 |
| | F95 | チック障害 |
| | F98 | 小児期および青年期に通常発症する他の行動および情緒の障害 |

(ICD-10を基に筆者が表を作成)

　また、本書で取りあげる発達障害には、表1-2に含まれる障害がある。具体的には、第5章以降にでてくる行為障害と反抗挑戦性障害である。これらの障害は、行政政策上の定義が示されていないため、ICD-10とDSM-IV-TRの診断基準を**表1-3**で提示した。表1-2で示したように、行為障害(F91)は発達障害に分類される。反抗挑戦性障害は行為障害の下位分類にあたり、

## 表1-3 その他の発達障害

| 診断 | 定義 |
|---|---|
| 行為障害 | 行為障害は反復し持続する反社会的、攻撃的あるいは反抗的な行動パターンを特徴とする。そのような行動は、最も極端なときには、年齢相応に社会から期待されるものを大きく逸脱していなければならない。それゆえ通常の子どもっぽいいたずらや青年期の反抗に比べて重篤である。単発の反社会的あるいは犯罪的行為は、それ自体では、持続的な行動パターンを意味するこの診断の根拠とはならない。<br>行為障害の特徴は、他の精神科的病態の症状でもありうるので、その場合には基礎にある診断をコードすべきである。<br>行為障害は症例によっては、非社会性パーソナリティ障害へと発展することがある。行為障害はしばしば、不満足な家族関係や学校での失敗を含む、不利な心理的社会的環境と関連しており、ふつう男児に多く認められる。情緒障害との区別は十分妥当性がある。多動とは明瞭に分離されず、しばしば重なり合う。(ICD-10)<br>A.他者の基本的人権または年齢相応の主要な社会的規範または規則を侵害することが反復し持続する行動様式で、以下の基準の3つ（またはそれ以上）が過去12ヵ月の間に存在し、基準の少なくとも1つは過去6ヵ月の間に存在したことによって明らかとなる。<br>＜人や動物に対する攻撃性＞<br>(1) しばしば他人をいじめ、脅迫し、威嚇する。<br>(2) しばしば取っ組み合いの喧嘩を始める。<br>(3) 他人に重大な身体的危害を与えるような武器を使用したことがある（例：バット、煉瓦、割れた瓶、ナイフ、銃）。<br>(4) 人に対して残酷な身体的暴力を加えたことがある。<br>(5) 動物に対して残酷な身体的暴力を加えたことがある。<br>(6) 被害者の面前での盗みをしたことがある（例：人に襲いかかる強盗、ひったくり、強奪、武器を使っての強盗）。<br>(7) 性行為を強いたことがある。<br>＜所有物の破壊＞<br>(8) 重大な損害を与えるために故意に放火したことがある。<br>(9) 故意に他人の所有物を破壊したことがある(放火以外で)。<br>＜嘘をつくことや窃盗＞<br>(10) 他人の住居、建造物、または車に侵入したことがある。<br>(11) 物や好意を得たり、または義務を逃れるためしばしば嘘をつく（すなわち、他人をだます）。<br>(12) 被害者の面前ではなく、多少価値のある物品を盗んだことがある(例：万引き、ただし破壊や侵入のないもの；偽造)。<br>＜重大な規則違反＞<br>(13) 親の禁止にもかかわらず、しばしば夜遅く外出する行為が13歳以前から始まる。<br>(14) 親または親代わりの人の家に住み、一晩中、家を空けたことが少なくとも2回あった（または、長期にわたって家に帰らないことが1回）。<br>(15) しばしば学校を怠ける行為が13歳以前から始まる。<br>B.この行動の障害が臨床的に著しい社会的、学業的、または職業的機能の障害を引き起こしている。<br>C.その者が18歳以上の場合、反社会性パーソナリティ障害の基準を満たさない。(DSM-IV-TR) |
| 反抗挑戦性障害 | この型の行為障害の類型は、およそ 9、10 歳未満の小児に特徴的にみられるものである。この障害は、きわめて挑戦的で不従順で挑発的な行動が存在することと、法や他人の権利を侵害する、より重大な反社会的あるいは攻撃的な行動が存在しないことによって定義される。F91 の基準のすべてを満たすことが診断に必要である。度のすぎたいたずらやふざけた行為があっても、それ自体では診断には十分でない。行動の反抗挑戦的パターンは行為障害と質的に異なる型というよりは、行為障害より軽度な型であると考える専門家が多い。この差が質的なものか量的なものかについては、研究データが不足している。しかしながら、これまでの知見は、この型の特徴的な知見に限れば、まちがいなくほとんど、あるいは必ず小さな子どもに限られることを示唆している。このカテゴリーを使う際とくに年長児の場合注意すべきことは、臨床的に重大な年長児の行為障害は通常、挑戦、不服従や破壊的というい程度を超えた、反社会的あるいは攻撃的な行動を伴っていることである。そしてその場合は、年少の頃には反抗挑戦性障害が先行していることがしばしばみられる。このカテゴリーは、日常的診断を尊重し、年少児の障害の分類を容易にするために加えられている。(ICD-10)<br>A.少なくとも6ヵ月持続する拒絶的、反抗的、挑戦的な行動様式で、以下のうち4つ（またはそれ以上）が存在する。<br>(1) しばしばかんしゃくを起こす。<br>(2) しばしば大人と口論をする。<br>(3) しばしば大人の要求、または規則に従うことに積極的に反抗または拒否する。<br>(4) しばしば故意に他人をいらだたせる。<br>(5) しばしば自分の失敗、不作法を他人のせいにする。<br>(6) しばしば神経過敏または他人によって容易にいらだつ。<br>(7) しばしば怒り、腹を立てる。<br>(8) しばしば意地悪で執念深い。<br>注：その問題行動が、その対象年齢および発達水準の人に普通認められるよりも頻繁に起こる場合にのみ、基準が満たされたとみなすこと。<br>B.その行動上の障害は、社会的、学業的、または職業的機能に臨床的に著しい障害を引き起こしている。<br>C.その行動上の障害は、精神病性障害または気分障害の経過中にのみ起こるものではない。<br>D.行為障害の基準を満たさず、またその者が18歳以上の場合、反社会性パーソナリティ障害の基準は満たさない。(DSM-IV-TR) |

(ICD-10 と DSM-IV-TR を基に筆者が表を作成)

行為障害よりも軽度な型とされている。いずれも、少年犯罪と発達障害に関する議論で頻繁に取りあげられる診断である。行為障害は、非行と同義で用いられることが多く、マスコミにもしばしば取りあげられ一般的に知られるようになっている。一方で、反抗挑戦性障害は、専門家や実践家の研究で登場することが多い。その他、ICD-10によれば、行為障害に分類される障害には、家庭限局性行為障害、個人行動型（非社会化型）行為障害、集団行動型（社会化型）行為障害、他の行為障害、行為障害・特定不能のものがある。

### 2) 発達障害の診断と支援

では、発達障害はどのように診断され、支援されるのだろうか。

#### ①診断

診断は医師が行う。診断方法は、標準化されていないが、問診、行動観察、心理検査（知能検査、WISC-IIIが中心）、脳波検査、その他の資料（生育歴、学校生活の記録、児童の作品・作文、通知表など）に基づいて行われる。詳細については、第4章で診断方法について述べているため、参照してほしい。

#### ②支援

発達障害の支援は、薬物治療が行われることもあるが、療育が中心である。まず、療育の概念を説明しておきたい。

発達障害児への対応は、通常、療育が行われる。精神医学の分野では治療教育と呼ばれることが多い。それは「精神医学、心理学、認知科学、脳科学などの科学的な成果に基づいており、教育的な手段を使うことにより、精神機能の障害や行動の異常を改善するように働きかけたり、精神発達や適応行動を促進したりする方法である」（太田　2006a, p.13）。治療教育は、19世紀にヨーロッパで生まれた概念であり、当初は発達障害のある児童に対して、医学と教育学の連携によって教育することを意味していた。現在の治療教育は、他の諸科学の発展や以下で説明する「療育」の概念の影響を受けているのだと思われるが、医学と教育の分野だけでなく、心理学、認知科学、脳科

学などの諸科学に基づいて行われている。

　療育の概念は、東京大学整形外科学教授をしていた高木憲次によって初めて提唱された。高木はドイツ語の治療教育を「療育」と訳し、日本で最初の肢体不自由児のための施設を作ることを唱え、肢体不自由児療育の体系を築きあげた。そのため、「肢体不自由児の父」と呼ばれている（茂木他編 1997）。高木の定義と、それを現代的にいいかえた高松の定義は、以下のとおりである。

　　療育とは、現代の科学を総動員して不自由な肢体を出来るだけ克服し、それによつて幸にも恢復したら「肢体の復活能力」そのものを（残存能力ではない）出来る丈け有効に活用させ、以て自活の途の立つように育成することである（高木　1951，p.7）。

　　療育とは医療、訓練、教育、福祉など現代の科学を総動員して障害を克服し、その児童が持つ発達能力をできるだけ有効に育て上げ、自立に向かって育成することである（高松　1990，p.153）。

　高木の定義は、治療教育が当初、医学と教育学に基づいて行われていたのに対して、より広い範囲の科学の参加を求めているが特徴的である。しかし現在では、治療教育と療育は同様の意味で用いられていることが多く、本書では「療育」と表記するが、厳密に意味を区別しているわけではない。

　具体的な療育方法についてであるが、教育現場では特別支援教育を行うために、次のような体制や取り組みを行っている。まず、学校では特別支援教育に関する校内委員会を設置し、実態把握、特別支援教育コーディネーターの指名、関連機関あるいは保護者との連携、教員の専門性の向上など発達障害児を含めた障害をもつ児童に対して、組織的な対応ができるような体制にすることが目指されている（第3章参照）。また、障害のある児童の指導を担当する教員などが中心となり、教育的支援を行うために、乳幼児期から学校卒業後まで一貫した教育的支援を行えるように「個別の教育支援計画」、「個

別の指導計画」を作成し、活用することが求められている。円滑に学校生活が送れるように、児童の示す困難さに重点をおいて、生徒の教育的ニーズにあわせた対応や配慮が重視される。たとえば、試験やその他の評価を行う場合は、別室実施、出題方法の工夫、時間の延長、人的な補助など可能な限りの配慮を行うことが留意されている。

　医療・療育現場では、言語聴覚士、作業療法士、心理士などが行動療法、感覚統合療法、TEACCH プログラム、SST（Social Skills Training）、ソーシャルストーリーなどを用いて療育を行っている。なかでも用いられることが多い TEACCH と SST の概要について紹介する。

　TEACCH は、自閉症やコミュニケーション障害をもつ者のための治療と教育（Treatment and Education of Autistic and related Communication-handicapped Children）を意味する。アメリカのノースカロライナ州で、1960 年代にエリック・ショプラー教授らによって研究・開発されたものである。佐々木によれば、従来の自閉症の人への支援は、特定の専門領域の狭い視点から医学的な症状群としてみる傾向にあり、家族の全体的な状況を総合的に理解しながら子どもの問題を把握することができていなかった。そこで、TEACCH プログラムは、総合的な視点をもったスタッフと両親の相互の協力によって、自閉症の人々が自立して活動できるように、包括的に人生全般を支援していくことで一般の人たちと共生・共働していくことを目指している。現在では、自閉症の子どもに限らず、高機能自閉症やアスペルガー症候群の子どもたちにも効果があるとされている（佐々木　2008）。

　TEACCH プログラムの特徴的なところは、構造化による指導を行うという点にある。具体的には、「物理的構造化」というものがあるが、自閉症児が生活や学習する場所を、家具、ついたて、カーペットを用いて活動別に区分け・配置し、それぞれの場所と活動が 1 対 1 の対応をするようにする。たとえば、学習や作業を行う場所（ワークエリア）と遊びや休息のために過ごす場所（プレイエリア）を区別して設置し、一つの場所を多目的に使用しない。そうすることで、自閉症の子どもはそれぞれの場所で何をすればよいのか理解しやすくなる。その他にも、一日のスケジュールを予告する、ワーク・シ

ステム（課題の意味、手順、量を把握して1人で活動できるようにする）を用いる、コミュニケーションツール（絵、カード、印、色）を用いて、視覚的に構造化されたものを提示することによって、子どもにとって理解しやすい情報を与える。こうした構造化は、学校だけでなく家庭、職場においても有効で実践されている（佐々木　2008）。

　また、佐々木によれば、TEACCHモデルの延長線上にさまざまなプログラムが開発されており、その一つに2000年にキャロル・グレイによって発表されたソーシャルストーリーがある。自閉症の視覚優位の特性に合わせて、簡単な文章とイラストを用いることで、社会的な常識などの理解を助け、意味や意思の伝達を助けることが可能となる（佐々木　2008）。

　次にSSTは、Social Skills Trainingの略で「社会生活技能訓練」や「生活技能訓練」と訳され、認知行動療法の一つに位置づけられる。統合失調症や発達障害などの精神障害の対人関係を中心とする社会生活技能、日常生活技能を高めるために用いられる。友人関係のトラブルや社会的な孤立や逸脱を避けるために、子どもの年齢や発達に応じたスキルの獲得を促進する予防的介入としても用いられている（茂木他編　2010）。

　最後に、薬物療法について述べる。発達障害児への薬物療法は、症状の軽減、緩和のために行われる対処療法である。なかでも、中枢神経刺激薬が多動や集中力の改善に有効であるとされており、特にADHDの児童に使用されている。「多動や集中困難の原因を覚醒・睡眠レベルの障害ととらえ、昼間の覚醒レベルを引き上げることによる症状の改善」（市川　2006, p.76）が見込まれる。神経刺激薬は覚醒作用があるため、より安全性の高いメチルフェニデート（商品名：リタリン、コンサータ）が使われている。投与は、義務教育年齢者を対象にするのが通常である。薬物治療の効果は患者によって異なっており、その反応性を投与前に予測することは難しい（市川　2006）。長期投与では、食欲不振、頭痛、胃痛、嘔気、不眠などの副作用を生じることがある（山崎・成瀬　2005, 市川　2006）。最近では、メチルフェニデートの依存や乱用の問題が指摘されるようになっている（尾崎・和田　2005）。メチルフェニデートの依存や乱用の問題をふまえ、2007年厚生労働省はリタリンの使

用を規制し、ADHD児にはコンサータを処方するように通知した。これを受けて、製薬会社（ノバルティスファーマ）は、有識者からなる第三者委員会を設置し、一定の基準を満たした医師や医療機関のみがリタリンやコンサータを取り扱うことができるように制限した。

### 3）発達障害に関わる制度

　発達障害に関わる制度の施行は、教育の領域で始まった。まず、1992年に発達障害に分類される「学習障害」が「通級による指導に関する充実方策について（中間まとめ）」で取りあげられ、1995年の「学習障害児等に対する指導について（中間報告）」では、「学習障害」の定義が初めて公式に示された。

　文部科学省は、2001年に「特別支援教育の在り方に関する調査研究協力者会議」を設置し、その中で学習障害（LD）、注意欠陥多動性障害（ADHD）、高機能自閉症など小学校・中学校に在籍する児童生徒への対応について検討している。2003年には、「今後の特別支援教育の在り方について（最終報告）」が取りまとめられ、「学習障害」に加えて「ADHD」や「高機能自閉症」の定義と判断基準が公表された。そこでは、柔軟で弾力的な制度の再構築、教員の専門性の向上と関係者・機関の連携による質の高い教育のためのシステム作りが目指されている。これを受けて、2004年には、中央教育審議会初等中等教育分科会の下に特別支援教育特別委員会が設置され、2005年12月に「特別支援教育を推進するための制度の在り方について（答申）」がまとめられた。2004年には「発達障害者支援法」が制定され、翌年4月に施行された。「発達障害」の定義が示され、そのなかには文部科学省が定義した学習障害、ADHD、高機能自閉症も含まれる。現在では、関連省庁と言葉を共通にするため、文部科学省でも「発達障害」の概念を用いている。こうして、学習障害から始まった教育的な支援の制度化は、ADHDや高機能自閉症、さらに、発達障害や教育的な支援が必要なすべての児童に適応できるように拡大していった。

　発達障害に関する事業数は年々、増加傾向にある。はじめは小中学校を対

象にモデル事業が進められたが、2008年度からは高等学校（11校）でも行われた。2009年も引き続き、14校の高等学校がモデル事業の対象となっている。その他にも、「発達障害等に対応した教材等の在り方に関する調査研究事業」、「発達障害早期総合支援モデル事業」、「特別支援学校等の指導充実事業」、「発達障害を含む特別支援教育におけるNPO等活動体系化事業」、「特別支援学校教員専門性向上事業」「特別支援教育就学奨励費負担等」などの事業がある。

　発達障害者支援法によれば、発達障害児・者への支援は、医療、保健、福祉、教育、労働に関する部局の連携が目指されており、発達障害児・者への支援は教育だけでなく、さまざまな場面に広がっている。また、発達障害児・者のための事業は、障害に関する知識の普及・啓発、支援体制の整備、発達障害支援センターの運営事業など年々拡充されており、それらに多額の予算が配分されている。

　〈注〉
1　田中康雄，2009『大人のAD／HD』講談社、梅永雄二・佐々木正美監修，2008『大人のアスペルガー症候群』講談社、星野仁彦，2010『発達障害に気づかない大人たち』祥伝社などがある。
2　『発達障害白書』によれば、「DSM-IVの不完全な点を補うために、1994年にNational Center for Infants, Toddlers, and Familiesによって乳幼児期の子どもの診断基準として」（日本発達障害福祉連盟　2008, p.39）出版されている。その後、2005年に改訂版が発行されている。
3　序章で紹介したように、『逸脱と医療化』（訳書　2003）は1980年に出版したものに後記を加筆した改訂版である。
4　現在のADHDにあたる。コンラッドは、この研究をベースにADHDの事例研究を継続している（Conrad & Potter 2000）。
5　根拠ある一般化では、以下のことが指摘されている。①逸脱の医療化と脱医療化は周期的な現象である、②逸脱の医療的な認定は、目的自体としてというよりは、しばしば犯罪学的定義に対する「武器」として促進される、③医療専門職のほんの一部しか逸脱の医療化に関わらない、④逸脱の医療的認定は「強迫性」の概念に基づく傾向が強い、⑤医療化や脱医療化は政治的達成の結果であって、科学的達成の結果ではない（Conrad & Schneider訳書，2003, pp.512-518）。

6 これは、差別の問題に関わる。医療化後に生じる差別や人権の問題について論じた研究は意外にも少ない。たとえば、小児神経科医の石川は、発達障害者支援法が一部の利益団体と業界によって進められ、当事者不在のなか成立したことを批判している（石川　2005）。
7 第3章では、教員にインタビュー調査を実施した。ある教員は次のように語った。「ベラベラしゃべるわけじゃないんで。……目立たない子なので。巡回相談の先生は隠れたLDっていう表現をされたんですけど。本当にADHDと重複とかそういうのではないので、静かなLDです」(-No.8-)。
8 ADHDの児童の担任になったある教員は、次のように語っている。「もう、めちゃくちゃになっちゃうね、クラスが。ちょうどね、ワールドカップがあったんです。彼［ADHDの児童］はね、サッカーがものすごい好きなんです。だからね、旗を持ってきてね、部屋中をわーっとこう一日中かけまわっているから、これはまいってねー。さすがに、こちらのほうもノイローゼみたいになりまして」(-No.2-)。

# 第2章 「学習障害」概念の制度化プロセス

## 1　本章の目的

　本章では、医療化の概念、制度の水準に焦点をあて、子どもの不適応や逸脱がいかにして「学習障害」としてみなされるようになったのかを医学的要因と社会的要因にわけて分析する。特に、コンラッドとシュナイダーが時系列モデルで提示した「探査」、「クレイム申し立て」、「医療的逸脱認定の制度化」（Conrad & Schneider 訳書　2003）の観点に注目し、学習障害の事例において、それらがどのように遂行されたのかについて論じる。学習障害は発達障害に分類される障害のなかで、日本で初めて公式に定義され、制度化された障害の一つである。学習障害は発達障害の制度化を推し進める契機となった障害でもあり、本章で取りあげることにする。

　学習障害の制度化を分析する意義は、第一に、診断をはじめとする医学の知識が単に医学の発見や発展（時系列モデルの②探査）によって一般化、普及したわけではないことを明らかにすることができる。つまり、ある病気についての知識が一般化した背景には、製薬会社や専門家の利害が存在しており、政治的な活動をともなっている。とりわけ、構築主義研究は、医学的知識が発展・普及してきた背景にある利害関係者のクレイム活動の分析に力をそそぎ、医療の政治性を暴露してきた（Spector & Kitsuse 訳書　1990, Conrad & Schneider 訳書　2003）。本書でも同様に、欧米と日本において学習障害の概念がどの時期に研究され、その後、一般化されるまでにどのような過程があったのかを分析する。

　すでに述べてきたように、医療化には概念、制度、相互作用の3つの水準

があるが（Conrad & Schneider 訳書　2003）、本章ではマクロな視点として、概念と制度の水準に焦点をあてる。とりわけ、制度の水準は医療化の重要な到達点の一つとしてみなされてきた。コンラッドとシュナイダーは、医療化の時系列モデルの5段階のうち、最終段階として「医療的逸脱認定の制度化」を提示している（Conrad and Schneider 訳書，2003, p.504）。具体的にいえば、制度の水準とは医学的定義の制定と確立及び制度・政策の制定と実施を意味している。制度はいったん制定・施行されると異議申し立てがない限り継続・維持される傾向が強く、人々の認識枠組や思考様式を変容させるため、医療化プロセスの重要な役割を担う。

　学習障害は1992年に文部省による「通級による指導に関する充実方策について（中間まとめ）」の報告で、初めて教育的支援の必要な障害の一つとして取りあげられた。1995年には「学習障害児等に対する指導について（中間報告）」で公式の定義が提示され、1999年の最終報告で、現在の定義（第1章3節参照）となった。学習障害児は2002年の文部科学省による「今後の特別支援教育の在り方について」の報告の全国実態調査によれば、公立小学校、中学校に通う児童・生徒の4.5%に及ぶ。2000年度には「学習障害（LD）児に対する指導体制の充実事業」が15の自治体で開始され、翌年には全国で実施されている。その後、「特別支援教育体制推進事業」（2003年〜2008年）、「発達障害早期総合支援モデル事業」（2007年〜2009年）、「発達障害等支援・特別支援教育総合推進事業」（2009年）、「特別支援教育総合推進事業」（2010年〜2012年）、「インクルーシブ教育システム構築事業（2013年〜2014年）など支援体制の拡大・充実化が図られている。

　次節以降では、学習障害の制度化プロセスを学習障害の診断や療育に関わる医療的要因（学習障害の研究や公式な定義）と、概念の普及過程に関する社会的要因（学習障害の概念を発展させた社会的な出来事）にわけて分析する。両要因は、互いに関連しながら学習障害の概念普及に寄与している。まず、医療的要因についてはアメリカと日本を中心に、学習障害の医療的な研究がどのように進んできたのかについて概観する(2節)。次に、社会的要因として「全国LD（学習障害）親の会」による要望活動と医療専門職との関係性に焦点

をあてる（3節）。

　データは学習障害に関する著書、「全国LD（学習障害）親の会」による資料（ホームページ、設立10周年記念誌、諸省庁への要望書）、省庁の報告書を収集した。医療的な研究の経緯については、主にそれをまとめた著書や論文を参照し、付随的に一次資料にあたった。また、親の会の資料である記念誌は親の会から購入し、要望書はHPに掲載されていたものと「全国LD（学習障害）親の会」からいただいた資料を用いた。

## 2　医療的要因

　まず、学習障害の概念がどのように発展してきたのかを主にアメリカと日本の発展過程にわけて論じる。学習障害の概念は、1960年代の微細脳損傷（minimal brain damage：MBD）、微細脳機能障害（minimal brain dysfunction：MBD）、そして学習障害と変遷してきており、欧米で発展してきた。日本での学習障害に関する研究は、アメリカの研究の影響を大きく受けており、アメリカの研究が日本にどのようなプロセスを経て紹介されるようになったのかを検討する。

### 1）アメリカにおける学習障害の研究

　前述したように、学習障害の概念は1950年代後半からアメリカで流行した微細脳損傷や微細脳機能障害の概念に由来する（齋藤　2000）。研究自体は、1800年代中ごろ言語障害と左の大脳半球損傷との関連が判明したころまでさかのぼることができる。言語障害、読み・書き・計算障害、象徴倒錯症（strephosymbolia）[1]などの症状が脳の局所的な変化から生じていることが指摘されるようになった（齋藤　2000）。1917年から1918年にかけては、北米で大規模な脳炎の流行があり、脳炎で一命をとりとめた子どものなかに行動、情緒、認知能力面で問題がみられ、「脳炎後行動障害」として臨床家の関心を集めた。その後、脳炎罹患の既往がなく、脳疾患や脳傷害を示す所見が認められない子どもにおいても、同様の症状がみられ報告されるようになった

（上林 2002）。

　1940年代になると、微細脳損傷の先駆けとなる研究が、精神神経科のストラウスとウェルナーを中心にレチネンやケーファートらによって発表された。ハラハンらがまとめた論文によれば、ストラウスはハイデンベルグ大学の精神神経科の助教授で、ウェルナーはハンブルグ大学の発達心理学の助教授であった（Hallahan & Kauffman 訳　1985）。ヒットラーの政治支配が強化されると、ストラウスとウェルナーはドイツからアメリカへ移住し、共同研究を継続した。研究は脳損傷のある精神薄弱児の精神病理と教育についてであった。当時はどの精神薄弱児にも同様の症状があるとされてきたが、ストラウスらの研究で遅滞児に個人差があることが明らかになった。また、レチネンやケーファートはストラウスとともに、脳損傷のある精神薄弱児への教育プログラムや指導方法を発展させていった（Hallahan & Kauffman 訳　1985）。

　1959年には小児神経科医のノブロックとパザアマニックが周産期に脳損傷を受けたと思われる子どものなかに、軽度な行動異常や学習上の問題をもつ子どもが存在することを明らかにし、「微細脳損傷（minimal brain damage）」の概念で説明した（齋藤　2000）。微細脳損傷は軽度の行動や能力の異常を示した児童に使用され、今でいうADHD児の症状にみられる多動性を含む包括的な概念であった。1930年代後半には、ブラッドレーが多動児に中枢神経刺激薬を投与すると効果がみられることを発表し、微細脳損傷は病因、症状、治療法がそろった新しい疾患単位として臨床の脚光を浴びた（Conrad 1976, 杉山　2000）。しかし、微細脳損傷には脳損傷の証拠がなく、知的機能が正常な子どもにおいても同様の症状が確認され（細川　2002）、「脳損傷」と表記することに対して批判が巻き起こった。批判の理由としては、脳損傷は元に戻らないという絶対的限界と絶望感を親に抱かせ、また治療者にも治療に対して消極的にさせてしまうことなどがあげられた（上林　2002）。こうした批判をうけて、1963年にはダメージではなく、脳の機能上の混乱による障害として「微細脳機能障害（minimal brain dysfunction：MBD）」の概念が作られたが、概念の混乱は続いた（杉山　2000）。カリフォルニア神経学的障害児協会サンフランシスコ支部主催の「学習障害に関する第1回シンポジウム」（1966年）

での提案を基に出版された『学習障害児：教育的、医学的対応への入門 (*Learning Disabilities: Introduction to Educational and Medical Management*)』で微細脳機能障害（MBD）の概念が紹介された。同時期、カリフォルニア州では、微細脳機能障害（MBD）の「脳」という語に対する教育者や親の不安を考慮して、州法に規定する名称としては「教育的ハンディキャップ（educational handicap）」[2] の概念を用いた（山口　2000）。

　概念をめぐる混乱のなか、親の会は学習障害の制度化に大きな影響を与えた。全国的な親のグループにまとめるために1963年シカゴにおいて知覚障害児基金の後援で大会が開催された。そこで教育心理学者のカークは、病因に基づく用語ではなく、教育的視点に基づいた用語を使うべきだと述べ、知的には遅滞はないにも関わらず、極端な学習の障害をもつ児童を「学習障害」と提唱した。大会以前の親のグループの名前には、「脳損傷児」、「知覚障害児」、「神経学的障害児」など多様な名前がつけられ混乱した状態であったが、親の会のメンバーはカークの定義を受け入れ、翌年、全国組織として ACLD (The Association for Children with Learning Disabilities) を結成した。学習障害という新しい概念が作りだされ、それを親の会のメンバーが受け入れた背景には、精神薄弱児への恥辱を恐れ、精神薄弱の領域から分離しようとした親の会メンバーの思いがあった。親たちは、これまで精神神経系の研究者が用いてきた脳損傷や精神薄弱児としての診断ではなく、教育的な視点に基づく診断を受け入れた。その後、「学習障害」は、ジョンソンとマイクルバストによって、心理神経学の見地から検討され、包括的な概念へと展開していった。特に、マイクルバストの概念は、中枢神経系の機能障害による推定原因を提示した点で注目された（以上、Hallahan & Kauffman 訳　1985 の整理による）。

　1968年には「ハンディキャップをもつ子どもに関する『全米諮問委員会 (National Adovisory Committee on Handicapped Children)』」が学習障害の定義を公的にまとめ、これに修正を加えたものが1975年の障害者教育法修正 PL94-142（全障害児教育法）で採用された。そこでは、「特異な学習障害をもつ子どもたち (children with specific learning disabilities: SLD)」[3] と定義され、1983年（PL98-199）、1990年（PL101-476）の修正においても本質的な変更はない。ただし、

1978年のPL94-142の施行過程ではSLDの定義をめぐって教育、心理、医学の専門家の間で激しい論争がなされたものの、完全な合意は得られなかった（山口　2000）。1981年には、学習障害に関係する諸団体の代表者からなる「LDに関する全米合同委員会（National Joint Committee on Learning Disabilities：NJCLD）」が連邦政府の定義の欠陥を補うべく新しい定義を提案した。こうした経緯をうけて政府の教育省、保健福祉省関係の13機関の代表者からなる「学習障害に関する官庁間連絡会議（Interagency Committee on Learning Disabilities：ICLD）」が1981年のNJCLDの定義に若干の修正を加えた。しかし、教育省やNJCLDのほとんどの組織がこの定義に反発したため、1988年にNJCLDが改めて新しい定義を提案し、それが採択された（山口　2000）。

　学習障害の診断は、アメリカ精神医学会が作成するDSMの第3版（1980年）には、特異的発達障害の下位分類として、発達性読み方障害、発達性計算障害、発達性言語障害、発達性構音障害、混合性特異的発達障害、非定型特異的発達障害が掲載された。1987年の改訂版、DSM-III-Rでは、特異的発達障害の下位分類が変わり、学習能力障害、言語と会話の障害、運動能力障害、特定不能の特異的発達障害となった。続く、DSM-IVでは、学習障害（Learning Disorders）の診断が掲載され、DSM-IV-TRでは、読字障害、算数障害、書字表出障害、特定不能の学習障害を学習障害としている（American Psychiatric Association 訳書　2003a）。

## 2）日本における学習障害の研究

　文部省の1995年の報告[4]にあるように、日本で普及した学習障害に関する研究や制度は、主にアメリカのものを踏襲したものであった。日本では1960年代から、先天語盲として、読み、書きの障害についての報告がなされていたが、いずれも脳の局在的な障害を追究するものではなかった（齋藤　2000）。1960年代後半になると、MBDの概念が専門家の間で紹介されるようになり、1965年東京で開催された第11回国際小児科学会会議では、精神科医のアイゼンベルグと教育心理学者のカークが特別講演をした。1968年には、日本小児科学会で微細脳損傷症候群のパネルディスカッションが行わ

れた。このパネルディスカッションが契機となり、日本でも MBD の議論が展開されるようになる。その後、MBD 概念は、小児精神神経学や小児神経学の分野で広く使用されるようになった（齋藤　2000）。

　1970 年代初期まで、MBD 概念は専門家の間で用いられたが、徐々に MBD に代わって、学習障害の概念が知られるようになった。1975 年には、マイクルバストのもとで学んだ経験をもつ森永良子が上村菊朗とともにジョンソンとマイクルバストの『学習能力の障害』を翻訳し、学習障害の研究の発展に貢献した。1979 年には日本教育心理学会で「Learning Disabilities をめぐる問題について」のシンポジウムが開かれた。この頃になると、専門家の間で学習障害の研究が神経心理学と心理教育学のどちらの立場で行うべきなのかについての議論が展開されるようになった（齋藤　2000）。1970 年代後半には、教育学、心理学でも学習障害の児童が取りあげられるようになった。

　1980 年代になると、教育学や心理学分野の上野一彦や牟田悦子らによる臨床事例研究が発表された。1982 年には小児神経学会で「学習障害と小児の神経心理学」と題して発表と討論が行われ、1985 年には第 26 回日本児童青年精神医学会で「学習障害をめぐって」のパネルディスカッションが行われた。1988 年には、小児精神神経研究会第 60 回で「学習障害児の治療と教育」が主題となり、マイクルバストが特別講演をしている。その後、『小児精神神経』29 巻では、学習障害の特集が組まれ、マイクルバストの論文やジョンソンの「学習の治療教育の実際」と題した講演内容も掲載された。1986 年には、同雑誌 26 巻で「LD 児の臨床」が取り上げられ、心理学や教育学の領域から療育についての報告がなされ、教育現場の視点が付け加えられるようになった。

　1990 年代に入ると、国立特殊教育総合研究所による LD 研究プロジェクトの開始（1991 年）、日本 LD 学会（当時日本 LD 研究会、1992 年）の発足がなされた。1993 年には『児童青年精神医学とその近接領域』34 巻 No.4、5 で学習障害の特集が組まれた。1995 年の第 74 回日本小児精神神経学会では、再度、マイクルバストによる特別講演が行われた。こうして、学習障害の概念は 1980 年代急速に専門家の間で浸透し、研究されるようになったが、定

義の曖昧さから混乱が生じた（以上、齋藤 2000 の整理による）。

　以上のように、日本における学習障害の概念は、アメリカで 1960 年代に既に概念化されていた MBD の概念とその後展開されていった学習障害の研究を輸入し、専門家の間でのみで広がっていった。1970 年代に入ると、MBD 概念に代わって学習障害の概念が知られるようになったが、依然として専門家の間でのみ共有される専門用語でしかなかった。それゆえ、人々は MBD や学習障害といった障害に関心を集めるどころか、その存在すら知らなかった[5]。学習障害は、日本で専門家によって研究されつつあったが、制度や政策の成立に結びつけられるような展開はなく、何年もの間、専門家間のみで共有できる専門用語でしかなかった。また、学習障害が日本で初めて公式に定義されたのは、1990 年代の文部省による報告からであり、1960 年代後半に公式に定義されていたアメリカと比べると約 20 年の時間差がある。では 1990 年代以降、日本で学習障害の概念や制度が急速に制度化され、人々に知られるようになった背景に、どのような社会的な経緯があったのだろうか。

## 3　社会的要因

　日本における学習障害の制度化は、1990 年に設立された「全国 LD（学習障害）親の会」によるクレイム活動の影響を大きく受けている。「全国 LD 親の会」は、各省庁（文部科学省、厚生省、労働省）へ要望書を何度も提出し、国会議員と懇談を行うなど積極的に要請活動行ってきた全国規模の民間団体である。同様の親の会は、その他にも「アスペ・エルデ親の会」（現・特定非営利活動法人アスペ・エルデの会）があるが、活動趣旨は、主に支援のためのサポートや研究活動に重点がおかれていた。また、規模は愛知県、三重県、岐阜県の三県が中心となっており、全国 LD 親の会のような全国規模の団体ではない。この点で、「全国 LD 親の会」は、制度の設立に密接に関わってきた唯一の団体として位置づけることができる。

　彼らの活動は、第一に、LD 児に自立した豊かな社会生活を送らせること

をめざし、第二に、LDの早期発見・早期療育を実現させるため、関係機関・諸団体へ働きかけ、第三に、LDへの理解を広めるため、有職者やマスコミを通じて社会的啓発活動を行うことを目的としており、運動的要素を強くもっている（全国LD親の会のHP参照 2004年）。なかでも学習障害に関する啓発活動や政府への訴えは、要望書を繰り返し提出していることからもわかるように、制度成立に大きな影響を与えた。要望活動は次のとおりである。

1990年6月　文部大臣宛要望書の提出と記者会見
　　　 7月　文部大臣と懇談
1991年8月　厚生大臣宛要望書の提出と記者会見
1992年9月　文部大臣宛要望書の提出、議員要請、記者会見
　　　12月　文部省・調査研究協力者会議メンバーと懇談
1993年6月　厚生大臣宛要望書の提出、議員要請、記者会見
1994年3月　労働大臣宛要望書の提出、議員要請、記者会見
1995年6月　文部大臣、厚生大臣、労働大臣宛要望書の提出
1997年9月　文部省・調査研究協力者会議へ要望書提出
1999年3月　文部大臣宛要望書の提出
2000年1月　労働大臣、厚生大臣宛要望書の提出
　　　 3月　文部大臣宛要望書の提出
2003年1月　厚生労働省宛要望書の提出

その後も、要望活動は継続されていく[6]。

「全国LD親の会」は、1980年代からインフォーマルなグループとして全国各地に点在していた親の会を集結させたものである。厳密には、1962年から「言語障害児をもつ親の会」として結成されたが、学習障害児の親の会としては、1980年代に入ってからである。1982年に創設の5人の親から始まった「かたつむり」（愛知県）から始まり、1986年「クローバー」（北海道）、1987年「にんじん村」（東京都）、「竹とんぼ」（長野県）と次々と誕生し、

1990年2月に当初9団体で構成された全国規模の親の会「全国学習障害児・者親の会連絡会」（現在の「全国LD親の会」）が創設された。1996年12月には、全国LD（学習障害）親の会と改称し、現在に至っている。

　このような創設の経緯には、教育学者の上野一彦を中心とした専門家が関わっている。上野は東京学芸大学名誉教授であり、日本LD学会理事長を務めLD研究の中心的存在である。「全国LD親の会」の設立や要望活動では、専門家との関わりが頻繁にみられる。親の会設立10周年記念講演会では、上野が各地に点々としていた親の会を全国組織として設立させるために積極的に働きかけたことを振り返っている。「とにかく組織というものを作ることによって、また何か新しいことが始まるのではないかと。それが2月の親の会の設立と、初めての地域連絡会に繋がりました」（全国LD親の会　2001, p.6）。そして、上野は全国各地にある親の会へ出向き、講演し啓発活動を行っていた。講演の一部をあげると、1989年「かたつむり」（愛知県）、1990年「星の子」（茨城県）、1990年「コスモス」（千葉県）、1994年「P and L（パル）の会」（石川県）、「夢気球」（佐賀県）などがある。その他にも、時期は不明だが「明日葉」（広島県）や「ストリーム」（徳島県）でも実施されていた。「かたつむり」での講演会では、親たちの熱意に後押しされ、「心の中で100万の味方を得たような気持ちだと感じ……東京に帰ってきてから、私が指導していた親御さん達に、ぜひ親の会を作りましょうと働きかけました」（全国LD親の会　2001, p.25）と述べており、「けやき」（東京都）を設立するに至ったきっかけになっていた。

　「全国LD親の会」は、名目上「親が主体的に組織運営をする」とされているが、専門家との関係性は密である。当初、インフォーマルなグループとしてスタートした親の会は、専門家のもとで臨床活動を行っていた人々を集めたものや、病院や臨床研究と協力関係にある場合が多かった。それゆえ、専門家と密接な関係にあり、積極的に勉強会や研究会を開くことも可能であった。例えば、上述の上野の言葉にもあったように「けやき」（東京都）は、「東京学芸大学・上野研究室主催のLD児治療教育を目的とした臨床研究活動である『土曜教育』で指導を受けていた父母が中心となって結成した

会」(全国LD親の会 2001, p.61) であった。その他、世田谷区教育相談室における中川克子のマザーグループを母体とした「にんじん村」(東京都) や臨床教育研究所所長の三島照雄の主催する勉強会に出席した親が中心になった「パルレ」(東京都)、金沢大学の教授、大井学の研究室で指導を受けていた親を中心にスタートした「P and L (パル) の会」がある (全国LD親の会 2001)。

「全国LD親の会」が各省庁に提出した要望書には、上野の実施した調査結果が提示されており、学習障害児への支援が急務であることの正当性が強調されている。1990年度2月から1995年度までの要望書には、次のように調査結果が掲載されている。「小学生4000～5000人を対象にした2度の調査結果では2%強という出現率を示しています (東京学芸大学上野一彦教授実施調査)」。この調査結果は診断結果ではなく、あくまでスクリーニングテストの結果である。どの程度の範囲までを学習障害児としてカウントしているのかは明確ではなく、実際に学習障害児が2%強で出現するのかは疑わしい。しかし、専門家による調査結果の提示は、要望活動の正統性を裏づけるものであり、初期の要望活動において重要な役割を担ったと考えられる。また、各要望書には、学習障害児の療育に対応できる専門職の育成と学校、保健所、医療機関、相談所などの関連諸機関への専門職配置についての要望事項が明示されている。

以上のように、専門家は学習障害児の支援を制度化させ、支援を充実させることを目標に掲げているが、同時に、それは自ら学問領域や知識を拡大させ、さまざまな施設でのポストを確保する効果があった。親の会の要望活動には、少なからず専門家の利害関係が存在していたと考えられる。たとえば、要望書には「大学・短期大学の教職課程科目中に学習障害についての単位取得を義務づけ、学習障害児・者に対応できる教員の育成を図ること」(1990年文部大臣宛要望書) や「療育に対応できる専門職 (医師・保健婦・保母等) を育成し、都道府県保健所・医療機関・相談所等に配置してください」(1993年厚生大臣宛要望書)、「学習障害専門の総合研究所を配置すること」(1990年文部大臣宛要望書) などが記載されている。学習障害児のために、医療、保

育・教育、労働、司法のさまざまな場面で制度を確立すれば、より多くの機関（学校、病院、司法関係施設、職業訓練施設など）で学習障害に精通した専門家が求められ、多くのポストを確保することが可能になる。なかでも学校は、学習障害児への対応が最も早く制度化した組織である。モデル事業では、小学校に学習障害などの知識に精通した専門家を定期的に派遣し、専門家チームを形成したうえで会議を実施している。こうした動きに目をつけたLD学会（1992年に設立）は、「LD教育士」を資格化させ、学会自体の規模を拡大させている。現在ではLD教育士にかわって、「特別支援教育士」の認定を行っている。1994年度からは、親の会も団体としてLD学会に所属し、同年の第3回大会から自主シンポジウムを開催し、親の立場からの報告を行っている。親の会の活動の背後には、専門家が属する分野の権威の拡大、ポストの確保など専門家にとって有益な側面が存在している。

## 4　小括

　ここまで、学習障害の制度化プロセスを医療的要因と社会的要因の観点から明らかにした。ここで重要であったのは、学習障害の制度化が必ずしも医学的な知見の蓄積によって成し遂げられたわけではないという事実である。学習障害に関する研究の起源は、アメリカですでに1940年代からストラウスらによって始まっており、1950年代後半にはMBDの概念が普及し、その後カークによって学習障害の概念が提唱され、1970年代には公式な定義や教育的支援が確立されていた。アメリカでは学習障害に関する医学的研究が積み重ねられていたにもかかわらず、当時の日本では、ごく一部の専門家のみが共有する知識で社会的に全く認知されていなかった。つまり、どれだけ研究者間で研究が進み、他国で制度が確立・施行されようとも、日本で政策を作り出す直接的な原因にはならなかったのである。

　学習障害の制度化には、ベッカーのいうところの道徳的起業家としての「全国LD（学習障害）親の会」によるクレイム活動が不可欠であった。ベッカーは、マリファナの販売と使用を違法化したマリファナ税法の事例から社会的規範

をつくるための「ロビー活動」をする人々を道徳的起業家という概念で説明した（Becker 訳書　1978）。道徳的起業家としての親の会は、子どもの不適応や逸脱が医療の問題であることを各省庁や大臣に訴えかけた。しかも、親の会は専門家の医学的知識を武器に彼らの主張に正統性をもたせることに成功した。コンラッドとシュナイダーによれば、通常、逸脱認定の発展は医療専門職以外の人々によって促進される（Conrad & Schneider 訳書　2003）。例えば、多動児の事例では、製薬会社と学習障害児協会による利害集団の活動により多動症という概念を発展させた（Conrad 1976）。道徳的起業家は、医療の専門家の証拠や見解を援用することでクレイム活動の意義を向上させ、双方の利害を達成させるのである。

　学習障害の場合は、多動児の事例のように、医療専門職以外の親の会のメンバーによってクレイム活動がなされたようにみられるが、実際は専門家の意図が反映されていた。もちろん、名目上「全国LD親の会」として活動するため道徳的起業家は、そこに所属する親たちとなるが、一連の活動のプロセスには必ず専門家の積極的な働きかけが存在していた。「全国LD親の会」が全国的組織となったのは、上野を始めとする専門家の声によるものであったし、全国組織になる前のインフォーマルな親の会は、専門家のもとで臨床活動を行っていた親たちによって構成されることが多かった。専門家の知識は親の会のメンバーにとって、より早く学習障害を概念化させ、制度化させるのに好都合な手段であった。親の会のメンバーは、クレイムを申し立てる際に、専門家の医学的根拠を提示することでクレイムに正統性を付与することができた。専門家にとっては、自らの学問領域を発展・拡大させることができるという利害を含んでいたのである。親の会のメンバーと専門家の利害関係こそが学習障害の制度化を推し進めたのである。

　ただし、日本における学習障害の定義は、一度の改訂のみで、対抗クレイムの存在もなく、比較的スムーズに制度化された。アメリカでは学習障害の定義は何度も批判され、改定を余儀なくされたが、日本ではアメリカの定義や制度に基づいて制度化されたため、制度上の混乱は少なかった。また、日本におけるDSMの普及の影響も大きい。DSMは、現在までに1952

年のDSM-Iから2013年のDSM-5に至るまで改訂されている。特に、DSM-IIIは診断事項の大幅な改訂のために、膨大な時間と出費、宣伝を経ており、売れゆき、使用においても成功をおさめている（Kutchins and Kirk 訳書　2002）。DSMの訳者によれば、日本ではDSM-IIIの診断基準のみ記述されているポケット版（ミニD）の翻訳から出版され、予想を上廻る部数を重ね、第6刷まで増刷された（American Psychiatric Association 訳書　1988）。DSM-IIIから注目されるようになり、厳密には全訳されたDSM-III-Rから専門家の間で普及した。学習障害の症状が初めて診断として記載されたのも、DSM-IIIからである。

以上のように、子どもの不適応や逸脱は、学習障害という医療的定義の成立によって医療化の一過程を促進させた。日本における学習障害の概念の普及は、単に医療的研究の蓄積によってのみ生じたのではなく、「全国LD親の会」という道徳的起業家としての活動やそれを支えた専門家の力によって成し遂げられたのである。

〈注〉
1　オルトンが提唱し、「dとb、MとWなどの混乱やnoをonと読むような左右逆転」（齋藤　2000, p.2）が症状として表れること。
2　「身体障害でも精神遅滞でもないが、行動障害とか神経学的障害もしくはこれらの組み合わせと結びついた学習上の問題を持ち、能力と学力の間に大きな食い違いを示すもの」（山口　2000, p.14）
3　定義は以下のようである。「話しことばや書きことばの理解や使用に関する基礎的心理的過程において、一つないしそれ以上の障害（disorder）のある子どもを意味し、これらの障害は、聞く、考える、話す、読む、書く、綴る、又は計算する能力の不完全として現れる。知覚の障害（handicap）、脳損傷、微細脳機能不全、読字障害、発達性失語症などの状態を含む。一次的に視覚、聴覚、運動の障害（handicap）の結果、精神遅滞、情緒障害の結果、または環境的、文化的もしくは経済的に恵まれない結果として、学習上の問題を持つ子どもは含まない」（山口　2000, p.15）。
4　文部省は、「学習障害児等に対する指導について」の中間報告で学習障害の定義について、アメリカの定義を参考にしたと述べている。主として、全米学習障害合同委員会の定義とアメリカの障害者教育法修正における定義を参考にしている。
5　学習障害の記事が、朝日新聞で掲載されるようになるのは、1990年からであ

る。第1章図1-1参照。
6 2004年5月、中央教育審議会・特別支援教育・特別委員会で意見表明、同年7月文部科学大臣宛要望書の提出、2007年7月、平成20年度予算要望書を厚生労働省、文部科学省に提出、2008年6月、平成21年度予算要望書を厚生労働省、文部科学省に提出、同年7月、「障害のある児童及び生徒のための教科用特定図書等の普及の促進等に関する法律」に関連する要望書を文部科学省に提出、2009年6月、平成22年度予算要望書を文部科学省、厚生労働省、国土交通省に提出などがある。その後も予算要望書の提出は毎年行われている。

# 第3章　学校における医療化プロセス

## 1　本章の目的

　本章では、子どもの不適応や逸脱がどのようにして医療の問題となるのかを小学校の相互作用場面に注目して分析する。コンラッドとシュナイダーが示した医療化の水準は、概念、制度、相互作用の3つであるが（Conrad & Schneider 訳書　2003）、ここでは最後の相互作用の水準に焦点をあてる。

　学校における医療化は、これまで医療的な行為がなかったところに医療が介入するという点で特徴的である。小学校の事例は、新しい知が現場に介入したとき、組織体制にどのような変化が生じ、教員、児童、その親たちが、それらに対してどのように振舞うのかについて検討することができる。本章で取りあげるのは小学校であるが、不適応や逸脱が成長とともに顕著になる頃であり、初めて障害として発見されやすい段階である。たとえば、ADHD児の場合、高学年になったにもかかわらず、一人だけ落ち着きがなく、じっとしていられないなどの様子がみられ、教員や親はその児童に対して「障害」の疑いをもち始める。このように、小学校は不適応や逸脱を発達障害という診断で解釈するようになる最初のプロセスであると捉えることができる。このプロセスは、医療化の「非医療から医療へ」のプロセスを意味する。もちろん、保育園や幼稚園でも不適応や逸脱が障害としてみなされていく医療化のプロセスを把握することはできるが、教育的な支援が制度上、組織に初めて介入したのは小学校である。

　本章では、障害の発見、診断、支援という一連の医療実践が小学校の現場でどのように行われているのかについて分析する。具体的には、9名の教員

のインタビュー調査に基づき、子どもの不適応や逸脱が、いつ、誰によって発見されるのか、どのようにして診断が付与され、支援の対象になっていくのかについて検討する。不適応や逸脱が発見され、診断が付与されるとき、教員、児童の親はどのような反応をするのか、そこに葛藤や混乱はみられるのかについても明らかにする。

以下、2節では、学校における相互作用を検討するために実施した教員へのインタビュー調査の概要について説明する。3節では、教育現場で医療化がどのように進行するのかを人々のまなざし、責任、役割、地位の観点から分析する。さらに、発達障害の発見、診断、支援という医療的実践でみられる曖昧で不確実な側面に注目し、教育場面における人々の医療的な解釈や実践のあり方を明らかにする。

## 2 調査概要と状況設定

### 1) 調査概要

本章では、小学校における医療的な制度の介入が、教員、児童、その親たちの解釈や実践をどのように変容させたのかを明らかにするために実施した教員9名へのインタビュー調査を分析する。教員は、発達障害児やその周辺的障害児に教育的支援を行っている小学校に勤務している

表3-1　教員の属性

| コード | 性別 | 教職経験年数 | 職務 | 学校 |
|---|---|---|---|---|
| No.1 | 男 | 14年 | 通級の先生 | S校 |
| No.2 | 男 | 22年 | 担任 | M校 |
| No.3 | 女 | 18年 | 以前の担任 | M校 |
| No.4 | 男 | 31年 | 個別指導 | K校 |
| No.5 | 男 | 35年 | 教務 | N校 |
| No.6 | 男 | 24年 | 担任 | N校 |
| No.7 | 男 | 9年 | 以前の担任 | N校 |
| No.8 | 女 | 17年 | 養護教諭 | G校 |
| No.9 | 女 | 16年 | 担任 | G校 |

(表3-1)。小学校の組織形態や支援のあり方についても把握するため、はじめに支援を中心的に行っている教員（コーディネート役や窓口を担当している教員）にインタビューを実施し、続いて児童の担任や過去の担任にも行った。

対象小学校は、2000年から2003年までの間に文部省のモデル事業（「学

習障害（LD）に対する指導体制の充実事業」、「特別支援教育推進体制モデル事業」[1]として指定を受けた小学校4校と指定を受けていない小学校の1校である。モデル事業は小・中学校で実施されたが、不適応や逸脱が医療化されていくプロセスを把握するために小学校を対象にしている。対象校については、県や市の教育委員会に問い合わせをし、支援が充実している小学校を選んだ。教育委員会の多くは協力的であったが、モデル校でありながら学校名を公開することを拒否する市もあった。インタビュー依頼は7校の小学校で行い、5校の小学校でインタビュー調査の許可がでた。小学校の所在地は、関東地区3校（S、M、K小学校）と中部地区2校（N、G小学校）であり、異なった地域で調査することで地域差がないように配慮した。

インタビュー調査では、小学校5校に在籍する発達障害児やその周辺的な障害をもっている児童の成育歴や診断に関する記録や資料を閲覧させてもらいながら、話を聞くことができた。そうした児童の数は53名であったが[2]、詳細なデータ（障害と認識されるまでの経緯）が得られたのは37名であった（次頁、表3-2参照）。残りの16名については詳細なデータが得られなかったのだが、それは児童のプライバシーを守るために、教員が詳細について語ろうとしなかったためである。

支援形態はS校が通級[3]学級、K校が指導教室を設置しており、N、G校は個別指導を実施していた。M校は表3-2に記されていないが、M校の児童はS校の通級学級に通学しておりS校の人数に含めた。「診断なし」の項目は、疑いがあるが医師による診断をうけていない、あるいは、診断をうけていても特定の診断が付与できずにいる児童のことを意味している。児童の年齢の範囲は、小学校1年生から6年生までの6歳から12歳までである。性別は、37人中男子が35人であり、圧倒的に男子が多い。

調査の実施時期は、2003年10月から11月までの2ヶ月間である。小学校には、2003年10月1、7、9、23、28、29、31日、11月18日の計8回訪問した。時間帯はすべて午後である。インタビュー時間は、コーディネーター役の教員には2〜3時間半行い、その他の教員には1〜2時間程度行った。インタビュー内容は、小学校に新たに導入された組織形態、教員のまな

ざし・解釈の変容、発達障害児やその周辺児の生育歴（診断が付与された経緯）、具体的な支援方法などについてである（詳細は付録参照）。

表3-2 「発達障害」児とその周辺的障害をもつ児童の分布（37名）

|  | 学習障害 | ADHD | 高機能自閉症 | アスペルガー症候群 | 広汎性発達障害 | その他 | 診断なし | 合計 |
|---|---|---|---|---|---|---|---|---|
| S校 | 2 | 14 | 2 | 2 | 3 | 3 | 7 | 33 |
| K校 | 2 | 0 | 0 | 0 | 0 | 0 | 0 | 2 |
| N校 | 1 | 0 | 0 | 0 | 0 | 0 | 0 | 1 |
| G校 | 1 | 0 | 0 | 0 | 0 | 0 | 0 | 1 |
| 合計 | 6 | 14 | 2 | 2 | 3 | 3 | 7 | 37 |

以上のように、本章で扱う事例は小学校の教員の語りに基づいており、限定されたものではあるが、小学校という組織のなかで医療的な実践が正統性を得ていくプロセスを分析することができる。

### 2）モデル事業の概要

文部省は1999年の「学習障害児に対する指導について」で学習障害の定義、判断基準、指導形態について報告した。これをうけて2000年度は各自治体で教育的な支援を具体的に展開するために「学習障害の判断・実態把握体制等に関するモデル事業」を開始した。モデル事業は2000年度の15自治体から始まり、2001年には47都道府県に拡大し全国で実施された。2003年3月には「今後の特別支援教育の在り方について（最終報告）」が報告され、LD、ADHD、高機能自閉症の児童が特別支援教育の対象となった。以下に、文部科学省が「今後の特別支援教育の在り方について（最終報告）」で報告した特別支援教育の概要について引用する。

　　特別支援教育とは、従来の特殊教育の対象の障害だけでなく、LD、ADHD、高機能自閉症を含めて障害のある児童生徒の自立や社会参加に向けて、その一人一人の教育的ニーズを把握して、その持てる力を高め、

生活や学習上の困難を改善又は克服するために、適切な教育や指導を通じて必要な支援を行うものである。

モデル事業は2003年「特別支援教育推進体制モデル事業」へと発展し、学習障害だけでなく、ADHDや高機能自閉症のある児童生徒を含めた総合的な支援体制を図るためのモデル事業へと展開されている。こうして教育現場では学習障害の支援から始まり、発達障害の支援へと拡大していく。調査時期は、学習障害に関する制度が制定され、それらが小学校に介入し始めたころであり、今ほど学習障害の概念は知られていない。発達障害者支援法が制定される前の状況であり、通常学級に在籍し、不適応や逸脱行為のある児童がまさに見つけ出され、医療的に解釈され、支援されていく場面である。そのため、本章で取りあげる小学校では、発達障害に含まれる障害全般というよりは、主に学習障害児への支援がなされている。

では、モデル事業では、小学校にどのような新しい仕組みを導入させたのだろうか。2000年の「学習障害の判断・実態把握体制等に関するモデル事業」では、次のような仕組みを想定している（文部科学省　2002）。まず、各都道府県では、調査研究運営会議を設置する。この運営会議は、学校・教育委員会関係者、学識経験者、関係機関の職員等から構成され、事業の全般的な運営を行う。下位組織として、専門家チーム（専門家委員会）と校内委員会を設置する。専門家チームは教育委員会に設置され、学習障害に関する専門的知識をもつ者から構成される。専門家チームは、小・中学校に配置されている校内委員会からの相談を受け、専門的なアドバイスをする。校内委員会は、校長、教頭、担任教員等から構成され、学習障害のある児童の実態を把握し、実際に指導を行う。これらの仕組みの他に、巡回相談事業が設置される。巡回相談事業では、学習障害に関する専門的な知識をもち、支援経験のある巡回相談員が小・中学校を巡回し、指導や助言を行う。

専門家チームと校内委員会の具体的な役割は、1999年の文部省による「学習障害児に対する指導について」で示されている。それによれば、まず、専門チームの役割は「学習障害かどうかの判断」、「望ましい教育的対応の内容」

の2点について専門的意見を示すことにある。チームの構成員は、教育委員会の職員、特殊教育担当教員、通常の学級の担当教員、心理学の専門家、医師などのうち学習障害に関する専門的知識をもっている者となっている。学習障害であるかどうかの判断は、原則としてチーム全員の了解に基づいて行われる。判断基準の項目は、「A．知的能力の評価」「B．国語等の基礎的能力の評価」「C．医学的な評価」「D．他の障害や環境的要因が直接的原因でないことの判断」の4つの観点から行われる。4つの観点を詳細に述べると、「A．知的能力の評価」では、個別知能検査の結果から全般的な知的発達の遅れがないことを確認し、必要に応じて複数の心理テストを実施し、認知能力にアンバランスがないかを把握する。「B．国語等の基礎的能力の評価」では、校内委員会が提出した資料、標準的な学力検査、学力偏差と知能検査の照合から国語等の基礎的能力に著しいアンバランスがないかを確認する。CとDについては、表記のとおりであり十分配慮することが求められている。そして、学習障害と判断した場合、「①学習障害と判断した根拠、②指導を行うにふさわしい教育形態、③教育内容についての指導助言、④教育に際しての留意事項」に配慮して専門的意見を述べることが求められる。

　次に、校内委員会では、学校内の児童の実態を把握する。メンバーの構成は、校長、教頭、担任、その他必要だと思われる者（学年主任、教育相談担当、養護教諭、前担任教員等）である。加えて、校外で専門知識をもっている者の参加が望ましい。把握の契機については、①担任教員が特異な学習困難に気づく、②保護者から学習障害の疑いがあるとの申し出がある、の2点があげられている。実態を把握したうえで、校内委員会は、専門家チームに判断を求めるか否かについて検討し、求める際には保護者に十分な説明を行い、了解を得る。

　校内委員会での実態把握の基準には、「A．特異な学習困難があること」「B．他の障害や環境的な要因が直接の原因ではないこと」が記されている。「A．特異な学習困難があること」は、学力検査、学業成績、日ごろの授業態度、提出作品、ノートの記述、保護者から聞いた生活状態などの根拠となる資料に基づいて確認する。加えて、全般的な知的発達の遅れがないことを確認する。

「B. 他の障害や環境的な要因が直接の原因ではないこと」では、学習困難が特殊教育の対象となる障害ではないことと、明らかに環境的な要因によるものではないかを確認する。留意点は4つある。①学習障害と疑われる状態が一時的でないことを確認する。②専門家チームへ判断を求める前には、保護者の了解を確認する。③行動の自己調整や対人関係の問題が併存する場合には配慮やそれに関する資料収集（生活態度、保護者から聞いた生活態度、生育歴、環境上の問題等）をする。④学習障害の判断は、専門家チームに委ね、学校では行わない。

以上は、1999年「学習障害児に対する指導について（報告）」の「学習障害の判断・実態把握基準（試案）」で示された概要である。次に、本研究の対象校が文部省の指針をうけ、実際にどのような組織を作り、運営しているのかを整理する。

### 3）小学校における事業の実態

ここでは、教員のインタビューデータをてがかりに、小学校5校でモデル事業が実際にどのように実施されているのかを説明する。対象校は、2000年度からの文部省（「学習障害（LD）に対する指導体制の充実事業」、「特別支援教育推進体制モデル事業」）によって指定されたモデル小学校4校と指定を受けていない小学校1校の計5校である。モデル校4校では、文部省の報告に従い学習障害児やその周辺児を支援するための組織作りが行われていたが、モデル校でない小学校1校では支援のための組織は作られていなかった。4校では、文部省の指針に基づき、専門家チーム（専門家委員会）と校内委員会の設置、専門家による巡回相談事業が進められていた。

まず、専門家委員会の設置状況について説明する。モデル事業は、S校2000年度～2002年度、K校2002、2003年度、N校2000、2001年度、G校2002、2003年度に実施された。S、N、G校では、モデル事業の年度に専門家委員会を設置していたが、指定年度のみで、翌年は事実上解散していた。ただし、モデル事業によって築かれた医師や市教委との関係性は継続的な場合もみられた。たとえば、疑いがある児童が見つかった場合、学校側はモデ

ル事業の際に関わった医師や心理学の専門家に連絡を取ることができた。親に専門家委員会のメンバーがいる病院を紹介することもあった。K校の場合は、2003年度から「特別支援教育推進体制モデル事業」に指定されており、校外の支援組織と連携をとっていた。支援体制は、巡回相談員、支援員（養護学校職員）子ども教育相談センター、児童相談所、民生委員会・主任児童委員によって構成されおり、専門機関と連携していた。

専門家チームの会議は、年に3回から4回行われていた。S校では、2000年度3回、2001年度4回行われた。K校は学期に1回程度行われた。N校の教員は、専門家委員会で会議が開かれていることを知っていたが、直接的な関係がなかったため、回数について把握していなかった。

各小学校の専門家チームの構成は、学習障害に関する専門的知識のある心理学、医学（医師）の専門家と教員（担任）を中心とする教育関係者によって構成されていた。S、K、N、G校の専門家チームのメンバーは、以下のとおりである。

S校・・・2000、2001年度
　　心理学の専門家（3名）、臨床心理士（1名）、医師（2名）、情緒障害学級担任（3名）、言語障害学級担任（1名）、通常学級担当教員（2名）。

K校・・・2002年度
　　医師（精神科1名）、教育相談センター職員（1名）、養護学校の教員（1名）、言葉の教室の教員（1名）、通常学級担当教員（2名）

N校・・・2001年度
　　心理学の専門家（教授1名、助手1名）、医学博士（1名）、特殊教育担当教諭（3名）、通常学級担当教員（1名）、教育センター（2名）。

G校・・・2001、2002年度
　　教育心理学の専門家（教授1名）、発達心理学の専門家（助教授1名）、医師（小児精神科1名、精神科1名）。

専門家委員会の役割の一つは、校内委員会から申し出のあった疑いのある

児童に対して学習障害か否かを判断することであった。S校では、通級学級の入級前に必ず医師による面談（20分程度）が行われた。そこで診断をつける場合もあったが、判断できない場合もあった。K校では、専門家委員会に指導教室（発達障害児のための教室）の教員が入っており、専門家委員会と校内委員会の関係性が築きやすくなっていた。

　一方で、N校やG校は、専門家委員会との関係が薄い傾向にあった。両校とも、専門家委員会に教員が参加することはなく、専門家委員会との連携が希薄であった。N校では、専門家委員会が学校に来たのは1回のみで、具体的な相談は巡回相談員にすることが多かった。G校でも、事業が終わる前に専門家委員会と校内委員会の集まりが1回あったのみで、教員は専門委員会についてあまり把握していなかった。

　続いて、校内委員会は校長、教頭、担任、前担任などの教職員と巡回相談員を含めて構成されていた。会議は、S校で2000年度4回、2001年度2回行われていた。K校では校内研修が年に1回行われ、その他の会議は普段の職員会議や学年会で必要に応じて行われていた。N校の場合は、巡回相談の前日に行うなど、必要に応じて数回行われていた。G校では、月に1回全体研修を行っていたため、それが校内委員会の会議となっていた。

　校内委員会の最も重要な役割は、疑いのある児童を見つけだすことである。教員（特に担任）は、日ごろから気になる児童をチェック表や調査票などを使って把握しようと努めていた。モデル校の教員の場合、専門家や支援学級の先生から事前にチェック表やアンケートを渡されており、気になる児童をチェックしていた。こうして、教員による1回目の選別が行われる。S校では、校内委員会で独自の「学習等の実態把握チェック表」を作っており、それは30数個の項目に対し5段階評価できるようになっていた。K、N、G校では、具体的に生活の様子や知能指数などを書き込む調査票を渡されていた。チェック表や調査票による報告を受けた巡回相談員は、障害の疑いがある児童を中心に、児童の授業態度や行動を観察した。障害の疑いがある場合は、専門家委員会に報告した。

　教員が専門家と関わる機会は、年に3回から10回程度であった。教員と

関わる専門家は、ほとんどの場合が巡回相談員であった。専門家との関係性は専門家委員会のメンバーよりも、巡回相談員の間で築かれていた。特に、専門家委員会との関係が薄かったN、G校では、巡回相談員こそが小学校における唯一の医療の専門家であった。

巡回相談員は、S、K、N校は心理学の専門家、K校では教育相談センターの心理判定員が担当していた。巡回相談は、1年に1回から5回程度行われた。S校は年に1回（2000、2001年度）、K校は4回（2003年度）N校とG校は年に3回、学期ごとに行われた。

巡回相談員は校内委員会で取りあげられた疑いのある児童について、授業観察や資料（テスト、作文、作品など）をみることで障害の可能性があるのかを判断していた。障害の可能性が強い場合は、学校側から保護者に連絡をとってもらい面談を行った。G校の親の面談では親の悩みを聞き、カウンセリングを行っていた。親の許可が得られると、児童に心理テストを実施していた。巡回相談員は、専門委員会と校内委員会の橋渡しの役割を担っており、両方の会議に出席していた。発達障害児に関する教員の悩みを聞き、指導方法や対応の仕方などについて助言していた。

### 4）小学校における教育的支援の概要

各小学校の支援形態は異なっていたが、個別的な支援を行うという点では共通していた。S校とK校では、軽度発達障害をもつ児童のための学級が設けられており、M、G、N校では通常学級で担任による個別的な支援がなされていた。ただし、M校の学習障害児はS校に通級していた。また、N校の児童は、週2時間のみ通常学級から離れて、以前担任であった教員による一対一指導を受けていた。発達障害児のための学級が設置されているのは、S校の通級学級、K校の指導教室であった。S校の通級学級には周辺地区の小学校から発達障害の児童が多数通っていた。通級児童は計33名で、教員は4名おり、通級学級教員の職員室や小集団部屋や個別指導部屋など教室の確保も他の小学校と比べて整っていた。また、入級のためには、手続きとして行動観察、資料作成、医師による面談などが行われ組織的に運営されてい

た。一方、K校の場合は一部屋に教員1人が置かれ、そこに14名の児童が入れ替わりで一対一か一対二の指導を受けていた。

　S校の通級学級についてもう少し説明しておきたい。通級児童は、児童の症状にあわせて週に1、2度通級学級で一日中、あるいは半日過ごす。在籍小学校を休んで通級するが、欠席扱いにはならない。授業は4名から8名の児童で構成されており、小集団指導と個別指導によって進められる。教員は4名おり、指導形態によって担当が異なる。小集団指導では、音楽（合奏、リズム遊びなど）、ソーシャルスキルトレーニング（ゲーム、ロールプレイ）、図工、体育（感覚統合、身体意識、バランス姿勢の保持と制御、筋力と柔軟性）などを行い、リーダーとサブリーダーの教員によって進められる。個別指導は、各児童の個別課題（言語、コミュニケーション、教科の補充など）を一対一か一対二指導で行う。

　通級学級の入級は、保護者が在籍の学校の担任と相談のうえ、地区内の研究所か教育委員会に申し出て相談し、学級見学を経て、入級を希望する場合、入級検討希望の申し込みをし、入級のための資料を作成する。行動観察、医師の面接（30分程度）などをもとに嘱託医、教育委員会、研究所職員、教員など15名程度で検討会議にて入級の適否を判断する。30分程度の診察ではあるが、精神科医による仮の診断書がだされ、「障害」や「障害傾向」といったかたちで診断される。ただし、情報不足のため障害の可能性を指摘するにとどまる場合が多い。

## 3　小学校における医療化プロセス

　本節では、教員のインタビューデータを手がかりに、小学校において子どもの不適応や逸脱がどのようなプロセスを経て、医療的に解釈され、対応されていくのかを分析する。

### 1）不適応から医療的レッテルへ

　まず、子どもの不適応や逸脱は誰によって発見されたのだろうか。診断さ

れる前に、誰かが子どもの行為に違和感をおぼえたり、何らかの問題があると気づいたはずである。**表3-3**は、誰が子どもの不適応や逸脱に気づいたのかを示している。データによれば、約6割の児童が親によって気づかれており、続いて2割が教員によって気づかれている。

表3-3　最初の気づき

| 気づいた人 | 親 | 教員 | 保育園 | その他[※] | 合計 |
|---|---|---|---|---|---|
| 人数 | 22 | 8 | 3 | 4 | 37 |

※その他は、保健所1名と施設の職員3名であった。

しかし、親や教員は児童の不適応に気づいても、すぐにそれを「障害」や「病気」として認識するわけではなかった。児童に診断が付与されるまでの経緯について質問すると、教員は次のように語った。

　　<u>障害っていう認識は、はっきりいって最初はなかったですね</u>。障害っていうと、やっぱり体が不自由とか、知恵遅れとかっていうふうにいっちゃうみたいでね。障害っていう認識はなかったですね、最初は。だから、頑張ればできるみたいなことを思ってた先生がいっぱいいました。甘えてるだけじゃないかとかね。真面目にやればできるんだからとかいってね。確かに、言葉も普通に通じるしね。（－ No.1 －）

　　<u>まったくね、学習障害だからとか、そういうことではなく。……保護者も全く……そんなふうに思ってらっしゃらなかったですね。</u>（－ No.8 －）

では、教員は児童の不適応をどのように捉えてきたのだろうか。「診断される以前は、児童（現在、障害をもっている）をどのようにみたり、評価してきましたか」という質問に対して、教員は以下のように語った。

　　<u>変わった子、手がやける子っていう意識でして。勉強もちっともわからない</u>。この子、<u>記憶が弱いのかねとか、そういう発想だよね</u>。<u>ちゃんと</u>

まじめにやってないとか、わがままだとか。……叱咤激励すればとか甘やかせたらいけないとかね、もっと厳しく指導するとか、勉強だって宿題をやってこないからだとか、真面目に取り組まないからだとか。（－No.4－）

一番最初に会ったときに、担任もそうだったんですけど、なんかちょっと変わっとるねーっていうか。あのー、目が合わない。視線が合わないんですよ。話しかけても。……廊下で端っこ歩いていったり。ちょっとなんか、変わってるよねって話になってたのは事実なんです。（－No.8－）

たとえば国語が得意な子と苦手な子、算数が得意な子、いますよね。得意、苦手の一環として、一つとして捉えられた部分がまずありますよね。（－No.1－）

われわれ教員っていうのはね、どうしてもさ、その子が怠けてできないんだと。漢字なんか何回でも書けばね、繰り返して書けば……書けるようになるもんだ。誰でもそうだわっという感覚がありますよね。だから、その子が何回やっても書けないっていうことは、この子は怠けているんだと。（－No.5－）

学習に関しては……まあ極端にいうと［親は］「先生の教え方が悪い」っていうような思いを……当初は思っていらっしゃいまして。（－No.8－）

最近減ってるんだけど、親のしつけが悪いからっていうようなね。そういうのは確かにありましたね。（－No.1－）

　教員は障害のある児童を「変わった子」、「手がやける子」、「国語や算数の苦手な子」、「怠け者」、「わがままな子」などと非医療的に捉え、学校文化に適応できない児童として認識していた。そして、教員や親は、不適応や逸脱

の原因を親のしつけ不足、教員の指導力不足、本人の努力不足にあると理解していた。そして、児童に診断が付与される前から、教員や親は学校文化になじめていない児童に対して、「叱咤激励する」、「甘やかせたらいけない」、「もっと厳しく指導する」などと、しつけや教育方法によって不適応や逸脱を克服させようと努めていた。

　では、児童の不適応や逸脱は、どのようにして障害として認識されるようになったのだろうか。その契機は、学習障害の制度化や概念の普及に大きく関わっている。事実、学習障害などが小学校で知られるようになったのは、文部省による制度が現場に介入してきたからであった。モデル校に指定された小学校の教員は7名（No.2、No.3[4]を除く）であるが、そのうち5名は、モデル校として指定される前に障害の概念について詳細を把握していなかった。以下は、筆者が「学習障害などの概念をいつ知りましたか。どのようにして知識を習得しましたか」と質問したときの教員の語りである。

　　言葉としては聞いたことがあったんだけど、実際に［詳細について］知ったのはほんとその時［モデル校に来てから］が初めてっていうぐらいです。（－No.9－）

　　言葉自体は、10年近く前、アメリカの方で学習障害とかなんかそういうニュースとかでは耳にしていましたけど……内容はどういうことであるのかということは、詳しくありませんから。本格的に知ったのは、ここ［モデル校］に来てからということになります。（－No.5－）

　　僕らも最初に「学習障害？学習障害ってなんだ？」っていうそんなふうだったもんね。（－No.6－）

　　私自身もそうだし、G小学校の職員も「えー？学習障害ってなんやろー？」っていうところから本当に始まったので。たまたま、彼［学習障害児］がいてくれたのでいろんな勉強をする機会にはなったんですけ

ど。(－No.8－)

　残りの2名の教員は、通級学級と言葉の教室の教員になる際に必要にせまられて、障害について勉強したと語った。

> 大学でこれを専門に勉強したっていう人は、そんなに多くないんですよね。私なんかもそうじゃないんです。……私なんかは、新規採用された最初の学校が、希望したわけでもなんでもないんですけど、たまたま身障学級でした。いわゆる知恵遅れの。で、その後、年限がきて移動した先がたまたま通級学級で。……もう教員になってから、(障害の知識) 身につきましたね。(－No.1－)

> 私、言葉の教室にいたんですよ。ここに来る前に。だから、言葉の教室にいたときには、すでに20年ぐらい前から上野先生とか本を出していたから、知っていたわけですよ。(－No.4－)

　また、モデル校に指定されていない小学校の教員2名 (No.2、No.3) は、障害のある児童の担任になってから、必要にせまられて、障害についての知識を習得したと語った。

> ADHDとかLDっていうリーフレットがくるとパッと目について内容を読み出すようになったのは、彼[学習障害児]がいるからなんですよ。……だから、自分のクラスにいなかったら、多分みないですよね。(－No.2－)

> 目の前にいるから。明日も付き合わなきゃいけないからとか思うから。なんとかする、いい方法はないかなって思って研修会聞きに行くんです。(－No.3－)

1995年に文部省によって学習障害の定義が提示されたが、小学校では障害の概念は十分に理解されておらず、モデル事業として制度が現場に介入した際に、障害への理解が急速に広がった。特に、担任はクラスに発達障害の児童がいたときに初めて現実的問題として受け入れ、必要にせまられて知識を習得していた。教員は、医師や心理の専門家による研修や講習、専門書の講読などをとおして障害に関する知識を身につけていった。校内研修の頻度は、学校によって異なっていたが、G小学校ではコーディネーター役の教員が熱心であったため、全教員を対象にした研修会が月に1回開かれていた。その他に、教員は教育委員会の研修や民間企業の講座を活用していた。医療的なまなざしは、こうした専門家からの知識伝達において正統化（Conrad & Schneider 訳書　2003）されたのである。

## 2）医療化の内実

　ここまで、児童の不適応や逸脱が医療的に解釈され、支援されていることを明らかにした。では、医療的なまなざしはどのような変化をもたらしたのだろうか。

### ①責任の所在／児童の役割

　まず、まなざしの変化は責任の所在を変化させた。以前ならば、子どもの不適応や逸脱の原因は、親や教員の「しつけの不十分さ」、「指導不足」にあるとみなされてきた[5]。ある教員は、学習障害児に診断が付与される前に、児童への対応の仕方に悩み、市の教育相談に行ったが、理解してもらえず、結局、自身の指導方法に問題があると指摘されたと語っている。

　　市の教育相談の先生の所に行ったんだけど、その先生にも結局私が話してもわかってもらえなくて。こっちの指導がやっぱりどうのこうのっていわれてしまって。相談してもどうしようもないんだなって。やっぱ、教育相談的にもっとこうしろ、ああしろっていうんだけど、そうはいかないんだけどっていうのがわかってもらえなくて。……そのときはあき

らめたんだけど。(－No.3－)

　しかし、障害と診断されることで、教員は自分に責任の所在があるわけではないと解釈するようになっていた。責任の所在は、児童の「障害」にあるとみなされるようになっている。筆者が「児童に障害があるとわかってから、保護者の反応はどのようでしたか。混乱などはありませんでしたか」と質問した。すると、親のなかには、自身のしつけの問題ではなかったのだと安堵し、落ち着きを取り戻していく人もいた。

　自分が今までずっと責められて。結局、よくしつけのせいとかっていわれますよね。お母さん、あんたの育て方が悪いとかって。本当にそういう典型的だったようなので。お母さんもずいぶんつらい思いしていらっしゃったって。……そうじゃなかったっていうふうに、お母さん自身がこう安心されたときに［学校側の支援に対して］ものすごく積極的で。(－No.8－)

　診断名があれば落ち着く人もいるんでね。だから、なんでこううちの子はこうなんだろうって感じだったのが、ADHDといわれて「あーそうだったのか」ってことがわかってね。(－No.1－)

　こうした反応は、親だけにみられるわけではない。ある教員は、指導方法がわからず、自身の指導力のなさを責めてきたが、「障害」とわかったことで指導がしやすくなったと語っている。以下の語りは、「診断をくだすことは、有益だと思いますか」という筆者の問いに答えたものである。

　僕はいいと思いますよ。それ［診断］がないとね、何をその指導の糧にしていくかわかんなくなっちゃうんですよ。指導方法を変えれば、なんとかなるって考えるのが教師なんですよ。だから、このやり方でいつかないんだから……次はこうだってやりますよね。ところがすべてにあ

てはまんないわけですよね。そのときに、もう絶望的になっちゃうわけですよ。そうするとね、結局ね……自分を責めるぐらいでね。自分の力のなさを。でもね、そこんとこにたとえば、LD とか ADHD てなってくると、そういう対応の仕方がある……ずいぶん開けますよね。（－No.2－）

また、別の教員も指導していくうえで、余裕ができてきたと語る。筆者が「診断結果がでた児童に対して、以前と比べて評価が変わりましたか」とたずねると教員は次のように語った。

もしかしたらできんのかな？とか、なんか［障害］があるんかもしれんなっていうふうに、自分が逆に思えるようになると、自分自身に余裕がでてくるので。（－No.8－）

やらないんじゃなくて、頑張ってるけどやれないんやーとか……ていうふうに考えられるようになった。なんでもかんでも、さぼってるとか、そう思うと、カチンときて、これは指導しないかんって思ってしまうんですけど。もしかしたら、できんのかな？とか、なんかあるんかもしれんなって。（－No.8－）

努力してないからそう［多動に］なってるっていうふうではなくて、努力しようとしても努力しにくいんだなっていうふうにみれるようになったかな。（－No.9－）

こうして、児童の「わがまま」、「怠け」などといった性格や学習態度は、あまり問題視されなくなっている。障害のある児童は、パーソンズのいう「病人役割（sick role）」（Parsons 訳書　1974）を担うようになり、それほど勉強ができなくてもよくなり、コミュニケーション下手でも、不器用でも、障害の名のもとに、罰や厳しい指導から免除されるようになった。さらに、成績は児童の障害を考慮してつけられており、教員は児童に障害があるとわかると、

児童の行動や能力を無理に改善させようとはしなくなる。教員の児童への熱意や期待は、以前よりも低下していた。

> 「もう頭がクラクラしたなら、じゃあ今日はもういいよ」っていってあげられるし、<u>無理強いしなくてもね。</u>……今は勉強する時間なんだっていう部分が、<u>病気ならばね仕方がない</u>ってあるじゃないですか。(－No.3－)

> すべての教科がやっぱし国語がもととなっているので、すべての教科が困った状態なんだけども。<u>それを他の子のレベルまでいっきょにもっていくのは、もう正直いって無理かなっと。</u>(－No.6－)

> 漢字教えてても、この子は、できたらものすごくすごいことで、<u>できなくても、まー、普通だし。……進み方が遅くても焦らなくてすむ</u>っていうのかな。(－No.7－)

　以上のように、親や教員の責任（しつけや指導不足）は免除される傾向にあり、教員は以前よりも児童本人に対して期待しなくなっている。
　一方で、児童には新しい義務が課せられるようになった。単に、不器用であったり、勉強ができなかった児童は、特別支援教育によって障害を克服しようと努めなければならなくなった。児童は、本人が望むかは別として、通級学級に入級したり、通常学級から離れて個別指導を受けなければならなくなった。場合によっては、病院に通わなければならなくなった。児童の「病人役割」の義務は、通級や個別指導など特別支援教育の制度が整えば整うほど強化されていくと予測できる。

**②障害のレッテルへの抵抗・拒否**
　小学校では、医療的な解釈が浸透する一方で、レッテルの付与に対する拒否や抵抗を示すプロセスがみられた。教員や親は、児童を医療的に解釈する

ことで、自身の責任が免除されたと安心し、積極的に医療的な介入を受け入れることもあったが、障害のもつスティグマ性に葛藤を覚えたり、抵抗する場合もあった。インタビュー調査では、「保護者の反応はどうでしたか。混乱はありませんでしたか」と質問しており、教員は次のように答えた。

> <u>嫌々、お母さん、こっち［通級学級］に来ました。泣いてました。……半分無理やりっていうかね、そういう感じですね。来たくないのに、［通級に］入っちゃったみたいな感じなんだけども。</u>（－ No.1 －）

> 親もなかなか認められないっていうのもあって。通級するだけでもなかなか認められない親御さんもいるから、高学年になっちゃってやっと通級を始めたっていう子もいますね。……親が、もうそんなの［障害］うちは関係ありませんとか、私立の私的な学習方法を補助するようなそういう所に通わせますから。そういう親御さんもいらっしゃるから。<u>もう、絶対、おおやけの形で通級とか障害として認める学校側の話には乗らない。</u>（－ No.3 －）

ある教員は、学校に巡回相談の医師が来る際に、疑いのある児童の保護者に「医師に会ってみますか」とたずねたが、断られたと語っている。

> <u>やっぱり「いいです」っていうようなことで拒まれたりしたこともありましたから。</u>あんまり、親御さんとしては、いつもいつもことあるごとにお宅のお子さんがどうのこうのっていうことは、あんまりね、やっぱりこう意識したくないっていうか。できればそっとしておいて欲しいっていう感じはありました。（－ No.5 －）

親が児童の行動や能力に何らかの問題を感じている場合は、スムーズに医療的な介入へと移行することができたが、そうではない場合には拒否感がみられた。以下は、これまで問題児として扱われてこなかった児童の親のケー

スである。

> その子は、そのとき（5年生）に初めて相談にあがってくるんですよ。それ以前の5年間はどうだったのっていったら、特に［問題として］あがらない。そのなかで、いきなりボンってくると、まず本人も「え？」って思うけど、<u>保護者の方がね、なんで今ごろっていう思いがあるんですよね、</u>やっぱり。ご自分で気がついてらっしゃる方は、「あー」ってなんとなくって思われると思うんですけど。そんなふうに思っていない場合のときには、<u>なんで今ごろそんなこと急に学校でいわれないかんの？っていうのが正直なところで。</u>（− No.8 −）

　診断を付与されること、通級で支援を受けることは、児童に障害があることを認めることにつながる。それゆえ、親はそうした医療的な介入に抵抗や拒否感を示すのである。こうした抵抗や拒否感は、親だけではない。以下は、筆者が教員に「障害のレッテルを貼ることに対して、どのように感じましたか」と質問したときの答えである。

> お医者さんに診断されるっていうこと……それが、正当かもしれないけども。でもね、実際現場でね、親を知っていて、子どもの日々の様子を知っていて、そのときに、これはごまかすっていうね、曖昧にしちゃうっていう意味ではないんですけど……<u>そういうことを先生の中には、嫌う人もいるんですよ。</u>（− No.4 −）

　障害への拒否感は、医療化が人々の感情や意識にまで完全に浸透していないことを示している。文部科学省の報告によれば、親や教員が障害のレッテル貼りに拒否や反発を示し、学校と保護者の連携が困難になる場合がある（文部科学省 2002，2003）。

③「不確実性」のパターン

　発達障害の診断は、主に心理テスト（知能検査、WISC-III、K-ABC）に重点をおきながら、チェックリスト、脳検査、面談、行動観察、生育歴、児童の作品などを参考にして総合的に行われる。S校では、通級学級に入級する前に行われる簡易な診断のための資料として生育歴、家庭環境、各教科の評定、学習の状況、ノート、作品、学校生活の状況、家庭や地域の状況、保護者の意見が用意されていた。診断の手順、根拠、処方のあり方は標準化されておらず、医師によって異なるなど、不確実で状況依存的な特徴がみられた。そのいくつかのパターンを以下で述べる。

　一つめのパターンは、診断における不確実性である。教員の語りによれば、病院や医師によって診断や処方に差異が生じていた。筆者が「診断のために病院にいろんな資料を提出することがありますか」と質問すると、教員は次のように語った。

　　いわゆるちゃんとした病院はそうです［児童の作品や成績表などを学校に依頼する］。……ちゃんとしている医師は、そういうのも［生育歴や行動などの資料］参考にしてくれますね。いろんな情報を集めて判断する。そうじゃない医師は、簡単にADHDとかいっちゃうんで。残念ながら。（− No.1 −）

　医師や病院による差異は、多くの診断を付与されている児童がいることからも明らかである。障害がある児童のなかには、多くの病院に通院し、病院によって異なる診断を付与され、決定的な診断を受けていない者が数名いた。

　　A児…3歳のとき、保健所の検診で「多動児」といわれる。同時期、××病院にて、リタリンによる治療を受けるものの、××小児病院、××病院と転々とし、「自閉傾向」の診断を受ける。その後もセンターやクリニックへ行くが、確定的な診断がつけられていない。
　　B児…4歳のとき、幼稚園の勧めで××研究所へ相談に行く。その後、

発達遅滞の児童対象の幼児教室に通う。病院を転々とし、××センターで「アスペルガー症候群」、××クリニックで「繊細なお子さん」、××病院では「自閉的傾向」（4歳〜6歳）の診断を受けるが、確定していない。
C児…5歳のときに、××小児病院へ行くが「心配しすぎ」といわれる。6歳で××病院に「自閉症にいちばん近い」と診断されるが、××クリニックでは「広汎性発達障害」（9歳6ヶ月）と診断される。

付与される診断は、医師によって異なっており、不確かなものであったが、そうした状況を作り出す原因は、親の行動にもみられた。

結局ね、あちこち行っても、行きすぎてる。わりとね、こういうケース多いんだけど、<u>自分の都合のいいこといってくれる病院だと行くんだけど、そうじゃないとね、すぐあちこち移っちゃうんですよね。</u>（− No.1 −）

以上のように、どの病院で、どの医師が診断するかによって、診断や処方のされ方が異なっており、発達障害に関わる医療的な実践がいかに曖昧さを含んだものであるかがわかる。こうした曖昧さは、診断付与の難しさを示している。一方で、こうした曖昧な状況が生じることで、親は自分の納得できる診断を付与してくれる病院をひたすら探すことが可能になっていた。

二つめのパターンは、診断場面でみられた。たとえば、S校では通級学級に入級するか否かの判断を行うために、医師による仮診察が実施されていた。そこでは、医師と教員の期待に反して、診断を付与できないような状況が生じていた。通級学級に入級するまでのプロセスについて話していくなかで、ある教員は診断が困難な場面に遭遇したと語った。

<u>結局ね、一対一だといい子になっちゃうんですよ。</u>何が問題があるんだろうってなっちゃうの。（− No.1 −）

学校では不適応な行動をとっていた児童も、一対一という診察の場面では、おとなしくなってしまうことがあった。そうなると、診断の際には何の問題も見つけ出すことができない。このように、診察という医療的場面は不確実で状況依存的な要素をもたざるをえない。
　三つめのパターンは、支援における不確実性である。発達障害のなかで医療的な治療の要素を強くもっているのは、ADHDである。ADHDの児童には、行動を抑制するための薬物療法（リタリン、コンサータなど）を用いることがある。教員はさまざまな診断を付与される児童がいることを語ったうえで、処方についても病院による差異があることを語った。

　<u>リタリンが好きな病院と嫌いな病院がありますね。</u>……なんとか病院に行くと、リタリンよくくれるとかね。なんとか病院行くとくれないとかね。（－No.1－）

　発達障害の多くは、脳機能の障害であると考えられているが、薬による治療方法はなく療育や教育的支援というかたちで対応されている。当然のことながら療育や教育的支援は、薬を飲めば治るというような医療的な治療にみられる即効性はなく、支援のあり方についても多種多様で一律ではない。小学校における教育的支援は、医療専門職の手から離れるように思えるが、実際は教育的支援においても関与していた。モデル校では、心理学の専門家や医師による巡回相談が行われ、専門家の助言を受けていた。専門家との交流が少ない小学校でも、発達障害児を受けもつ教員は、少しでも児童を理解しようと専門家の著書を参考にしたり、公開講座を受講することで医療的知識や支援の仕方を身につけようとしていた。たとえば、K校では児童の不適応な行動を取りあげ、多くの専門書を援用し、何通りもの対応策を記述したマニュアルを作成していた。しかしながら、教育的支援の具体的な対応について調べてみると、それが医療的知識に基づくものか否かは極めて曖昧であった。以下に、モデル校で作成された教育的支援に関する資料の一部分を提示する。

【S校の専門家委員会の指導・助言記入用紙から】
・自信がもてるような工夫。一人で役を果たせるような係りや役割をもたせる。予測できることについては、課題が始まる前に何をするか予告しておく。
・対人関係での配慮。友達との交流がうまくいかないことに対する悩みや葛藤を理解する。理解してくれる児童を近くの席にして孤立しないようにする。
・パニックを起こしたときの対処。校内の連携体制を整え、協力を仰ぎ、できるだけ個別に対応する。
・達成感が得られるような指導の工夫。得意なことで自信をもたせる。

【K校の報告書から】
・理解は、視覚認知によることが多いようだ。そのため、指示は短く簡潔にする。
・理解して欲しい大事なこと（決まり・ルール）はことばで書く。
・新しい場面が苦手であるので、一度はリハーサルしてやるとよい。パニックを起こしたら他の部屋に連れて行く。

　教育的な対応は、専門家らによる助言を受けているが、必ずしも医療的な知識を強く織り込んだものではない。そこには、これまでにも多くの教員がなんらかのかたちで取り入れてきた教育実践がいくつもみられた。障害をもつ児童は教育的支援が制度化される前から、「落ち着きのない子」、「漢字が書けない子」、「不器用な子」として、教授法や教育方法の工夫や開発によって対応されてきているのである。ある養護教諭は、発達障害児への教育的支援を模索するなかで次のように語っている。

　　これ［支援］をやっていて、なんだ、先生たちがいつもやってることを改めて考え直せば、特別に何を支援しようっていわなくても大丈夫やんって私が自分で思ったんですけど。（－ No.8 －）

G小学校では、校内委員会で児童の不適応（跳び箱ができない、縄跳びができない、リズムがとれない、こだわりが強すぎるなど）をどのように支援すればいいのか相談する機会を頻繁に設けていた。そこから導き出された方法は、これまで各教員が各教科のなかで行ってきた教授法や指導方法をもとにした教育実践そのものであった。したがって、模索しながらみいだした支援方法は、必ずしも障害をもつ児童にのみ有効なものではなく、多くの児童に適応できるものであった。

> 教科の専門家がいっぱいいるので、その先生からでたこと［支援方法］は、皆「なるほど」って思うんだけど、<u>その先生自身は、私自身は昔から知ってたみたいな感じ</u>になるから、「それを出せばいいんだー」ってなる。研究会では、私はこうやったとか、昔はこうやったとかって話になる。……縄跳び跳べない子っていっぱいいますよね。学習障害じゃなくても。跳び箱ができない子っていうのも、知的には高くても跳べない子は跳べないですよね。そういう子にも使えるやんってなったときに、この研究ってすごくいいよねっていうふうに。<u>みんなを救うことができるね</u>っていうのがあったのでよかったです。（－No.8－）

　以上のように、医療化プロセスには、曖昧で状況依存的な特徴が存在していたが、これらの特徴に対して批判や反発が起こらなかったのだろうか。

### 3）小学校における障害への意味づけ
　障害への葛藤・拒否意識や医療の不確かさは、小学校特有の解釈をとおしてうまく回避されていた。それは、児童に診断を付与することなしに教育的支援を行っていることからもわかる。注2の注表で明らかなように、支援の対象となっている児童の53名中20名は、障害の疑いがあるとみなされながらも、診断を付与されていない。教員は親による拒否や抵抗をできる限り避けようとし、親や教員間の関係性を壊さないように努めていた。

やっぱり、お互い同じ職場でね、生活しているなかで、やっぱりその私たち職員同士の関係、悪くしたくないわけですよ。(－No.4－)

　学校では、教員が両親に障害の疑いがあることを伝えたり、病院を勧めることが極めて難しかった。教員が児童の両親に「障害の疑いがある」と伝えることでトラブルになるケースがある(文部科学省　2002, 2003)。インタビューでも同様の語りを聞くことができた。筆者が「障害の疑いがあるとき、それを児童や親に伝えますか」と質問すると教員は次のように語った。

通常学級の先生の方が……［親に］簡単に、LDじゃないですか？とかそういうこといっちゃってるんですよね。で、わりと保護者とその先生と喧嘩になったりしてるんですね（－No.1－）。

　教員がたとえ障害の疑いがあると感じたとしても、それを親に伝えることはトラブルを生じさせることにつながる。教員が児童のためを思ってしたことであっても、医師ではない者が障害の疑いや可能性について伝えることは難しいようであった。小学校において障害児を発見することは、こうした難しさをもっている。それが可能になるのは、親の積極的な理解や教員と親の関係性が良好な場合においてのみである。それゆえ、親が障害について拒否感を示したり、関係性が良好でない場合は、障害の疑いがあっても、教員が障害の可能性を親に伝えたり、病院へ行くように勧めることはあえてしなかった。以下の語りは、筆者が「障害の疑いがあるときに、それを児童や親に伝えますか」、「病院に行くように勧めることはありますか」と質問したときの答えである。

決して担任がですね「あなたも学習障害です」とか、そんな断定したことはいえませんので、いいませんけど。まあ親御さんのほうからね、もし「先生、うちの子学習障害っていうやつかね？」っていうふうであれば、「そうかも、もしかしたら。じゃあいっぺん検査でも受けてみられますか」

……とかいうでしょうけれど。こちらから「お宅のお子さん学習障害だから漢字が書けません」とはなかなかいいませんね。（－ No.5 －）

とくに、病院に行くとかは、そこまでは勧めていません。巡回相談員に相談することもあるけど、LD の可能性があるかもねっていう段階でとまっている。それ以上、医療的な機関にみてもらうっていうところまではいっていません。……先生が親に実際 LD ですよっていわなくても、それを配慮して、学校のほうで指導してくださいっていうことなんです。……診断することが、ねらいじゃないですから。（－ No.4 －）

保護者がそういうふうに［障害の可能性について］あんまり思ってらっしゃらないと、なかなかいえないっていうところがあって。保護者の方からね相談になるときはいいんですけど。（－ No.9 －）

さらにいえば、学校では児童に診断を無理につける必要がない。教員にとって重要なことは、診断そのものではなく、児童の苦手な分野をいかに克服させるかなのである。

教員がね、そういうこと［障害があること］を専門家チームでそういう風に疑われましたよってそんなこといっていいのかね？うーん。いえない。それよりも、……今後ね、じゃ、どういうふうにこの子の指導をしていくかっていうのを話し合った方が意味があるんじゃないかな。（－ No.4 －）

医学的に診断を出すこともやっぱり大事だと思うし、事実をちゃんと知ることも大事なんだけど、だからどう？っていうところが大事。じゃあ、どうする？っていうところがないといけないかな。（－ No.8 －）

こういう診断を受けたけど、そういうところがあるということを承知で、

できるだけその子を伸ばして……普通の子と同じようにしてあげたり、その部分を除けば普通の子であるということをどう認めていくかっていうのが僕らの仕事だと思っていますけどね。ですから、医師とか、心理療法の方たちが判定してくださるのが正しく判定してくださっているという信頼の元に僕らはそれをどう受け止めて、その後の指導を考えていくかということかなっと思っていますけどね。（− No.4 −）

　教員は、医療的な診断を二次的な資料とみなしており、それ以上に教育的な支援を重視する傾向にあった。ここに、学校における解釈パターンの一つがみられる。教員は、診断を重要なものとして受けとっているが、親の拒否感や職員同士の関係性を悪化させないように、児童に診断を積極的に付与させようとはしていない。なぜなら、教員は診断の付与よりも教育的支援を重視する必要があると解釈しているからである。そのため、多くの児童が疑いを指摘されつつも、医療的な介入をあえてせずに、従来どおりに「漢字が苦手だから」、「落ち着きがないから」といった理由のもとに教育的な支援を受けているのである。
　親や教員の拒否感や医療実践の不確実性をみえにくくさせるもう一つの形態は、障害の解釈の仕方に表れている。筆者が「学習障害、ADHDなど診断を付与することについて、どのように考えていますか」と質問すると、教員は次のように語った。

障害についてはね、自分自身としては……脳みそのタイプとして思っているのね。……通常の子も含めて全員の子が色んな脳みそのタイプもっているわけだから。だから、障害があるかどうかっていうのはあんまり意識はしてないですね。（− No.1 −）

やっぱり、私たちは学習障害であろうが知的障害であろうが、その子の一つの個性として捉えたいねっていうこともあって、そういう目でみたい。（− No.8 −）

やっぱり、担任としては、そのこと［障害があること］はやっぱりいつも思っているんだけど、<u>一人の子どもとして対応していますので、いろんな面をもった子として対応していますので、こう［障害］だからといってそんなに変わるものではないなと思っています。</u>（－ No.9 －）

　児童の障害を脳のタイプや個性として解釈しようとする教員の語りは、障害という概念の否定的な意味を中和させるものであった。個性を強調する言説[6]や発達障害をもつ偉人や有名人の成功物語の存在なども同じ効果をもたらしていると考えられる。

　以上のように、小学校では、医療実践にさまざまな曖昧さや不確かさが存在し、親や教員は障害というレッテルに対してたびたび葛藤している実態が明らかにされた。こうした実態は、医療化がうまく進んでいない場面であるといえる。しかし、教員は障害を肯定的に意味づけ、教育的な支援の重要性を強調することで、医療的な実践をうまく取り入れようとしていた。つまり、教員は医療実践における曖昧さ、親や教員の障害に対する拒否感をうまく管理し、最小限にすることで、医療化を進行させていたのである。

## 4　小括

　本章では、子どもの不適応や逸脱が発達障害という医療的レッテルによって解釈されるプロセスを、小学校における意味の構築過程に焦点をあてて分析した。学校では、かつてみられなかった医療的な解釈や実践が浸透し、それにともなって責任の所在、児童の役割が変容していた。医療的な解釈や実践の浸透は、単に概念の成立によって生じるものではなく、モデル事業として、制度が現場に介入した際に急速に進んだ。

　一方で、医療化が進みにくいプロセスを確認することができた。第一に、親や教員が、医療的レッテルを貼ることに対して、拒否や抵抗を示すことがあった。第二に、発見・診断・対応といった医療的実践は、必ずしも医療的

な知識に基づいて行われておらず、常に不確実で状況依存的な特徴をもっていた。しかしながら、これらは、小学校における特有の対応(診断を付与しない)や解釈（肯定的意味づけ）によってうまく回避される傾向にあった。つまり、教員は医療的実践にみられる否定的な要素に気づいているが、教育実践を円滑に進めるために、そうした要素を曖昧にしたり、肯定的な意味づけをすることによって、うまく管理・運用していた。

ただし、本章で明らかになった医療化のプロセスは教員のインタビューデータに依存している。たとえば、教員は児童の不適応や逸脱を医療の問題として扱うことで、自身の指導力不足や責任を曖昧にする可能性がある。実際に、横谷らは発達障害児が在籍する児童養護施設の職員へのインタビュー調査で、教員の発達障害児への対応力のなさ、力量不足を指摘している。以下に、児童養護施設職員の語りを引用しておきたい。

「小学校1年生のADHDの子が授業中に暴れて手がつけられないので学校に来て付き添ってほしい」と要求されたが、小学校1年生に手がつけられないというのは少し力量が不足しているのではないかと思う（横谷他　2012, p.9）。

この児童養護施設の職員は、問題がADHDの児童にあるというよりは、教員の力量不足にあるのではないかと感じている。つまり、教員の力量不足が原因で児童が暴れているにもかかわらず、教員は児童に障害があるということを理由にし、児童養護施設の職員に付き添いを要求している可能性がある。また、学校は養護施設の職員に対して、発達障害児に関する苦情や要求をいうことがあり、責任の所在を児童養護施設側にもたせようとする語り[7]があった（横谷他　2012）。このように、教員は医療的な解釈や児童の生活環境をうまく利用して、自身の指導力不足や責任を曖昧にする可能性があった。こうした指摘は、教員のインタビューからは明らかにできず、今後の課題としたい。

医療の不確実性や状況依存性は、発達障害に限らずさまざまな病気におい

て存在し、医療実践に常にともなう問題である。コンラッドも、不確実性を医療の中心的な問題として位置づけ、クリニック内の医療実践から生じる不確実性を指摘している(Conrad 1976)。本章でも同様に、教員の語りをとおして、発達障害の実践に不確実性の存在を確認することができた。医療的介入の場面が学校となったとき、医療の不確実性はより慎重な問題として捉えなければならない。なぜなら、学校では医療が不確実性をもっていたとしても、制度によって認定された「正統な知」として介入してくるからである。つまり、制度として介入してくる段階で、教育場面での当事者は、医療的実践そのものを科学的な根拠をもった正統なものと認識し、曖昧にされながらも着実に進行している医療化の不確実性や曖昧さに無自覚になってしまうからである。

<注>
1 モデル事業の支援体制は都道府県によって異なっていたが、発達障害児の支援を行うために医療的な介入がなされている点で共通していた。
2 注表　「発達障害」児とその周辺的障害をもつ児童の分布（53名）

|  | 学習障害 | ADHD | 高機能自閉症 | アスペルガー症候群 | 広汎性発達障害 | その他 | 診断なし | 合計 |
|---|---|---|---|---|---|---|---|---|
| S校 | 2 | 14 | 2 | 2 | 3 | 3 | 7 | 33 |
| K校 | 2 | 0 | 0 | 1 | 0 | 0 | 11 | 14 |
| N校 | 1 | 0 | 0 | 0 | 1 | 0 | 0 | 2 |
| G校 | 1 | 0 | 0 | 0 | 1 | 0 | 2 | 4 |
| 合計 | 6 | 14 | 2 | 4 | 4 | 3 | 20 | 53 |

3 通級とは、各教科の授業は主として通常の学級で受けながら、心身の障害の状態等に応じた特別の指導を特殊学級又は特別の指導の場で受けること（1992年3月「通級による指導に関する充実方策について」）。
4 M小学校はモデル校に指定されていない。
5 前節を参照。
6 障害を個性と解釈する言説がみられた。「本来、強烈な個性とも捉えることができる個人の資質」（金澤　2003，p.116）。「障害は『個性』なんだということを多くの人に分かって欲しい」（朝日新聞　2000年9月30日朝刊）。
7 横谷他のインタビュー調査によれば、学校側は養護施設の職員に、発達障害児の不適応や逸脱に対して、付き添いの要求をしている（11施設中6施設）。職員は、学校側から「もっとしっかり勉強させてほしい」、「[宿題を]しっかりやら

せてほしい」、「施設側に連れて帰ってほしい」、「施設変更できないのか」などと要求されたと語っている(横谷他　2012)。

# 第4章　療育施設における諸問題と不確実性

## 1　本章の目的

　本章では、療育施設の実践家（医師、保育士、心理職、言語聴覚士[1]、臨床発達心理士[2]、発達障害者支援センター職員[3]）へのインタビュー調査に基づき、療育施設でどのような問題が生じているのか、そして、どのような不確実性が表出し、それらが実践家によってどのように捉えられ、対処されているのかを明らかにする。

　特に、本章では不確実性の議論の考察を深めたい。前章では、小学校における医療化のプロセスについて明らかにしたが、なかでも興味深かったのは不確実性の存在である。前章で明らかになった不確実性の多くは、療育施設で生じたものであり、それらを教員が間接的に捉えたものであった。それゆえ、実際に、療育施設で不確実性がどのように生じ、実践家がそれらをどのように捉え、扱っているのかについては明確になっていない。そこで、療育施設で不確実性がいかに表出し、それらが実践家によってどのように対処されていくのかを検討する。不確実性は、ガーベら（Gabe et al. 2004）がまとめた3つの類型に基づいて検討する。3つの類型とは、序章3節で述べたように、①医学上（clinical）の不確実性、②機能上（functional）の不確実性、③実存的不安として（existential）の不確実性である。

　まず、療育施設における医療化とは、どのようなものであるのかについて説明する。療育施設は、学校のように医療化のプロセスが明確ではない。小学校では、子どもの不適応や逸脱から発達障害への移行プロセスが顕著であったが、これに対して療育施設は以前から発達障害児を扱っており、学校

のように非医療から医療への劇的な変化はみられない。しかし、本章で取り上げるインタビューデータからも明らかになるが、実践家のなかには障害の概念や支援方法を最近になって勉強し、習得している者がおり、支援方法の多様性や流行に翻弄されながら、常に新しい方法に気を配っていた。また、教育領域での制度化、その後の発達障害者支援法の制度化の後、来院患者数が急増しており[4]、日本社会における医療化の拡大が療育の現場に影響を与えている。療育施設はプロセスという観点からいえば、医療化は顕著にみられないが、医療的な制度（発達障害者支援法など）の施行やそれにともなう人々の行為の影響をうけている。

次節では、療育施設で行ったインタビュー調査の概要について説明し、3節では療育現場で生じている諸問題について検討する。そして、それらのなかにどのような形態の不確実性がみられたのかについて論じる（4節）。

## 2 調査概要と状況設定

### 1) 調査概要

本章では、療育施設でどのような問題が生じているのかについて明らかにするために実施した実践家へのインタビュー調査を分析した。インタビュー調査の対象者は、医師2名（児童精神科医1名、小児科医1名）、保育士1名、心理職1名、言語聴覚士3名、臨床発達心理士1名、発達障害者支援センター職員3名の計11名である表4-1に、対象者の属性をまとめた。

対象者の所属機関は、関東地区と中部地区にある小児科病院（2施設）、療育施設（1施設）、発達障害者支援センター（2施設）である。インタビュー調査は、2007年2月から2008年1月までに計5回実施した。

調査を行った支援機関の特徴を以下にまとめる。VとWの病院では、診断を行うだけではなく、療育のための設備やそれらを担うスタッフを配置していた。V病院は、児童・思春期における精神疾患の専門病院で、多くの実践家（医師、看護師、臨床心理士、精神保健福祉士、作業療法士、保育士、薬剤師など）によるチーム医療が行われていた。実際にインタビューできたのは、

医師、保育士、心理職の3名である。入院、リハビリ、療育の病棟があり、病院規模は大きい。通院している発達障害者の年齢は、2、3歳から50代までと幅広い。発達障害を専門にみる病院が少なく、発達障害者が通う場所がないということが原因のようである。また、児童相談所や教育相談室などに出向き、巡回相談を実施している。

表4-1 インタビュー対象者の属性

| コード | 職種 | 所属機関 | 性別 | 年齢 | 職歴など |
|---|---|---|---|---|---|
| No.10 | 児童精神科医師 | V病院 | 男性 | 50代 | 大学病院を経て、現在に至る。 |
| No.11 | 小児科医師 | W病院 | 男性 | 40代 | 大学病院で20年程勤め、現在に至る。 |
| No.12 | 保育士（主任） | V病院 | 女性 | 40代 | 公立の保育園、療育センター、病院などの勤務を経て、現在に至る。 |
| No.13 | 心理職 | V病院 | 女性 | 40代 | 肢体不自由児施設本園・分園（20年程）、精神保健福祉センター（9年）を経て、現在の病院で4年目。 |
| No.14 | 言語聴覚士 | W病院 | 女性 | 30代 | 言語聴覚士のキャリアは3年目。非常勤。 |
| No.15 | 言語聴覚士 | W病院 | 女性 | 30代 | 母子通園で勤務しながら（10年）、W病院（1年）でも勤務。非常勤。 |
| No.16 | 言語聴覚士（主任） | W病院 | 女性 | 40代 | キャリアは20年。大学病院、療育センターと兼務。非常勤。 |
| No.17 | 臨床発達心理士 | X療育施設 | 女性 | 40代 | 児童相談所、療育センター、発達障害児の家庭教師などを経て、現在に至る。 |
| No.18 | 自治体職員 | Y発達障害者支援センター | 男性 | 50代 | 知的障害児の入所施設（指導員、8年）、児童相談所（児童福祉司、20年程）を経て、現在に至る。 |
| No.19 | 自治体職員 | Y発達障害者支援センター | 女性 | 40代 | 児童相談所を経て、現在に至る。 |
| No.20 | 自治体職員 | Z発達障害者支援センター | 男性 | 30代 | 知的障害者入所厚生施設（社会福祉法人）で勤務。この施設が県から委託を受けた。 |

一方で、W病院は、医師3名と言語聴覚士10数名で構成されている民間の小児科の病院であり、V病院に比べて規模は小さい。週に1回、発達障害

などの診療を行うための発達外来をもうけており、療育は言語聴覚士が中心になって行っていた。

　X療育施設は、知的障害児や発達障害児のための施設であり、医師はいないが、10名程度の言語聴覚士、心理士、カウンセラー、作業療法士などの専門スタッフが、発達の評価や相談、療育を行っていた。続いて、発達障害者支援センターは、発達障害者支援法で各都道府県に設置するよう定められており、発達障害者の早期発見と支援、医療、保険、福祉、教育などに関する業務を行う関係機関や、民間団体で従事する者への情報提供及び、研修の企画・実施、関係機関との連絡調整、相談業務などを行う機関である。Y発達障害者支援センターは市が直接運営しており、市の職員3名と嘱託職員3名で構成されていた。Z発達障害者支援センターは、県から委託された民間の障害者支援施設の職員（センター長を含む計5名）が業務を担っていた。

### 2) 診断・療育の状況

　まず、V病院で行われている診断・療育の流れについて述べる。V病院の診断は、問診、行動観察、心理検査、脳波検査の4つによって構成されていた。はじめにインテークの時間が設けられており、心理職のスタッフは、親に家族構成、生育歴、病歴などについて30分程度聞き取りを行う。次に、問診で医師がインテークでの内容を改めて聞く。その他、親の了解がある場合には、別の病院、児童相談所、教育相談所、学校などですでに実施されている心理検査、脳波検査、学校の生活記録、通知票などの資料も勘案される。稀ではあるが、こうした資料がない場合もある。最初の問診は1〜2時間程度行われ、医師の判断のもと必要に応じて脳波検査、心理検査、行動観察を実施する。脳波検査はすぐに実施できたが、心理検査は1〜2ヶ月先でないと予約がとれない状態であった。そのため、確定診断がでるまでに2ヶ月ほどかかった。心理検査は約1時間半かかり、一対一で行われるため、1人のスタッフが1日にとれるケースはだいたい4ケースであった。心理検査をするスタッフは9名おり、月に約50から60ケース扱う。心理検査はWISC‐Ⅲを使用することが多く、検査結果は患者が次に来院した際に医師から伝えられる。行

動観察では、30分から1時間程度、プレイルームのような場所で、親子が触れ合う場面や遊ぶ場面が観察される。医師はこれらの検査や観察に携わった心理職や精神保健福祉士と話しあいを重ね、さまざまな資料や検査・観察結果に基づいて診断を行い、患者に療育が必要であると判断した時点で、療育の方向性を決める。療育は必要に応じて、保育士などによって1〜2週間に1回行われる。

また、V病院の実践家によれば、発達障害は脳の何らかの器質的な障害で母子関係、環境、教員の指導の問題によるものではない。この点においては、実践家間でコンセンサスが得られている。したがって、診断時に障害の原因について追求することはなく、療育につなげていた。医師も「医学診断っていうのは、原因論についてはノータッチなんですよ」（－No.10－）と語っている。ただし、アプローチをしていくうえで、親子関係や環境の調整、教員との連携は重要になってくる。この点について、医師は次のように語った。

> 障害は脳の障害であるけれども、それが全部障害されているわけじゃないですから、そういう意味では親子関係も大切ですし、環境調整も大切ですよね。……原因論についていうのと、実際教育とか指導っていうのはぜんぜん違うでしょ。全部障害されているわけじゃないんだから、私たちは健康的な部分をどうアプローチするかでしょ。……<u>療育というのは障害じゃない部分にアプローチするんだから、それはきちっとしてやらなきゃ駄目ですよ。</u>（－No.10－）

発達障害児には行動療法[5]、感覚統合療法[6]の理論を指針にし、TEACCHプログラムを用いて療育している。またADHD児には、療育の他に、薬物療法が用いられることもある。

次に、W病院の診断・療育は、医師と言語聴覚士で行われている。医師は1名、言語聴覚士は3名である。まず、診断の流れであるが、初診で医師が20分程度診察する。来院する前に、児童の親が発達歴について所定の用紙に記述し、インテークの2週間前までに郵送し、言語聴覚士がそれを事前

にみる。2回目、言語聴覚士によるインテークが行われる（初診でインテークを行う場合もある）。言語聴覚士が郵送された資料を基に面接し、その内容について詳細を聞く。3回目は、言語聴覚士が作成したデータに基づき、医師は言語聴覚士と遊ぶ児童の姿を観察する。具体的には、言語聴覚士が児童に「ちょうだい」といって渡せるか、「どれ」と聞いたときに児童が指を指せるかなど、発達の様子をみられるような働きかけがなされる。4回目は言語聴覚士が心理テスト（WISC-III、田中ビネー知能検査、K-ABC 心理・教育アセスメントバッテリーなど）を行う。5回目、医師が親に対して診断の結果、あるいは、児童の苦手なところなどを報告する。告知は、40分から1時間かけてじっくり話し合いがなされる。その際には、言語聴覚士が同席することが多い。その後、必要に応じて個別指導を行う。個別指導は、10回を一区切りにしており、あとは必要に応じて行うという形式をとっている。低年齢で個別指導を受けるほどではない場合には、2、3ヶ月に1回受診するという人も多い。療育方法は、SST、TEACCH を主に用いながら、必要に応じて絵カード交換コミュニケーション、ソーシャルストーリーなど多様な方法を用いている。薬物治療は、ADHD や自閉症スペクトラムの児童に用いられ、興奮を抑えるためにリスペリドンという精神安定剤の一種が用いられている。

　通院している患者の特徴としては、自閉症スペクトラムが多い。また、既に診断されているが、療育方法を知りたくてセカンドオピニオンを求めにくる患者も多い。高学年になると、二次的な問題を併発し、かなりねじれた症状になっている患者がおり、そうした場合は専門の病院を紹介している。1、2ヶ月に4〜5人は紹介状を出している状態にある。患者の年齢は、1歳ぐらいから12歳ぐらい（小学校6年生）までである。初診は12歳までだが、20歳ぐらいまではフォローしていく予定でいる。

　X療育施設は18歳までの患者を受け入れている。スタッフは16名であり、うち臨床発達心理士5名（資格取得中を含む）、言語聴覚士2名である。知能検査を使用することもあるが、医療機関ではないため診断は行っていない。施設に通う児童の半数はすでに病院で診断を受けている。初回は、インテークで生育歴などを1時間程度聞く。療育は個別（学習指導）と集団（ソーシャ

ルスキルトレーニング）にわかれて行っており、ほとんどの患者は両方受けている。具体的な療育方法は、X療育施設が独自に開発しマニュアル化したプログラムを用いている。来院する患者のうち発達障害（知的障害を含まない）が全体の3分の1程度である。なかでも広汎性発達障害が多い。

　Y発達障害支援センターでは、相談業務をしており、子どもから大人まで発達上の問題にか関わるさまざまな相談が寄せられている。相談では、必要に応じて医療機関を紹介することもあるが、診断や療育を受けるための支援というよりは、今困っていることに対してどのように対処していけばよいのかについてアドバイスをしている。具体的には、保育園の先生とどう付き合うか、学校でどう対応してもらうか、子どもとどのように接するか、子どもについてどう考えるかなど学校や家庭内の環境調整に関するものが多い。

　　診断が確定してなくても、自閉症なり広汎性発達障害の特徴をもっているっていうんであれば、それに応じた対応っていうのか、家のなかで、環境の調整とか、学校の中での環境の調整をしていかなくちゃ。本人が一番ね、つらい思いするもんだから。（－No.18－）

　　本質的な問題じゃないですもんね。診断名がどうこうっていうのは。具体的な対応を示すことによって。だから情報提供なり、助言で終わっていくというか。（－No.19－）

　Z発達障害者支援センターでも相談業務がなされている。職員はセンター長を含めた5名で、うち1名が心理職、2名が相談員である。心理職がいるため、簡易的な発達検査や簡易的なカウンセリングを実施できている。職員は全員、社会福祉士の資格をもっており、なかには精神保健福祉士の資格をもっている者もいる。面談は、相談者に応じて継続的に行われる場合もあるが、関係機関を探しながら橋渡ししていくことを目指している。しかしながら、関連機関と相互に連携を取りあえるような関係性を築くことは容易ではない。センター長は次のように語っている。

やっぱり双方のそういったおそらく認識がね、きちんととれないとなかなか連携ってとれないと思うんですけどね。私たちが一方的にこうね、連携を取りたいと思っても、あちらのほうとしても相手側がね、それに対してもどう思うかっていうのがあるかと思うんでやっぱり。受けて側がどうっていうのももちろんあると思いますし。（－ No.20 －）

　また、面談では、相談者の悩みや気持ちを受けとめることを重視している。

　おそらくいろんな過程を経られてここに来てらっしゃるお母さん方が多いかなと思いますので、そういったまずお母さんがどういった心境でね、ここまで来ていらっしゃるのかというところを、あのー、私はすごく大切に思っていますし。（－ No.20 －）

## 3　医療実践における諸問題

　本節では、療育施設でのインタビューデータを基に、医療・療育実践でどのような問題が生じているのか、実践家はそれらをどのように取り扱い、解釈しているのかを分析する。また、こうした問題のなかに、不確実性の存在やそれらへの管理・運用のされ方がみられるのかについても検討する。

### 1）障害の概念をめぐる混乱

　まず、実践家は発達障害に関する知識をどのように習得しているのだろうか。インタビュー対象者の多くは、学生の頃、あるいは免許や資格取得の際に、障害の内容や支援の仕方について学習していた。ただし、実践家は具体的な障害の症状、診断方法、支援方法については、療育施設で支援をしながら関連書籍を読んだり、研修や勉強会に参加して学んでいた。以下の語りは、筆者が「発達障害などの医療的な知識や支援の仕方をどのように習得しましたか」、「学ぶ機会はありましたか。研修などはありましたか」と質問したときの答えである。

研修もありますし、いろんな民間のセミナーに行ったりとか。公立の保育園のとき［勤務していたとき］には、民間の療育センターの兼任研修っていうのがあって、保育園につとめながら研修も受けられるっていうところに通ったりして。（－ No.12 －）

勉強もするし、日々のもう、［現場では］そんな子［障害をもった子］ばっかりですからね。［心理］テストもそうだし。だから私は、V病院に来ていろんなテストを勉強した。（－ No.13 －）

国家試験に出ますので、診断基準ぐらいはみんな知ってると思いますけど。……支援の仕方も……だいたいの内容は全部知ってるはずです。卒業するときには。（－ No.14 －）

大学病院で発達外来をしてる先生が誘ってくださったので、もうそこで現場で覚えた。……臨床の現場にいるので、どんどんどんどん情報も入るので、そういう仕事をしながら一時的に研修を受けたりとか職場の幅を広げて力をつけてったっていうところですね。（－ No.16 －）

実験系の心理学の出身なので、全く発達障害に関しては独学ですね。（－ No.17 －）

仕事しながらそれ［障害について］は日々出てくるので、児童相談所の児童福祉士をしているなかでも、アスペルガーっていうことがいわれ始めたころから、それは仕事上で出てくるので。（－ No.19 －）

やっぱり日々の生活のなかで、ここでの生活してる方々との接してるなかで、やっぱり感じてきたこととか、お子さんを育ててきたお母さん方とお話をするなかで、自閉症のお子さんたちの難しさとか、困難さとか、置かれてる状況とか、そういったものを聞かせていただくなかで、いろ

第4章　療育施設における諸問題と不確実性　119

いろこう、実際の様子をみていくことができたというか。……やっぱ現場ってそういうところが一番身につくというか。（－ No.20 －）

　では、発達障害の支援に関わる知識は、実践家の間で共有されているのだろうか。実践家は障害の概念やその範囲をめぐって、たびたび混乱していた。発達障害者支援センターの職員は、職務上、さまざまな支援組織と関わることが多いため、組織ごとに異なった意味で診断が用いられていることや、診断を使用する際の戸惑いについて語っている。特に、教育現場において学習障害が制度化され、概念が急速に普及したときの話になると、発達障害者支援センターの職員は次のように語った。

そのときは［学習障害の概念が］すごく広がったでしょ。めちゃくちゃ。かえってわけがわかんなくなってたと思うので。そこ［学習障害］には今でいうPDD［広汎性発達障害］の子達もたくさん入っていたので、かえって曖昧でわかりにくくって、学習障害っていう言葉を使っていいのかなーっていう感じだったので。（－ No.19 －）

今でもそうですよね。学校現場の方と……ドクターとの概念はずれがありますよね。……学校って医療機関とか他の機関との距離がかなり離れてますよね。（－ No.18 －）

　学習障害が教育の領域で制度化されたことで、療育施設では学習障害の定義をめぐって混乱が生じていた。なぜなら、公表された学習障害の定義は、療育施設で用いられてきた内容よりも広義であったからである。現在、小学校は発達障害に分類される複数の障害児を対象に支援しているが、制度化当初は学習障害児への支援から始まった。制度化された学習障害の定義が広義であったのは、おそらく、学習障害児やその周辺的な障害をもつ児童を幅広く支援したいという教育側の意図があったのだと思われる。療育施設では、発達障害に分類される諸障害はすでにICDやDSMに掲載されている診断と

して確立しつつあったが、学習障害が教育用語として急速に一般化したことで、さまざまな症状までもが学習障害として処理されてしまい混乱が生じた。こうして、1995年以降みられた文部省（文部科学省）による定義は、学校と療育施設間に認識のズレを生じさせた。他の実践家も同様の内容を語っている。以下は、筆者がX療育施設の設立当時の状況について聞いた時の語りである。

> 今みたいにアスペルガーとかADHDだとか、そういった診断名をはっきり、LDであるとかそういうようなことの区別があまりはっきりしてなかったので、その当時は誰でもかれでもLD診断に来てましたよ。……<u>多分昔のカルテなんかみると、軽度のお子さん、知的な遅れがなくってっていうお子さん全部LDってなってたんで。</u>（−No.17−）

言語聴覚士によれば、定義をめぐる混乱は、療育施設の実践家の間だけでなく、児童の親にもみられた。

> <u>言語性学習障害、非言語性学習障害の概念も当時ありましたよね。あれも非常に医療現場は混乱、迷惑をこうむりました。</u>覚えてます私も。非言語性学習障害であって、あけてみたら社会性の問題がものすごくでてて。これを非言語性の学習障害と呼ぶのかという。だけど、やはり<u>タームは共通でないと理解ができないですよね。かたや非言語性学習障害だって親もいい、学校の先生もいいでは、こちらからどんだけアプローチしても進まない</u>っていうのが実際あります。（−No.16−）

> 混乱します。学校の先生はLDだから先生［医師］にみてもらえって言ってきますよね。大学病院まで。そうすると先生［医師］はお宅の子はアスペだよって言っちゃうわけですよ。そうすると<u>親御さんは混乱しますね。</u>（−No.16−）

このように、定義のズレによる混乱は、療育施設の実践家だけでなく、教員や児童の親の間でもみられた。混乱した状態は、言語聴覚士の次の語りからも明らかである。

　　一緒に仕事している小児科の先生は怒りまくってました。……教育畑の人がああいう文部省の概念を決めるのは、混乱を巻き起こすって怒っていましたよ。（－ No.16 －）

　この語りに登場する小児科医師は、文部科学省が定義を公表したことに対して批判的な態度であったが、インタビュー調査の対象者である医師2名は定義をめぐる混乱についてどのように感じているのだろうか。医師は教育用語としての学習障害をどのように扱っているのだろうか。筆者が「こちら［の病院］ではLDという概念は使うことがないですか」と質問すると、ある医師は次のように語った。

　　使っています。ただ、医学診断としてはLDは使ってないです。医学じゃないから、医学の診断じゃなくてあれ教育心理の診断でしょ。だからうちの場合はLDという診断は使ってなくて、情緒・行動面ですからADHDとか言語発達障害、遅滞だとか…っていうふうに使ってますね。自閉症、ADHDというふうに使ってますね。だからLDという診断はICD-10にもないんですよ[7]。（－ No.10 －）

　さらに、筆者が「たとえば親御さんに伝えるときも［LDという言葉を使いますか］」と質問すると、以下のように答えた。

　　使うときあります。いくらでもあります。言語性LDだとか、非言語性LDだとかいろいろ使います。ただそれは学習面にですよね。ただ一般的に［患者が］医学にくるのは情緒・行動面ですから。ただ勉強だけができないっていう事例では普通は［病院に］来ないですよね。（－ No.10 －）

この医師は、学習障害の概念を医学診断として用いることはないが、児童の症状を説明する際に使うことがあると語っている。医師は「ただ勉強ができないっていう事例では普通は［病院に］来ないですよね」と語り、病院に来る患者の多くが、学習が困難であるということ以上の問題を抱えていると述べている。筆者が「教育心理学側からの定義ができてきたりして、精神医学、心理学、教育学などの定義がいろいろまざっていると思うんですけれども。そういった流れで、葛藤を抱えることもあるんじゃないでしょうか」と質問すると、以下のように医師は語った。

　<u>同じ見方だと思いますね。医学的な見方と、教育心理学的な見方違いますね。だから同じものを別の見方からしているんですね。だからLDなんかもADHDとの合併が4割から9割っていう議論もあるんで、だから情緒・行動面からみればADHDですね。いわゆる知的に遅れがないんだけれど、学習しにくいっていう、そういう概念はあのー、LDですよね。そういう概念ですね。（－ No.10 －）</u>

　<u>まあ［障害の境界線を］どこまでいうのかというのは、なかなか［判断が］難しいあれかなと思ったんですが、どうでしょうねえ。今だとウィングの三徴をちゃんともってるかどうかだけで診断。自閉症スペクトルについてはですね。（－ No.11 －）</u>

　医師は、障害の境界線を判断するのは難しいと述べているが、定義の差異は学問ごとに見方が違うために生じるのであり、診断上、大きな混乱をもたらすものではないと解釈している。また、子どもの不適応や逸脱に関する概念は、以前から精神医学でさまざまな言葉で語られており、障害の概念は変遷するものだと捉えている。

　<u>われわれの領域、児童精神も小児科も、育てにくい子っていう概念があるんですよ。うーん、われわれもいくらでもあるわけですよ。それも</u>

1960年代、70年代からありますね。で、われわれも夜泣きが強いだとか、身の回りができないだとか、何回いっても同じ間違いをするだとかね、それから離乳がうまくいかないだとか、言葉が遅い議論っていうのは1960年代、70年代、要するに太古の昔からあるんですよね。(－No.10－)

　言語聴覚士の語りでは、学習障害という概念に対して批判的な態度を示す医師がいたことが明らかになったが、今回、インタビューをした医師2名は、障害の範囲が明確でないことを理解したうえで、定義のズレを「見方の違い」として解釈しており、大きな問題として捉えていなかった。問題視しない理由は、①来院する児童の多くが、情緒や行動面に問題を抱えており、学習が困難であるという症状だけで来院することが少ないということ、②発達障害に分類される障害は、これまでもさまざまな概念で説明されてきており、そうした概念変遷の一つとして捉えていることなどがあげられる。医師は学習障害を医学的な診断として用いないが、症状を説明する際には用いることがあり、医療実践のなかで教育用語としての学習障害をうまく利用しているようであった。ただし、医師が定義のズレに対して寛容であったのは、調査時期が学習障害の制度化直後ではなく、定義のズレや混乱がおさまってきた時期だったからだと考えられる。

### 2）障害の捉え方

　前述では、教育と医療の現場で、障害の概念の範囲が異なっていたため、混乱が生じていたことを示した。では、療育施設の実践家の間で、障害の概念や支援方法は共有できているのだろうか。筆者が、「発達障害の定義は非常にわかりにくく、専門家の間でも意見の相違があるわけですが、職員間で諸障害について、共通した理解がなされていたのでしょうか」と質問すると、ある実践家は次のように答えた。

　私たち［職員］のなかで最近やっと共通理解っていう。感覚的にですよ？っていう状況なので。……よく私たち、どちらかというとアスペ［ア

スペルガー障害］だねっていう言い方をしたときに、<u>なんとなく共通の
イメージがもてるっていうようになったの、</u>ほんとここ数年です。（－
No.16 －）

　別の実践家も、筆者が発達障害の知識や支援方法の習得の仕方について「勉
強しつつ、現場で接しながら発達障害の知識や支援方法について身につけら
れたという感じでしょうか」と質問すると、次のように答えている。

<u>感覚的というか、経験的というか、</u>そういうもので培っていくという感
じなんですかね。（－ No.20 －）

　このように、同じ療育施設にいる実践家であっても、明確な障害の概念を
共有することは容易ではなかった。実践家は障害の把握の仕方について、「感
覚的にですよ」、「なんとなく共通のイメージがもてるようになった」、「感覚
的というか、経験的というかそういうもので培っていく」と語り、障害を感
覚的に捉えていた。もちろん、実践家は発達障害の知識を書籍などで勉強し
ているのだが、「感覚的」、「経験的」に培ったものだと語っている。こうし
た語りは、発達障害の捉えづらさを表している。

### 3）診断の難しさ

　前項では、実践家が発達障害をどのように把握しているのかを検討するこ
とで、発達障害の捉えづらさを明らかにした。発達障害の捉えづらさは、診
断の難しさにも現れている。疑いのある児童のなかには診断しづらいケース
がみられた。筆者が「診断ができない、難しい患者はいるのでしょうか」と
質問するとある医師は次のように語った。

［診断が］難しい人が、どうですかね。10 人から 20 人に 1 人ぐらいみえて、
疑い診断みたいな感じでつけて、そのあと定期的に［病院に］通ってい
ただいて、それから確定……した人が今まで数人みえますかね。……<u>やっ</u>

第4章　療育施設における諸問題と不確実性

ぱりわかりにくい人はわかりにくいです。（− No.11 −）

心理士も障害の捉えづらさについて次のように答えている。

> 診断するうえでも一定のこういう条件がありますので、それはやはり［障害児の］みなさんもっているなと。もちろん幅がすごく広いですけど。あとはその特性に基づきながら、ある程度のベースに基づきながら、個々にどういう見え方してるのかな、どういう感じ方してるのかなっていうのをほんと観察して探りながら……みえない障害だなと思うんですね。たとえば、コミュニケーションがとりにくいだとか、いろいろありますけど、一人一人違うので、それはこの子にとってどうみえていて、どう感じているのか、っていうのをほんとに探りながら。はい、やっていく。（− No.13 −）

発達障害の捉えづらさは、前章の教育現場でもみられた問題である。教育現場では、異なった診断をいくつも付与されている児童や支援を受けているが診断が確定されていない児童が多数いた（第3章3.2参照）。療育の現場では、人数は少ないものの、診断が確定していないまま、療育を受けている児童がいた。筆者が「療育は必要だけど、診断はついていないということはあるのですか」と質問すると、保育士は次のように語った。

> ほんとに何ケースかですけど、まあ診断が確定していないと。たぶん、そういう疑いはあるんだろうけど、まあそれが確定はしてないけどっていうケースはほんとに何ケースかはあります。（− No.12 −）

では、実践家は診断の難しさをどのように解釈しているのだろうか。筆者は「診断が変わるということはあるのでしょうか」、「前の段階の診断がちゃんと行われていなかったからなのでしょうか」と医師に質問したところ、医師は次のように語った。

> ［診断が］変わってくることは、そうですね。あんまりないですが、たまにありますね。……どうなんでしょうね、それはたぶん後から、病気では何でもいわれますけど、後からみるほうが有利ですもんね。（笑）……情報量が増えるわけなんで。それは、うん。逆にこちらで診断して、よそ行ってっていうこともありうるでしょうし。（－ No.11 －）

　この医師は、異なった診断が付与されることがあると認めつつ、それを「情報量の違い」として理解している。複数の診断を付与されてしまうことについては、心理士も次のように語っている。

> この子は PDD ［広汎性発達障害］だけど、PDD で ADHD ももっていて、LD もあってっていうのもありなのね。……すっきり、この人は ADHD だけですなんてありえませんよ、あまり。だから優先順位ってあるのね、診断名には。（－ No.13 －）

　心理士は、一つの障害だけをもっていることの方が珍しく、複数の障害をあわせもつことはよくあることだと語っている。実践家は、医療実践において異なった診断が付与されてしまうこと、多数の診断をもっている児童がいることは、しばしば起こりうる出来事として捉えている。
　また、診断には別の難しさもみられた。それは、発達障害児の行為と母子家庭の児童の行為、あるいは、虐待を受けた児童の行為が類似しているということである。それゆえ、障害であるのかどうかを判断することが難しい場合がある。筆者は「養育環境が悪化していると、子どもに発達障害に類似した行為がみられ、それらの区別が難しいと聞いたことがありますが、実際にそうした難しさはあるのか」と質問した。

> 母子家庭多いですよね。……離婚率も高くって、生活上、お母さんが追われてて、母子家庭のお子さんで、経済的な事情なのか……愛着形成障害じゃないのかなあと思われる方が ADHD 的な症状を出してきてこち

第4章　療育施設における諸問題と不確実性　127

らにいらっしゃる方も実はいます。（－No.16－）

　虐待っていうのはその、意味が深くて、虐待を受けてきた子たちっていうのは、特有の症状を呈していて、それって発達障害と似てるんですよ。それは事実です。……［診断は］難しいですよ。だから、親を親御さんを［子どもから］離して、その子たちが適切な環境で療育を受けられたときに、ほんとに、普通の子と同じようなかたちになる場合もあるわけです。やはり虐待のせいだったんだって。それはありますよ。（－No.13－）

　こうした診断の難しさは、発達障害に関する医学的な知識が確立されていないことによる。この点については、第6章の非行少年の事例でも同様の問題がみられた。詳細については、第7章で改めて論じる。

### 4）療育の多様性

　発達障害は基本的に完治することはないため、主に療育が施される。実践家は、この療育を治療として位置づけている。

　治療教育っていうのは、治療イコール教育、教育イコール治療ってことです。……それが保育だとか教育的なアプローチがむしろ、障害の固定化とか悪化を否定するわけです。だから、治療教育ってわれわれ使ってるんですけど、小児科では療育っていってますけど。医療と医学的なアプローチ……療育的なアプローチが子どもの発達を促すっていうことですね。その二つですね。だから遊ぶこと、お勉強すること、レクリエーション自体が障害の固定化とか悪化を防ぎますよね。（－No.10－）

　療育といっても、その内容は多様である。療育方法は標準化されておらず、多様な手法が取り入れられる。療育方法については、第1章（3節参照）で簡単に説明したが、行動療法、感覚統合療法、TEACCH、SST、ソーシャルストーリー、絵カード交換コミュニケーションシステムなどがあるが、それ

らの用いられ方やどの手法をどの程度用いるかは、施設ごとに異なっていた。V 病院で療育に携わっている保育士は、療育の現場でさまざまな手法を取り入れてきたと語った。

> [障害の] 概念の大きな流れのなかで、やはりいろんなもの [手法] を導入したりというのはあります。もまれてきたなっていうのはあります。最初は行動療法、それからティーチプログラム、環境調整をしていきましょうという流れ、まあ感覚統合療法も……どんどん取り入れられてきたっていうところだと思います。（－ No.12 －）

療育方法は確立されていないため、流行に左右されやすい一面があった。ある言語聴覚士によれば、20 年前の療育方法は、行動療法と遊戯療法[8]が対立しつつも主流であった。遊びをとおしてコミュニケーション力をのばそうとするインリアル・アプローチが流行した後、構造化や予告の有効性が指摘されるようになった。その後、アメリカから TEACCH が導入され、現在では発達障害児への療育方法の主流なものとなっている。以下の語りは、筆者が「支援方法の変化、ブームのようなものはありますか」と質問したときのものである。

> 私が学び始めたときは、もうバリバリの行動療法。遊戯療法が対立してて……。心理の人はどっちかっていうと遊戯をやりたがり、言語の人は行動療法をやりたがり。ところが行動療法も非常に厳しいものだったので、体罰もはいり……。やっぱり汎化できないっていって、訓練室ではやれることが、日常生活ではできないっていうので、私が卒業して 3 年ぐらいでもう嫌になっちゃって。私がそれやめたころに出始めたのがインリアル・アプローチ……。自分なりに少しずつ工夫をしてった頃に発達障害のお子さんたちは視覚支援や構造化とか予告が効くといわれて……自分も体験的にそれはもっていたので、わーって走り回る子でも、次にこれやるよとか、あんたは何番目だよってやれば席に座れるとか。

目で見せるとばっちりはいるとかっていうのが。……それでTEACCHが日本に導入されて……自分のやってることは間違いなかったんだなっていうのを思ったのが、それが10年ぐらい前ですかね。（－ No.16 －）

　こうして療育現場では、流行に応じて、多様な手法を導入していた。それゆえ、実践家は専門性を確保・維持するために常にそうした知識を習得しようと努力していた。ある言語聴覚士は、さまざまな療育方法が流行したことを語るなかで次のように語った。

　　ソーシャルストーリーの研修会行くと、親御さんが半数以上です。びっくりしますよ。……もう今はお母さんたちがセラピストです。お母さんたちも能力高い方が多いですね。だから、お母さんたちが［ソーシャルストーリーを］やっちゃうんですよ。だから私たちはもう、専門職としては遅れをとらないように、頑張ってやっているところですけど。（－ No.16 －）

　障害をもつ児童の親は素人でありながら、実践家と同じように研修をとおして、発達障害に関する知識や技法を獲得しようとしており、実践家は専門職として「遅れをとらないように」最新の療育方法を積極的に習得しようとしている。こうした語りは、言語聴覚士がなんとか専門性を確保していこうと努力している姿として理解できる。言語聴覚士に限らず、療育に携わっている実践家は、さまざまな療育方法を習得しようと努めていた。筆者が「やはり、（療育方法について）勉強しているんでしょうか」と質問すると、保育士は次のように語った。

　　もちろん私たちのことをスーパーバイズしていただく外からの先生もいらしていただきます。で、それから私たち自身が外に勉強に行ったり。はい、そういうことと、あとやっぱりスタッフのなかでも心理もいれば、保育士もいて、作業療法士もいて、ドクターもいてっていうなかで、み

んなの考えを戦わせながらというところで、切磋琢磨していくっていう中身になっているんだと思います。（－ No.12 －）

　療育方法が多様であるのと同時に、療育に携わる医療従事者も多様である。発達障害の療育に関わる実践家は医師、言語聴覚士、作業療法士、臨床心理士、保育士などであるが、どの実践家が配置されるかは病院によって異なっていた。たとえば、W病院はV病院と比べると小規模であり、医師以外の専門家は言語聴覚士のみであった。医師に、言語聴覚士を選んだ理由について質問すると次のように答えている。

　<u>[言語聴覚士を選んだ理由は] ST［言語聴覚士］さんの方が信頼できる人が多いかなという</u>、ええ、感じがしたというそれだけです。……STさんだと一定のなんというか基準みたいなものありますよね。臨床心理士さんって、すごい優れてる人はすごい優れているけど……幅が大きいんじゃないかなという。（－ No.11 －）

　どの専門職を配置させるのかについての基準はないため、配置の仕方は病院によって異なっていた。加えて、療育に携わる医師以外の専門家の役割やその範囲は明確ではなかった。筆者が仕事の役割分担について聞くと、心理職の実践家は次のように語った。

　そんなにはっきり<u>役割がはっきりわかれているわけではありません</u>。私たちだけじゃなくて、個人的に面接……とかしますし、それから集団的なSSTのプログラムとか外来もやってますし、入院の患者さんにも行ってますし、親御さんへのアプローチもしています。（－ No.13 －）

## 5）告知の仕方
　医療実践における告知は、医療実践において常に問題になってきたテーマの一つである。たとえば、医療現場で医療従事者が患者に悪いニュースをい

かに伝えるかを会話分析に基づいて論じている（Maynard 訳書　2004）。医療従事者は、悪いニュースの修復、希望のある側面の強調など戦略的に告知を行ってきた。

　では、療育施設の実践家は、障害の告知をどのように行っているのだろうか。告知は、ときに親に厳しい現状をつきつけることにつながる。筆者が「診断の意義はどのあたりにあると思いますか」と質問したところ、ある言語聴覚士は「ずっとみてきて、お母さんの思いが、前向きになるのは診断された方だと思います」（－No.15－）と語り、さらに以下のように語っている。

　　〔医師から診断名を聞くと〕もうぐーっと落ちますけどね。毎日泣いてもうずっと泣いて。まあ、それを発散してそしたらもう一歩進むしかないってお母さんも思いますし。……診断されてからのお母さんの頑張りっていうのはすごく……強いものがあるなって思うし……そういうことをみてると〔診断名を付与することも〕まあ悪くないなあと。（－No.15－）

　実践家は、親のショックの大きさを理解しているが、それでも診断を告知することは意義があると解釈している。しかしながら、診断の告知は、たびたび児童の親やその周辺的な人たちの反発を生じさるものでもあった。特に、発達障害の多くは、知的障害を含まないため、障害の程度が軽度であればあるほど、児童の親や親族は、児童に障害のレッテルを貼ることに対して抵抗を示していた。筆者が「発達障害児の支援をしていて何か難しいと感じることはありますか」と質問すると、保育士は次のように語った。

　　私たちがたとえば何かお話することを、この子を障害児にしているとか、レッテルを貼ってるっていう見方をされてしまう。そこで全然話が通じなくなるっていう難しさが一つ。……私たちは障害児だっていうことをレッテルを貼るんじゃなくて、こういう困難さをもっているんですよっていうことをお伝えしたいのが、そういうふうにとられてしまうってい

うところが、ちょっと難しいなって思うケースが何ケースかあったりとか。（－ No.12 －）

［障害を］受容できないということの理由には、お子さんが軽度であって、障害が軽度であって、障害ではないんではないかとどこかで思っている。それから、何かそういう制度を利用することによって、そのお子さんの将来の妨げにならないかっていうことを懸念される方ですね。それからあとよく、田舎に住んでらっしゃる方。周りの方の噂、とかそういうことに抵抗、抵抗っていうかおじいちゃんおばあちゃんですね、そういった時代的なところ、背景でっていうこともあるかもしれません。（－ No.17 －）

こうした障害に対する拒否反応は、障害者手帳を取得するか否かといった問題に発展する。発達障害児の場合、自治体によって範囲が異なるが、療育手帳か精神障害者保健福祉手帳を取得することが可能である。X療育施設では、手帳を取得せずに療育を行うと、患者の全額実費負担となってしまうため、手帳の取得を勧めるが、拒否する親もいた。

［手帳を］欲しい人といらない人がいます。欲しい人は、たとえば経済的に困っている方、それから障害ということに対してきちっと受けとめができている方。受容がきっちり出来ている方。比較的情報をよく取り入れていて、いろんな制度を理解している方ですね。で、いらない、欲しくないという方は、経済的に裕福である、それから親御さんの障害に対しての受容が十分でない。（－ No.17 －）

また、医師の語りによれば、診断を告知した段階で、病院に来なくなる患者もいた。筆者が「診断が難しい患者については、長期的にみることになるのか」と質問すると、次のように医師は答えた。

第4章　療育施設における諸問題と不確実性　133

　基本的には、フォローする前提でこちらとしては診断をしてますけど、あんまりフォロー希望されない方も時々みえるので。そういう方は1回だけ［の通院］ということになる。<u>診断告げたらもうみえないという方も一部にはみえます。</u>（－ No.11 －）

　以上のように、児童の親は障害というものに対して、「障害を受け入れることができない」、「手帳を取得せずに療育を行う」、「診断を告げられても受け入れず、療育を行わない（病院に通わない）」などの行為をとおして抵抗を示している。ある医師は、こうした親の葛藤に鑑み、診断を伝えるときに障害であることを強調しないようにし、「タイプ」や「特徴がある」という言葉で表現するようにしていた。筆者が「診断を伝えるときに、何か気をつけていることはありますか」、「どのように伝えるのですか」と質問すると、医師は次のように語った。

　　診断伝えるときには、基本的に<u>私はあんまり障害という言葉は使わない</u>ことですかね。障害というより<u>タイプ、こういうタイプだという。</u>自閉症スペクトラムというタイプです。といった感じですかね。（－ No.11 －）

　筆者が「学習障害や注意欠陥・多動性障害（ADHD）の診断は、障害とついていますけど」と聞くと、医師は「そちらの方はもともとそんなに悪いイメージは少ないんじゃないでしょうかね」（－ No.11 －）と語った。また、別の言語聴覚士は、母子通園でも働いていたため、そこに通う診断のついていない児童の親にどのように障害の可能性を伝えたり、病院を勧めるのかについて次のように語った。

　　お母さんやお父さんの気持ちのモチベーションというか、<u>今じゃない方がいいかなとか。そういう方はあのー、徐々に、伝えていったり、こういう所があるよー。こういう病院って、こういうね、相談ができるんだよーっていうことを少しずつお知らせしていったり、</u>もうその方に合わ

せてなんですけど。（－ No.15 －）

　このように、実践家は、親が障害を受け入れられる状態かどうかを慎重に判断したうえで、障害の可能性を伝えたり、病院に関する情報を提供している。ただし、教育現場と異なり、医療機関へ来る親の多くはすでに障害に関する知識をもっている人が多いようであった。筆者が「医者が［診断を］伝えるとき、親の反応はどんな感じですか」とたずねると、次のように答えている。

　　やっぱりある程度、インターネットとか、本を読んで思いあたる節があると思って受診されてる方が多いので、「あ、やっぱりですか」っていわれる方が半分以上ですね。（－ No.15 －）

　病院に来る患者はある程度、覚悟して来ている人が多い。以下は、筆者が「診断上、問題のない人が病院に来ることもあるんでしょうか」と質問したときの答えである。

　　親御さんがいっぱい情報を知ってます。インターネットも駆使してますから、うちの子に当てはまるとかっていうことで連れてくるっていう場合もありますし……でもやっぱり発達障害っていうの、人ですね、圧倒的に多いですね。……軽重はあってもね。でもやっぱり、ある程度病院来るっていうのはけっこう敷居が高いと思うんですよ。相談所じゃないですので。相談するところじゃないので、だからそれなりに覚悟して来るっていうような感じですよね。っていうかもう、せっぱつまってくるというか。（－ No.13 －）

　以上のように、療育施設における告知は慎重に行われる傾向にあったが、患者やその親による反発は少なかった。病院へ行くという行為は、ある程度、障害の可能性を予想して来ていることを意味しており、病院内における告知は、教育現場ほど患者やその親にショックを与えるものではなかった。

## 6) 組織・親との距離

　発達障害者支援法では、関連機関の連携が重視されているが、①で述べたように、組織間で概念の認識の違いが生じており、組織間の連携は容易ではないことが推測できた。では、概念の不確実性を前提に、関連機関はどのように連携を進めようとしているのだろうか。実践家は、組織間の連携については重要なことだと認識していた。

> ［連携については］<u>教育、福祉、医療、司法ですね。労働、全部必要ですね。</u>……障害児問題っていうのは基本的には教育と医療が連携しないとだめですよね。それからもう一つは、司法ですよね。ADHDなどで中学生、高校生になっていろいろ起こしますから、やっぱりきちっと警察だとか家庭裁判所なんかと連携して、障害、説明しないとだめですよね。じゃないと親の育て方が悪い、社会が悪いってなりますから……医療だけじゃ駄目ですよね。<u>教育、医療、福祉、それから警察だとか、労働がネットワークしないと、家族を支えらんないですね。</u>（－No.10－）

　しかし、現状は関連機関との連携システムが整っておらず、関係者が集まったり、療育施設の実践家が別の現場へ行って児童の様子をみたり、助言することは難しい。実践家は、支援が療育施設内でとまってしまっていることや療育施設での助言が別の現場では負担になっているのではないかと心配するなど、もどかしさを感じていた。筆者が「関連機関の連携について、何か難しいこととか、困難なこととか、あるいは葛藤を感じることっていうのはないですか？」と質問すると、実践家は次のように語った。

> よく支援会議なんかありますけれども、<u>そこに一人の子のためにこう関係者が集まるっていうのはとっても難しいことだろうなあと思います。</u>それが理想だろうと、支援会議作れたらいいだろうっていうふうに、理想では思いますけれども。現実的に、物理的に私は難しいかなあと思います。ただ、難しいから全部だめというわけではなく、他の方法で連携

とれる方法を考えなきゃという発想で動くしかないと思っていますので。（－ No.17 －）

医療の現場で、その現場［学校など］に行って何か支援することができないと。その現場をみれないっていうことがあるんですね。向こうから来てもらうのは、見学もどんどん、こちらのスタイルもお伝えすることができるんですけど、やっぱりこれが一方的になってしまうんですね。……療育で今、とまってしまっていて、システム的に外に出て行くのがないので、そこの難しさが。私たちがいっているのはすごく理想で、すごく現場にとっては逆に負荷がかかるようなことをいっていないかという。（－ No.12 －）

上述の保育士の語りに続いて、筆者が「具体的に学校などの現場をみられないと、療育においてどんな困難さがあるのか」について質問すると次のように語った。

たとえばこういうふうに構造化をしたらどうですかっていうときにも、みえないので、私たちは。それが本当にあっているのかとか、全体のお子さんの動きを邪魔しないのかとか、そういうことが、全体をやっぱりみないと、っていうところが、どうしてもしきれないというところが、はい。（－ No.12 －）

実践家は関連機関の連携は重要で、連携の仕組みが整えば、より効果的な支援が可能になると考えている。しかし、同時に実践家のなかには、連携について不安や葛藤を感じている者がおり、彼らは別の関連機関が行っている診断、療育の実践に対しては、一定の距離をおかざるをえない状況にあった。ある言語聴覚士は小学校の教員に病院で行っている療育方法を積極的に勧めることはないと語っている。筆者が「たとえば学校教育のなかで、そういった技法［療育方法］を援用することは可能だと思いますか」と質問すると、

言語聴覚士は「時間がないでしょうね、人手と」（－No.16－）と答えたうえで、次のように語った。

> こちらの方から学校でぜひこれをやってくださいっていうふうにはとてもいえないですよね。うーん、学校の先生たちの忙しさとか。……かえって反発されるので、そこは［最新の療育方法について］聞かれればお答えはするというスタンスです。（－No.16－）

発達障害児への支援は、小学校では病院で行っている技法のほとんどが浸透しておらず、どちらかといえば、これまで行ってきた教授法・指導法的なものが主流である（第3章参照）。他方、病院での療育方法は、最新の療育方法やプログラムの開発・導入によって、より専門性の高いものを使用しようとしており、病院における療育の意義を確保している。しかしながら、実践家はそれらの技法を忙しい小学校の教員に求めるのは難しいことだと語り、小学校での支援に対して積極的に干渉しようとしていない。言語聴覚士は教師に助言をすることもできるが、かえって反発されてしまう可能性があると理解しており、教師と一定の距離をとっている。これは、関連機関の関係性を悪化させない効果をもっている。

こうした距離感は、関連機関の間でみられるだけでなく、病院側と障害をもつ児童の親との関係性においてもみられた。W病院では、療育期間をあらかじめ設定しており、一定の療育が行われた患者とは距離をとるようにしていた。療育施設側から療育を打ち切るのである。W病院の個別指導は10回を目安にして行っており、それ以上、継続することはほとんどなかった。以下は、筆者が「療育はどれぐらいの期間、何回ぐらい行うのでしょうか」と質問したときの回答である。

> 一応区切りとしては……10回。個別の指導はですね。個別の指導は10回で一区切りで、あと検討してっていうかたちを取ってる。（－No.15－）

また、V病院では療育の期間が決まっていたわけではなかったが、幼児の場合で2、3年、児童の場合で1年ぐらいが多いようであった。

> お家のなかでそういうことを気をつけてやってくださいって。だって終わりがないですもん。あとはお子さん自身が自覚していくというか……いつまでもこちらが手を出していればいいというわけでもないし。(－No.13－)

このように、発達障害の療育は療育施設で大人になるまで継続的に行われるというよりは、一定の期間を終えると終了していた。それゆえ、発達障害者の療育は当事者やその親に、「継続した支援を受けることができない」という不安を抱かせる可能性がある。前章で明らかになった親の病院めぐりは、療育が継続されないことに対する親の不安に原因があるかもしれない。実際、療育施設でも親の病院めぐりについての語りがみられた。以下は、上述した療育期間についての語りのなかで語られたものである。

> ほんとに弊害でもあるんですよね。いろんなサービスが受けられるんで、あっちもこっちも［病院に］行ってる親御さんがいるわけ。で自分は何にも［しない］(笑)。もっとおうちで、じっくり関わったほうがいいと思うんだけれど、あっちこっち連れて歩いてる。(－No.13－)

療育期間に対する不安は、当事者やその親に直接インタビューしていないため憶測でしかないが、今後明らかにしていく必要があるだろう。

## 4　小括

本章では、療育施設の実践家の語りに依拠して、医療実践にどのような問題がみられるのかを検討した。その結果、1）障害の概念をめぐる混乱、2）障害の捉え方、3）診断の難しさ、4）療育の多様性、5）告知の仕方、6）組織・

親との距離において医療実践上の問題や困難性が生じていた。では、これらの諸問題において、医療実践にみられる不確実性はどのようなものとして把握できるだろうか。以下に、不確実性の3つの形態（医学上の不確実性、機能上の不確実性、実存的不安としての不確実性）(Gabe et al. 2004) に基づいて検討する。

まず、1) 障害の概念をめぐる混乱であるが、学校と療育施設で用いられる障害の定義が異なったことで、混乱が生じていた。この障害の概念の曖昧さは、医学上の不確実性である。領域間にみられる定義の相違によって、児童の親は医療と教育の双方から異なったことを伝えられ、しばしば混乱していた。障害の概念の曖昧さは、児童の親に医療実践における不確かな状況を経験させ、不安を抱かせやすくしていた（実存的不安としての不確実性）。

障害の概念が明確ではないため（医学上の不確実性）、医療実践はしばしば不確かなものにならざるをえなかった。2) 障害の捉え方では、実践家の間で発達障害の範囲や程度について共通した認識をもつことが困難であることが明らかになった。実践家は、発達障害に分類される諸障害の範囲や程度については、感覚的、あるいは、経験的に把握せざるをえず、発達障害を捉えづらい障害と認識していた。こうした発達障害の捉えづらさは、診断過程でも明らかになった。療育施設では、診断を確定できないケースがみられたり、異なった診断を付与されている患者が来院することがあった（3）診断の難しさ）。しかしながら、実践家はそうした事態を起こりうる出来事として把握する傾向にあり、教育現場の教員のように療育施設の実践家がそうした状況に対して疑問視したり、葛藤を抱えることは少なかった。このように、療育施設の実践家は、医療実践にみられる曖昧さや不確かさに慣れていた。

療育では、療育方法の多様性が問題になった（4）療育の多様性）。発達障害の療育は、標準化されていないため、流行に左右されやすく、病院によって異なった手法が用いられていた。療育に関わる実践家は、療育の多様性に対応するために、さまざまな手法を常に習得しようと努めることで、専門性を維持しようとしていた。また、療育に携わる実践家は言語聴覚士、保育士、作業療法士、臨床心理士など多様で、どの実践家が配置されるかは病院によって異なり、彼らの役割も明確ではなかった（機能上の不確実性）。

5) 告知の仕方や 6) 組織・親との距離は、医療実践の不確実性というよりも、親の不安や葛藤（実存的不安としての不確実性）や関連機関の軋轢を避けるための手段として用いられているものであり、医療従事者の戦略として位置づけることができる。

　発達障害者支援法にあるように、発達障害児者の支援には関連機関の連携が重視されているが、連携は必ずしも円滑に進むわけではない（文部科学省 2002, 2003）。連携が重視される一方で、どのような連携を理想とするのか、なぜ連携がスムーズに行われないのかについてはあまり議論されてこなかった。本章では、連携が進まない背景に、医療実践における不確実性の問題があることを指摘した。しかし、一方で、実践家は医療実践に生じる曖昧で不確かな状態を、起こりうる出来事として解釈したり、親との関係性や組織間の軋轢を避けるために、告知の仕方を工夫したり、一定の距離を保つように努めていた。つまり、一見、組織間の関係性が良好にみえたとしても、それは実践家が組織間の関係性を悪くしないための戦略を実施してきたからである。実践家によって管理された組織間の連携が本当に理想的といえるのか議論を深めていく必要がある。こうして、発達障害者支援における曖昧で不確かな医療実践は、組織間の連携を難しくさせる要素ではあったが、実践家によって管理されるものでもあった。

　連携という言葉は、障害児者を支援するための理想的な言葉として掲げられる。しかし、組織間の連携の背後には医療実践における不確実性が存在しており、連携を阻む要因として機能する一方で、それらは実践家によってうまく管理・運用され、見過ごされる傾向にあった。

&lt;注&gt;
1　「音声障害、構音障害、吃音、聴覚障害や脳性麻痺にともなう言語障害、言語発達遅滞、失語症など言語に障害のある人や聴覚に障害のある人にたいして、言語機能の改善や対人的適応をもたらすことを目標とした言語訓練をおこなう」（茂木他編　2010, pp.227-228）。国家資格。
2　日本発達心理学会、日本感情心理学会、日本教育心理学会、日本コミュニケーション障害学会の連合資格。発達心理学をベースに、発達的観点から支援を行う。

3 「発達障害者支援センター運営事業実施要綱」によれば、発達障害者支援センターには、専任3名の職員を配置することになっている。職種は社会福祉士であるが、臨床心理士、言語聴覚士、精神保健福祉士、医師などを配置している。
4 発達障害者支援センターの職員によれば、来院数の増加により、受診が困難な状態にある。「幼児期であっても2ヶ月待ちだとかそのぐらい先で、それはまだ早いほうで、小学校入るともう半年待ちとかいうのは当たり前なので、[この地域は]比較的まだみていただける先生も多いと思うんですけど。……市外に一歩出たらもっと大変だと思うんだけど、それでも半年待ちだとかっていうことにもなっちゃってるので」(－No.19－)。
5 心理学の学習理論に基づいて行われる心理療法の総称である。学習による行動変容が主な目的である(茂木他編 2010)。
6 アメリカの作業療法士エアーズによって1960年代に提唱された治療法である。最初は学習障害児を対象に用いられたが、現在では言葉の遅れや自閉傾向などの問題をもつ子どもに幅広く適応が試みられている(茂木他編 2010)。
7 学習障害の診断は、DSM-IVには記載されているが、ICD-10には掲載されていない。ICD-10では、会話および言語の特異的発達障害、学力〔学習能力〕の特異的発達障害、運動機能の特異的発達障害などが学習障害の概念と類似している。
8 「言葉によって自己を十分に表現できないクライエント(主として子ども)を対象に、遊びをおもな表現手段や交流手段とする心理療法である」(茂木他編 2010, p.872)。

# 第5章　非行と障害の関連性についての語られ方

## 1　本章の目的

　本章では、非行の問題が医療的に語られつつあることに注目し、専門家や実践家（家庭裁判所調査官[1]、法務技官[2]、法務教官[3]）の文書資料に依拠して、非行の医療的な解釈の特徴とその問題点について論じる。また、本章までは小学生を対象に分析してきたが、本章以降では、非行というテーマの特徴上、中学生以上の少年を分析対象に含めて分析する。

　非行の語られ方は、以前から社会学で研究されてきたテーマの一つであるが、それらは時代ごとに変遷している（本章2節参照）。1990年代以降、非行の語られ方は、問題を「こころ」や障害といった個々人にみいだす傾向にある（牧野　2006）。とりわけ、1990年代後半から、非行の問題は「行為障害」、「アスペルガー症候群」、「ADHD」、「広汎性発達障害」、などの診断で説明・解釈されるようになっている[4]。こうした診断は、非行、さらには成人の犯罪の原因として取りあげられるようになっている（福島　2005）。実践レベルでは、宇治少年院をはじめとする多くの矯正施設が医療的な視点に配慮した処遇や教育を再体系化し、組織力を向上させている（向井　2003a, 2004, 品川　2005）。こうして1990年代以降、非行問題の解釈や矯正教育の実践に医療化なるものをみいだすことができる。

　しかし、序章で述べたように、非行の問題が医療的に解釈される場合、加害少年の責任は、事件によって発達障害が考慮され、免除・軽減される場合もあるが、そうでない場合もあり、責任の所在が曖昧であった。同時に、加害少年の周辺者（親や教師）への責任も免除されていない。非行の責任を加

害少年の親に求める風潮は依然として根強く、事件後にマスメディアをとおして加害少年の親が謝罪するケースがみられる[5]。医療モデルは、厳しい刑罰を軽減するための武器として用いられてきたが（Conrad & Schneider 訳書, 2003, p.513）、発達障害の場合は必ずしもあてはまらない。このように、日本における非行問題は、医療化が進む一方で、コンラッドとシュナイダーが示した医療化理論（Conrad & Schneider 訳書 2003）とは異なった帰結がみられ、医療と非医療的な解釈や実践がアンビバレントな状態で存在している。

そこで本章では、専門家や実践家らの論文に依拠して、非行の医療的な説明・解釈がどのように語られているのかを整理する。具体的には、専門家や実践家が非行と障害の関係性をどのように説明しているのか、非行が医療的に解釈された後、これまでなされてきた非医療的な解釈はどのようなかたちで論じられるのかについてである。こうした医学的知識のダイナミズムを捉えようとする作業は、これまでの医療化論に欠けていた視点である（碇 2005）。次節では、非行問題が社会学的にどのように論じられてきたのかを概観し、研究方法を提示する。3節では、専門家と実践家の研究に依拠して、非行と障害の関係性がどのように語られているのかについてまとめ、医療化との関わりを考察する（4節）。

## 2　先行研究の課題と研究方法

非行問題の語られ方は、社会学でよく扱われてきたテーマの一つであるが、語られ方を時系列に分析すると、そこに一定の傾向をみいだすことができる。牧野は、新聞記事の分析に基づいて、少年犯罪の問題の所在が1960年代には社会にあり、1970年代には家庭や学校にあり、1990年代には少年の不安定な「心」にあると語られていく変遷を明らかにしている（牧野　2006）。また、構築主義アプローチによる研究では、マスメディアが事実とは異なったかたちで少年犯罪の低年齢化や凶悪化について報道し、人々の不安を煽っていることを歴史的な資料や統計データに基づいて明らかにしている（鮎川 2001, 北澤編　2007）。

1990年代以降、非行の原因は個々人の内面の「障害」にあるとみなされる傾向にあり、ここに医療化なるものをみいだすことができる。しかし、序章でも述べたように、非行の問題はコンラッドとシュナイダーが示した医療化理論の特徴とは異なる傾向を示す。たとえば、医療化の帰結の一つに責任の転嫁がある。ある行為を医療の問題とみなすことで、その行動をとった人や周辺者の責任は軽減・免除されるのである。確かに、非行の原因は心や障害にあると医療的に解釈されつつあるが、少年本人や周辺者（親や教師など）の責任は、軽減・免除されておらず、むしろ彼らへの非難は強まっている（牧野　2006）。また、日本の非行問題の場合、医療化の対抗クレイムは厳罰化ではなく、教育的配慮の必要性であり、医療化と厳罰化が並行して進んでいる（赤羽　2007）。このように、非行は医療的に解釈されつつあるが、その解釈は支配的ではなく、従来どおりの言説（親や教師に責任を求め、教育的配慮を重視する傾向）が重視されていることが明らかになっている。少年非行の問題では、医療化が進んでも、医療と非医療が並列して存在する。

　そこで、本章では非行問題において、医療と非医療的な説明が専門家や実践家によって、どのように語られているのかを分析する。そのために、専門家や実践家が非行と障害の関連性を検討している書籍と論文を分析対象にすることにした。論文は国立国会図書館 NDL-OPAC で「非行」、「矯正」、「発達障害」、「ADHD」、「LD」、「アスペルガー症候群」、「行為障害」のキーワードで検索し、非行とこれらの障害の関連性が指摘されている邦文の論文を収集した（**表5-1** 参照）。論文は1997年からみられ、主に心理学、精神医学の専門家や実践家によって蓄積されている。雑誌は『小児科臨床』、『臨床精神医学』、『臨床心理学』、『犯罪心理学研究』、『刑政』、『矯正医学』に掲載されている論文が比較的多い。

**表5-1　年代別にみた論文数**（2008年12月時点）

| 年 | 1997 | 1998 | 1999 | 2000 | 2001 | 2002 | 2003 | 2004 | 2005 | 2006 | 2007 | 2008 | 合計 |
|---|---|---|---|---|---|---|---|---|---|---|---|---|---|
| 本数 | 1 | 2 | 0 | 9 | 11 | 9 | 4 | 12 | 19 | 25 | 20 | 7 | 119 |

## 3 非行と障害の語られ方

### 1) 非行と障害の関係性

2000年以降、日本の専門家（精神科医、児童精神科医、小児科医、心理学者）や実践家は、少年非行と障害の関連性を欧米の研究を参照しながら検証し始めている。中根によれば、欧米では診断が成立する以前から、非行少年や問題児に脳波異常が多いと言われてきた。そして、1980年代になると児童精神医学の領域でADHDの追跡調査が始まり、障害のある少年は非行や犯罪に結びつきやすい傾向が指摘された（中根　2002）。こうした欧米の知見に基づき、日本でも専門家と実践家が共同で、量的調査を始めている。岡田他は少年鑑別所へ入所した305名を対象にADHDと行為障害の可能性を「自己チェック票」から推定し、行為障害の場合、男子35.2％、女子58.3％、ADHDの場合、23.0％の割合で「障害の可能性がある」と指摘している（岡田他　2006）。また、少年院在院者に自己申告型のチェックテストを行った調査ではLD63.7％、ADHD78.4％の割合で在院少年に障害の疑いがあると報告されている（松浦　2007）。その他にも、東京家庭裁判所における疫学調査で862事例のうち広汎性発達障害が疑われたり、診断された事例は24例（2.8％）、ADHDが49例（5.7％）となっている（藤川　2008）。いずれも、高い数値で障害の可能性が示唆されている。しかし、注意しなければならないのは、これらの診断結果は医師による診断ではなく、チェックテストから推察した「障害の疑いあり」の割合である。こうしたデータは、調査者の意図とは異なったかたちで伝達・解釈される可能性が高く、公表する際にはもっと慎重になる必要がある。人々にとってスクリーニングによる結果が意味することと、医師が診断した結果が意味することの違いは、それほど明確ではないからである。したがって、これらの数値は、非行と障害の関係性を証明しうるものではないが、非行と障害の関連性を結びつける根拠として提示されている。

また、実践家や専門家は相互に関わりあいながら、事例研究を行っている。たとえば、法務技官の車谷は、アスペルガー症候群や広汎性発達障害の少年非行（18名）に、放火や強制わいせつ罪が多いことを指摘している（車谷

2006)。精神科医の十一は、アスペルガー症候群の少年が起こした性非行の事例に基づいて、①少年が性非行の内容を躊躇することなく供述すること、②性的関心が局限していること、③性非行の対象に対する選択性が乏しいこと、④性非行を除けば、全般的には性的関心が乏しいと感じられることを特徴として挙げ、それらは障害の特性にある自己意識の欠如に起因すると述べている（十一 2002）。そして、既存の処遇方法（反省文を書かせたり、内省や内観を迫る）がかえって少年（アスペルガー症候群）を混乱させており、一般的に常識と考えられることについて丁寧に教え込み、アスペルガー症候群の特性（暗黙に了解するとか察して学ぶということができにくい）をふまえ、系統立てて教育しなければならない（藤川他 2002）。

その他にも、非行少年がADHDの場合、精神科医の齊藤や原田はADHDが年齢にともなって反抗挑発性障害、行為障害、反社会的人格障害へと変化していくことをDBD (disruptive behavior disorder：破壊性行動障害) マーチ[6]と呼び、障害がより複雑なものになる前に、早期に治療できるような環境を整えていくことが大切だと強調している（齊藤 2000, 原田 2002）。少年がADHDの場合には、処方の一つが薬物療法であるため、少年が詐病を申告し、薬物乱用・依存に陥る事例が報告され、危険視されている（吉永 2008）。

以上のように、専門家や実践家は、非行を障害との関連で説明し始めている。一方で、専門家や実践家は、非行と障害の関係性を安易に結びつけることに対しては、批判的である。浜田は、長崎県佐世保小6女児同級生殺害事件を取りあげ、非行と発達障害を結びつけてしまうことについて、以下のように批判している。

> いかにも理解を超えているように見えるこの事件の陰惨さを、結局は、後づけ的に「発達障害」の名によって埋めようとしたと考える以外にない。……この「発達障害」というラベルは、まさに説明放棄のためのブラックボックスとして機能する（浜田 2007, p.843）。

この事件は、長崎県佐世保市の小学校で6年生の女児が同級生の首を刺し

て殺したものである。裁判所の決定要旨では、女児の特性は軽度で診断される程度には至らないとされながらも、広汎性発達障害や受容性表出性言語障害に似た特性があり、生来的な問題があったことを指摘している。マスコミは非行と障害の関連性についてセンセーショナルに報道する傾向にあり、「発達障害」というラベルは、上記の説明にあるように、説明放棄のためのブラックボックスになってしまいかねない。藤川も精神鑑定結果の診断だけが一人歩きしてしまっていると批判している。

> たまに精神鑑定結果（の要旨）が公にされても、「広汎性発達障害」や「アスペルガー障害（または症候群）」といった言葉だけが一人歩きしてしまい、非行動機や発生のメカニズムという本質的問題を説明するものにはなってこなかった（藤川　2008, p.69）。

このように専門家は、医療的な解釈を非行の動機や発生のメカニズムという本質的な問題を説明するものではないとみなしている。マスコミの報道に対しては、全国各地に存在する親の会が「障害者＝非行少年」と受け取れる報道に反発し、声をあげている。こうした反発をふまえ、実践家は診断の付与に敏感になっており、十分な調査をしない段階で安易に障害のレッテル貼りをしないように呼びかけている（横島　2002）。実践家は、非行少年を障害で解釈することの意義を処遇実践に生かすことにあると述べている。

> 現場第一線では、非行と軽度発達障害との関連を論じるよりも、実務的には、まず彼らの<u>ニーズに応じた処遇（treatment）を展開することが必要</u>となっている（向井　2004, p.1549）。

実践家にとって重要なことは、非行と障害の関連性を追及することではなく、診断を処遇に生かしていくことである。また、実践家は非行と障害を安易に結びつけることができない状況にあった。たとえば、彼らは非行要因が複合的であること、発達障害の医学的な根拠が曖昧であること、診断の難し

さを指摘している。家裁調査官の甲斐は、実務経験のなかで広汎性発達障害の診断の困難さを次のように指摘している。

> 家庭裁判所に係属する少年のうち PDD が疑われる者は、明らかな知能の発達の遅れがなく、障害の程度も比較的軽い場合が多いことが挙げられる。そのため、その兆候は見逃されがちであり、ほとんどは専門医師による診断を受けていない。このように未診断のまま思春期を迎えた者について、保護者の回想により十分な生育歴を得ることは、専門家である児童精神科医でも難しいと言われている（甲斐　2007, p.71）。

障害は少年の過去の生育環境や発達状況をとおして診断されるものであり、成長した段階での診断はより難しくなる。加えて、家庭裁判所調査官による生活史聴取と医療機関での問診や検診によるスクリーニングとでは違いがあり、医療現場の知見をそのままのかたちで司法の現場で利用することに対しては懐疑的であった（甲斐　2007）。

このように障害は非行の直接的な原因ではないが、間接的な要因であるとみなされ、医療、福祉、学校機関で支援されるべき対象として扱われている。向井によれば、軽度発達障害児は「①セルフコントロールの弱さ、②衝動性、多動性、攻撃性の問題、③不正直、④低学力、⑤読み書き力の弱さ、⑥しつけ不足、⑦学校不適応」（向井　2003b, p.60）のリスクや問題を抱えることが多く、非行や再犯のリスクファクターにつながる。このようなリスクをふまえて処遇や療育を行うべく、障害のある少年の非行事例を取りあげその特徴・傾向を明らかにし、彼らへの適切な処遇や矯正教育を模索している。少年院では、障害の疑いのある少年を対象に生活習慣の立て直し、学力面や運動面の指導、集団活動、対人関係能力を高めるための指導などの多様な実践を試み、自己評価や自尊心を回復させる成果をあげている（品川　2005, 山口　2006, 小栗　2006）。

非行と障害の関連性が示唆され、研究が蓄積されるようになったのは、これまであまり取り入れられてこなかった医療的な視点（特に発達面）が特異

な少年犯罪を説明する際に有用であるとみなされ始めたからである。近年、矯正の現場では、エビデンスに基づいた処遇や教育が重視されるようになっており、非行のリスクファクターとして、少年の発達段階に注目する医学的な視点に関心が集まっており、それらを調査し、早期に介入することが目指されている（藤川　2008）。

### 2）不確実性としての非医療的な解釈

専門家や実践家は、非行のリスクファクターとして発達障害を取りあげてはいるが、非行の直接的な原因ではないと慎重に論じている。非行は医療的に解釈されつつあり、医療化されつつある一方で、これまでのように非医療的に解釈され続けている。そこで、ここでは医療化前と医療化後の非医療的解釈を区別するために、医療化後の非医療的解釈を「不確実性としての非医療的な解釈」として説明する。非行の医療的な解釈は、医療化後も部分的であり、曖昧さや不確かさが残るという意味で用いる。以下に、不確実性としての非医療的な解釈がどのようなものであるのかについて検討する。

専門家や実践家は、事例研究に基づいて障害を非行のリスクファクターとして位置づけてはいるが、直接的な関係については示唆にとどまっている。審判でも同様のことが指摘されている。

> （審判の）決定はまず「発達障害が事件に直接結びついたわけではない」と前置きしたうえで、少年は幼少期から発達障害により対人関係がうまくいかず、被害感情を強めて他者への攻撃を空想しがちだったと指摘（朝日新聞　2005年8月5日朝刊）。

> 患者がアスペルガー障害であるがゆえに起こったわけではない。しかし、この障害が患者の不適応・ひきこもりに関係し、これが本件の下地をなしたことは明らかである（野村　2001, pp.60）。

> 必ずしも広汎性発達障害における性発達上の問題が逸脱行動に通じ易い

ことを意味しているのではないことに注意する必要がある（十一 2002, p.297）。

　専門家や実践家は、障害が非行の直接的な原因になっておらず、①障害ゆえの特異な行為、②障害をもっているがゆえに経験することになった二次的な側面（被害者体験）が影響して非行につながったのではないかと推測している。障害は非行の間接的な要因としてみなされているのである。障害ゆえの特異な行為については、アスペルガー症候群と診断された非行少年の事例で、特異な行為が非行の原因になったと推察されている。その行為とは、「行為が、他人に与える影響を認識できないこと」、「強迫的探究」、「社会的理解の欠如」、「他人に利用されること」、「ルール解釈における融通のきかなさ」である（藤川 2008）。児童精神科医師の田中は次のように指摘している。

　　まず障害のあることが、全体として非行・犯罪に絡むわけではないことは強調したい。軽度発達障害のある人々が、非行・犯罪を示すときは、障害が中核的原因ではなく、障害による不確実さ（うまくいかない、どうしても止められない、気をつけても何度も間違いを犯してしまう、学習の成果が努力してもあがらない、など）に強く不安を抱き、追いつめられた果てと考えることができる（田中 2006b, p.177）。

　また、二次的な側面については、以下のように説明されている。

　　本人の資質のみが原因で非行が起きたとは考えにくく、二次的に起きた被害体験、いじめられ体験が攻撃的な行動の素地を作った可能性が高いが、家庭内で教育や躾けが適切に行われていたらこのような非行はなかったかも知れない（藤川他 2002, p.43）。

　軽度発達障害が直接非行に結び付くわけではない。周囲の無理解や否定的な評価等様々な環境要因によって二次障害が高じ、非行に発展するこ

とが多いわけであるから、この過程をしっかりと把握することに努めている（細井　2004, p.116）。

ADHDの事例を扱った研究では、ほとんどのADHD児は非行を起こさないが、家族内の葛藤や凝集性の低さなどの問題を抱えると非行に至りやすくなると指摘している。

> ADHDに行為障害が合併しやすいのは、基本症状としての衝動性や抑制困難性に<u>自尊心低下</u>が加わることのほか、<u>環境要因が大きいこと</u>が窺われる。……<u>行為障害を合併したADHD児では、家族との愛着形成がうまくいっていないケースが多いように感じている</u>（宮本　2000, p.259）。

> <u>ADHDと不利な養育環境が重なれば、行為障害に至るリスクが相対的に高まる可能性はあるといえよう</u>（野村他　2001, p.34）。

> 注意欠陥多動性障害という生物的な負因に<u>虐待環境が掛け算になったときに、非常に高い割合で非行に至る</u>ことは疑いない（杉山　2002, p.214）。

以上のように、二次的な側面とは「周囲の理解不足」、「過度な叱責」、「体罰」、「虐待」、「対人不信」、「自尊感情の低さ」、「いじめ」、「不登校」、「ひきこもり」、「孤立」などである。専門家は、非行少年がこれらの二次的な側面によって過度なストレス、混乱、心の問題を抱えてしまい非行に至ったのではないかと説明している。藤川らが「家庭内で教育や躾が適切に行われていたら」（藤川他　2002, p.43）と述べているように、実践家は二次的な側面が家庭内で適切に対応されていなかったことを問題視している。同様に、杉山はADHDと学習障害のある少年の非行事例で「学校教育の中で、なぜこのような問題行動が派手に始まる前に患児の学習の問題を補うことができなかったのであろうか」（杉山　2002, p.214）と学校側の対応を批判している。こうして専門家や実践家は、非行の原因を障害にみいだしておらず、障害に対して適切に

対応してこなかった家庭や学校にあるとみなしている。

### 3）障害の原因

　ここまで、専門家や実践家が非行と障害の関連性をどのように解釈しているのかを明らかにしてきた。彼らは、障害を非行のリスクファクターとして問題視しているが、それは非行の直接的な原因ではないとした。そして、非行の原因は、障害そのものというよりも、障害をもっているがゆえの特異な行為や二次的な側面（被害体験）によるところが大きいとされている。これらは家庭や学校で早期に気づき、対応すべき問題であるとみなされており、以前のように家庭や学校の責任が問われている。また、専門家や実践家は、医療的な解釈を非行少年の処遇や矯正教育に生かすことこそが重要であると考えていた。

　専門家や実践家は非行と障害の因果関係を論じるだけでなく、「障害に至った原因はどこにあったのか」についても述べている。こうした議論は発達障害の概念の捉えづらさ、曖昧さを表すものである。発達障害は脳の機能障害であるとされており、環境要因（家庭のしつけ、学校での指導など）によって生じるものではないとされている。しかしながら、専門家や実践家の議論を整理すると、障害と環境要因の関係性は切り離されていない。

　専門家や実践家の議論に基づくと、障害に至った原因や背景は3つに分類できる。①医学的要因（器質、遺伝）、②環境要因（家庭環境）、③情緒的要因である。以下に、それぞれについてまとめる。

### ①医学的要因

　多くの研究は発達障害の原因を中枢神経系の何らかの要因による機能不全にあることを前提にしている。発達障害は、脳の何らかの器質的な問題によって生じるが、その要因は特定されておらず、曖昧なままである。こうした前提は、文部科学省や厚生労働省の諸障害の定義にも同様に記されている。

　なかでも、医学的な要因を強調している議論として、少々極端ではあるが福島の研究がある。福島は重大殺人者の脳には微細な異常があると主張し、「殺人者精神病」の病名を提唱するなど生物学的な要因を重視している。さ

らに、「なぜ器質的な欠損が生じたのか」については、その原因を環境ホルモンや合成黄体ホルモンにみいだしている（福島　2000, 2005）[7]。しかしながら、いずれも科学的な根拠は明確に示されていない（斎藤　2003）。

②環境要因

　専門家は発達障害になった原因を、中枢神経の何らかの機能障害という医学的要因だけではなく、発達障害児の育った環境にもあるとみなしている。発達障害は環境要因によって発症するものではないという前提の下に、親やその周辺的な人々の責任は免除されてきた[8]。しかしながら、専門家は、障害の原因として環境要因が切り離せないことを指摘している。発達障害は脳機能の問題だけでなく、家族負因や環境要因（不適切な養育）によっても引き起こされうる（槇野・野村　2005）。ADHDの病因については、遺伝的素因と環境要因の相互作用によって生じる（宮本　2000）。齊藤によれば「多動、不注意、衝動性という特徴的な状態像を伴う障害は必ずしも生物学的な要因からだけ出現するわけではない」（齊藤　2000, p. 246）。このように、発達障害は医学的な要因（脳のなんらかの機能障害）だけでなく、環境要因（劣悪な環境）によって形成されることが主張されている。

③情緒的要因

　専門家の議論によれば、非行少年はしばしば劣悪な生育環境によって不安やトラウマを抱え、感情の自己調整能力の発達を阻害される。

> <u>愛着ートラウマ問題は子どもの感情の自己調節能力の発達を阻害することとなる</u>……刺激弁別能の低下からくる注意の問題、不安からくる落ち着きのなさ、自己調節能力の低下からくる衝動性の高さや易興奮性がADHDの診断基準と同じ行動特徴となる（奥山　2000, p.282）。

> 注意を要するのは、<u>強い情緒的な体験はそれ自体が器質的な影響を起こしうる</u>ということである（杉山　2002, p.214）。

発達障害児の行為は不適応であったり、逸脱しているため、虐待やいじめなどの被害を受けやすい。発達障害のある児童とない児童における虐待遭遇率は、発達障害のある児童で割合が高いことが報告されている（細川・本間 2002）。発達障害児はこうした被害体験によって、情緒に問題を抱え、不適応や逸脱的な行動をとりやすくなる。杉山は発達障害の症状が被虐待児に多くみられるため、被虐待児を発達障害症候群として捉えるべきではないかと主張している。被害体験やそれによる情緒の問題は、児童の脳にまで影響を与えるからである（杉山 2007）。

以上のように、学問や制度上、発達障害の原因は、脳の何らかの機能障害という医学的要因が強調され、本人や親の責任ではないことが強調されているが、専門家は発達障害の原因として非医療的な要因（環境要因、情緒的要因）を多数取りあげている。それゆえ、親や教員の責任は完全に免除されていない。発達障害の原因は、医療的要因と非医療的要因によって説明されており、非行の医療的な解釈に非医療的な解釈が介在しやすくなっている。

### 4）障害の概念と非行

ここでは、非行と障害概念の構成要素に焦点をあてる。非行の場合、非行という行為自体は障害としてカテゴライズされていない。ただし、発達障害に分類される行為障害においては、非行そのものが障害としてカテゴライズされている。行為障害の症状は、脅迫、喧嘩、身体的暴力、盗み、放火、侵入などであり、それらは非行そのものである（第1章3節表1-3参照）。行為障害の下位分類にあたる家庭限局性行為障害、個人行動型（非社会化型）行為障害、集団行動型（社会化型）行為障害、反抗挑戦性障害、他の行為障害、行為障害・特定不能のものについても同様に、非行そのものが障害として概念化されている。そのため、専門家や実践家は行為障害をしばしば非行と同じ意味で用いている[9]。

行為障害は、他人の基本的権利や年齢相当の社会的ルールや常識を侵犯

するような行為を持続的に行うものをいう。具体的には、万引き・窃盗・傷害など、いわゆる非行のことと理解してよい（宮本　2000, pp.258-259）。

　行為障害に限っていえば、行為障害の診断は非行の原因を説明できる概念とはいえない。専門家の間でも行為障害の概念は十分に確立されていないと指摘されている。たとえば、行為障害がDSMに採択されたのは第III版（1980年）からであるが、その後も精神医学のなかで十分に確立された疾患単位とはなっていない（岡田他　2006）。これらの指摘をふまえると、ADHDの少年が年齢とともに、反抗挑戦性障害、行為障害、反社会的人格障害へと変化すると説明するDBDマーチ（齊藤　2000, 原田　2002）はあまり意味がない。DBDマーチは、単に、ADHDであった少年が非行を犯すようになったことを診断で説明しようとしているにすぎない。少年を鑑別する法務技官にとっても行為障害は未熟な診断概念として捉えられている。精神科医であり法務技官の吉永は次のように述べている。

　　「行為障害」という診断名だけ言われても現場の感覚として「だから？」と思ってしまう。つまり、「行為障害」には、多様性を持った異質の少年が多数当てはまってしまうので、イメージも方針も定まらず鑑別が完了しないのである（吉永　2001, p.56）。

　行為障害は専門家や実践家の間でしばしば批判される概念である。しかし、行為障害が報道される時、人々は行為障害が非行とほとんど変わらない意味で用いられているという事実を知らない。非行を行為障害というカテゴリーを用いて説明することで、人々は少年が行為障害という障害であったからこそ、非行に走ってしまったと受けとめてしまう。このように、行為障害は非行そのものが障害としてカテゴライズされている代表例である。非行自体が障害としてみなされているのであり、非行の原因を行為障害で説明したところで何の意味もない。こうした事態に対して、専門家は行為障害という言葉が乱用されてしまう可能性を危惧している（齊藤　2000, 斎藤　2003）。

また、発達障害は子どもの不適応や逸脱を障害として概念化させたものである。子どもの不適応や逸脱は、これまでしつけの問題や教育方法などの環境要因によって説明・解釈されてきた。こうした行為が障害とみなされるようになった時、障害の概念構成は環境要因を含んだものになりやすい。発達障害は、脳に何らかの問題があるから生じるのであり、環境要因によるものではないとし、親や教師の責任ではないとしたものの、障害の二次的な側面（被害者体験、周囲の理解不足など）が非行の原因につながったことを強調すれば、結局、親や教師の責任は免除されない。専門家や実践家の議論では、結局、発達障害の直接的な原因は環境要因にないとされながらも、それらの影響は避けられないと説明されている。前節で述べたように、発達障害の原因は医学的な要因だけでなく、非医療的な要因（環境要因や情緒的要因）も含まれている。虐待された子ども、劣悪な環境で育った子どもが発達障害の症状と同様の症状を示すのは、専門家の間でよく語られている（第4章3節、第6章参照）。こうして、非行は医療的に解釈されているが、障害の原因の不確実性によって非医療的な解釈をともないやすくなっている。

## 4　小括

　本章では、少年非行の問題が医療的なカテゴリーによって説明されつつあることを指摘し、専門家と実践家の文書資料に依拠して非行の医療的な解釈がどのような特徴をもっているのかを明らかにした。

　第一に、非行は1990年代後半から診断で解釈され始めている。しかしながら、非行が医療的に解釈された後も、不確実性としての非医療的な解釈が継続してみられた。専門家や実践家は、障害を非行のリスクファクターとしてみなしているが、非行と障害の因果関係を特定することは難しく、障害は非行の直接的な原因ではないと説明した。非行は障害の二次的要因、つまり、障害ゆえの特異な行為や被害者経験、周囲の無理解などによって生じるとみなされていた。それゆえ、親や教員の責任は免除されないままであった。専門家と実践家は、医療的な解釈の意義を処遇や矯正教育に生かすことにみい

だしていた。

　第二に、専門家や実践家は発達障害に至った原因についても論じていた。発達障害に至った原因は、医学的要因だけでなく、環境要因、情緒的要因があげられ、環境要因、情緒的要因については非医療的に説明されていた。

　第三に、非行が医療的な解釈のみで語られることはなかった。なぜなら、発達障害は医学的要因のみでなく、環境要因や情緒的要因による不適応や逸脱が医療的に概念化されたものだからである。発達障害の原因の不確かさは、非行の解釈を多様にする一因となっていた。また、発達障害に分類される行為障害は、非行と同義で用いられる傾向にあり、非行の原因を行為障害とみなすことの危険性が明らかになった。

　以上のように、非行の医療的な解釈は学校や療育施設の現場に比べると非常に慎重になされている。非行の原因として発達障害を強調すれば当事者やその周辺者（親など）は免責・軽減されるかもしれないが、発達障害の子ども一般に付与されるスティグマを強化してしまう可能性があるからであろう。実際、親の会は非行と障害を安易に結びつけることに対して反発しており、また実践家もそうした反発をふまえて障害と非行との関係性を論じる傾向にあった。

〈注〉
1　家庭裁判所に置かれ、家事事件の審判・調停および少年保護事件の審判に必要な調査を行う職種（星野他編　1995）。
2　法務技官には、刑務所、少年刑務所及び拘置所で勤務する者と少年鑑別所で勤務する者がいるが、第6章では主に後者を対象にしている。被収容者の資質鑑別に従事している（鴨下他編　2006）。
3　法務教官には、刑務所、少年刑務所及び拘置所に勤務する者と少年院、少年鑑別所又は婦人補導院に勤務する者がいるが、第6章では主に後者を対象にしている。「少年院において収容少年の教科の教育若しくは職業の補導に従事し、婦人補導院において職業の補導に従事し、又は少年鑑別所において収容少年の観護処遇に従事する」（鴨下他編　2006, p.317）。
4　加害少年に診断が付与された事件は、序章表1を参照。
5　長崎で起きた4歳男児殺害事件後のモニター調査では「子どもを犯罪に走らせない責任は……『親』がトップ」（朝日新聞　2003年8月9日朝刊）であった。大

分県一家6人殺傷事件では、加害者側の両親が町長と町民あてに謝罪文を送っており、親の責任を重視する風潮がこれまでと変わらず存在している。ただし、加害少年が通院している場合には、医療的機関（精神病院）や医師の責任が問われるなど、新たな人々への責任追及がされ始めている。

6 原田は「小児科分野における"アレルギーマーチ"＝アレルギー体質をもつ者が、乳幼児期はアトピー性皮膚炎、学童期には気管支喘息、思春期以降はアレルギー性鼻炎とその症状を変えていくことに倣って」（原田 2002, p.167）提唱している。

7 精神科医の福島は、非行のみならず学級崩壊、不登校、校内暴力などの原因が環境ホルモンや情報環境の影響による人の脳の形成異常にあると述べている（福島 2000）。

8 小学校の事例では、児童に発達障害の診断が付与されると、親や教員の責任が免除されている（第3章参照）。

9 吉永によれば、行為障害と非行は類似しているが、厳密には一致していない。たとえば、行為障害と診断するには、症状が持続的である必要があるが、「いきなり型」の非行の場合は行為障害に合致しない。また、非行には有機溶剤や覚せい剤などの薬物乱用も含まれるが、それらは行為障害とはみなされない。すなわち、「行為障害は、思春期や青年期の問題行動のうち、対人的暴力や破壊行為など暴力的な他者への攻撃性の問題に重点を置いた概念といえる」（吉永 2001, p.56）。

# 第6章　矯正施設における医療化プロセス

## 1　本章の目的

　第5章では専門家や実践家が非行と発達障害の関係性をどのように語っているのかについて検討した。本章では、矯正施設で発達障害児に支援を行っている実践家（家庭裁判所調査官、法務技官、法務教官）が医療的な解釈をどのように受けとめ、再解釈し、支援を行っているのかを明らかにする。

　前章で述べたように、非行は医療的に解釈されつつあるが、非医療的な解釈（学校や家庭環境など）が根強く残っており、医療的な解釈や実践は現場を統制するほどの力をもっていない。また、序章の4節で述べたように、コンラッドとシュナイダーの逸脱の医療化論に基づけば、加害者の責任を軽減・免除させる医療化と加害者に厳しい罰則を求める厳罰化は対抗的なものであるが（Conrad & Schneider 訳書　2003）、日本の非行問題では、医療化と厳罰化は対抗することなく、同時進行している（赤羽　2007）。しかしながら、加害者少年に発達障害の診断が付与された事件では、医療化と厳罰化は同時に進行しておらず、事件の特徴によって、どちらかが選択されている。どちらかが選択されているため、全体をみると同時に進行しているかのように捉えることができる。このように、矯正における医療的な解釈や実践は、責任の所在や処遇方針を決定づけるものではなく、曖昧に構成されている。行政上の変化では、被害者の視点を取り入れた教育、保護者に対する働きかけの強化が導入され、「病人」としての加害者が完全に免責されることはなく、周辺者の責任論は強まっている（序章4節参照）。医療的な解釈や実践が概念、制度、相互作用の水準（Conrad & Schneider 訳書, 2003, p.527）に介入した後も、非医

療的な解釈や実践は多数混在し、そこに「医療化」という一貫した原理が読み取れなくなっている。では、厳罰化の流れにある矯正施設の現場で、医療はどのような役割を担い、非医療的な解釈や実践とどのような関係性を保っているのだろうか。

　医療が責任の所在や処遇方針を決定づけることができない理由は、医療実践に内包されている「不確実性」の概念でも説明できる。序章で述べたように、不確実性は医療実践に不可避な存在であり、また、それらは実践家によって管理・運用されるものである（Fox 2000）。そこで、本章では矯正施設の実践家が医療実践における不確実性を管理・運用しながら、医療と非医療的なものをどのように扱っているのかをインタビューデータに依拠して明らかにする。

　まず、矯正施設における医療的な介入とはどのようなものであろうか。矯正施設では、学校のように医療的な制度が矯正施設に直接介入したわけではないが、文部科学省による制度施行の影響を受け浸透したと考えられる。1990年には少年鑑別所や少年院の一部の幹部の間で「学習障害」が注目され、宇治少年院では障害の疑いのある少年に生活・教育環境の整備、集団訓練、ドリル学習、聴くトレーニングなどが導入され、医療的な視点に基づいた教育が行われるようになった（品川　2005）。少年院では少年法改正にみられる厳罰化、収容期間の弾力化にみられる規制緩和、教育課程において従来の生活指導課程ではなく、職業能力開発課程を重視する市場主義的な施策など複数の要因によって、収容者が増加し、院内の社会秩序の問題や職員のモラールの低下を引き起こし、組織力が低下していた（向井　2003a）。宇治少年院はこうした状態を打破するための手段の一つとして、1990年代中盤から医療的な視点に基づいた教育を取り入れ、矯正教育の質の向上だけでなく、実践家の意識改革など組織の立て直しを行い、矯正の現場に大きなインパクトを与えた（向井　2003a, 2004, 品川　2005）。また、藤川によれば、少年を鑑別する医師が「伝統的な診断枠で責任能力の有無を鑑定する犯罪専門の精神科医から、発達という縦軸を重視し処遇の方向性を示す児童精神科医へ」（藤川　2008, p.65）と変わりつつあった。こうした実践現場での変化によって、

急速に医療的な解釈が普及した。1990年代後半には、専門家や実践家が非行と障害の関連性や支援の仕方について共同研究を始め、障害を非行のリスクファクター（危険因子）の一つとして取りあげ、処遇や教育の仕方を模索している[1]。

近年、非行問題で頻繁に取りあげられる発達障害は、ADHD、広汎性発達障害（自閉症スペクトラム）、アスペルガー症候群、行為障害、反抗挑戦性障害である。学習障害は、非行の問題として取りあげられることが少なくなっており、それは学習障害の概念や制度の成立過程の影響を受けている。発達障害に分類される障害のなかで、最も早く制度化したのが学習障害であるが、制度化直後は発達障害の概念が十分に整理されていなかった（第4章参照）。このため、矯正の現場でもはじめは「学習障害」や「ADHD」を中心に取りあげたが、発達障害に分類されるその他の障害（アスペルガー症候群、行為障害など）の概念が知られるにしたがって、非行はそれらと関連づけられるようになった。

以上のような制度や実践上の変化を背景に、非行は発達障害と関連づけられて解釈されるようになっている。しかし、実践家が診断をどのように受容し、理解・解釈しているのかについてはこれまで研究がなされてこなかった。当然、医療的に説明されている少年が以前、どのように解釈されてきたのかも明らかではない。また、小学校や療育施設でみられたように、矯正施設でも医療実践において不確実性の存在やそれらをうまく管理・運用する過程があるのだとすれば、それらを明らかにする必要がある。そこで、矯正施設における医療の不確実性の特徴とそれらの管理・運用のされ方を分析する。

次節では、実践家17名に実施したインタビュー調査の概要を示し、3節では実践家が少年を鑑別、処遇、教育していくなかで構築していく医療的な解釈や実践について分析する。そして、矯正施設における不確実性の管理・運用のされ方を考察し、医療化を捉えなおす（4節）。

## 2 調査概要

本研究では、非行少年と関わりをもつ実践家が鑑別、処遇、教育の実践において診断をいかに解釈し、受容しているのかを検討するために、家庭裁判所調査官、法務技官、法務教官の17名にインタビュー調査を実施した（表6-1参照）。

表6-1の対象者に調査する前に、予備調査として法務技官2名（公表不可）へのインタビュー、少年院2施設の見学とインタビュー（録音なし）を実施した。法務技官のインタビューでは録音を行ったが、守秘の観点からデータを公表することを断られた。また、少年院2施設はともに、発達障害などの支援に積極的であった。その後、本調査として家庭裁判所1施設、少年鑑別所2施設、少年院1施設、少年刑務所1施設にてイ

表6-1　インタビュー対象者の属性

| コード | 性別 | 職務 | 年齢 |
| --- | --- | --- | --- |
| No.21 | 女性 | 家庭裁判所調査官 | 20代 |
| No.22 | 女性 | 家庭裁判所調査官 | 30代 |
| No.23 | 男性 | 法務技官 | 40代 |
| No.24 | 女性 | 法務技官 | 30代 |
| No.25 | 女性 | 法務技官 | 30代 |
| No.26 | 男性 | 法務教官兼法務技官 | 50代 |
| No.27 | 男性 | 法務技官 | 20代 |
| No.28 | 男性 | 法務技官 | 40代 |
| No.29 | 男性 | 法務技官 | 30代 |
| No.30 | 女性 | 法務事務官 | 40代 |
| No.31 | 男性 | 法務教官 | 50代 |
| No.32 | 男性 | 法務教官 | 30代 |
| No.33 | 男性 | 法務教官 | 30代 |
| No.34 | 男性 | 法務教官 | 30代 |
| No.35 | 女性 | 元法務教官 | 20代 |
| No.36 | 女性 | 法務教官 | 20代 |
| No.37 | 男性 | 法務教官 | 50代 |

ンタビュー調査（録音あり）を行った。また、各施設の所在は地域差を考慮し、関東、中部、関西の施設を選んだ。インタビュー調査は、現場の職員の方々はもちろんのこと多くの関係者（矯正局の職員、研究者、筆者の友人）の援助と協力によって実現した。また、インタビュー対象者の属性は、守秘義務を考慮して最小限の開示にとどめている。

調査期間は予備調査を含めると2005年8月から2006年の11月までである。調査は2005年11月に家庭裁判所、2006年7月に少年院2施設、9月に少年院1施設、8月に少年刑務所、11月に少年鑑別所2施設に出向いて実施した。

インタビューは1人につき約40分から2時間程度行い、会話内容をICレコーダーに録音し、文字おこしをした。次節以降のインタビューデータは、内容を損なわない程度に一部、加工・修正している。

## 3 実践家の解釈における医療化プロセス

本節では、前節で示したインタビューデータを分析対象として、矯正の現場に医療的な解釈が介入するプロセスを概観し（1節）、医療実践における不確実性のパターンを分析したうえで（2節）、それらが実践家によっていかに管理・運用されているのかを明らかにする（3節）。

### 1) 非医療から医療的な解釈へ

まず、実践家は診断が付与される以前に非行少年をどのように解釈してきたのだろうか。以下の語りは、筆者が「診断が付与された非行少年に対して、これまではどのように理解してきましたか」と質問したときの実践家の語りである。

　　やっぱりちょっと「変わった子」がいるなーっていうふうに……。多動の子とかですね、不注意とか。（－ No.32 －）

　　たとえばADHDの子で、不注意で何回も忘れ物してた子なんかは、よく何回も忘れ物してる子だなっていうぐらいしか頭になくて（－ No.32 －）

　　むしろ処遇困難者っていう言葉であったり、へんな奴とか、おかしな奴だとかいうね、そういう変なレッテルを貼られていた。（－ No.31 －）

　　親のしつけだとか。……心理的な特徴として捉えてたのかなと。（－ No.25 －）

実践家はかつては少年を「変わった子」、「多動の子」、「処遇困難者」などと非医療的に把握し、その原因を親のしつけや少年の心理的な問題として解釈していた。では、いつごろから矯正の現場で非行少年を「障害」で解釈するようになったのだろうか。筆者は、「発達障害などの障害をいつごろ知るようになったのか」、「どのようにして諸障害の知識を習得したのか」について質問した。

> どうも LD［学習障害］っていわれている子たちが非行少年のなかにもずいぶんいるんじゃないか。……［医療の］観点での処遇とか教育がされていなかったんじゃないかと。そういうことが<u>10数年前にいわれ始めまして。</u>（－ No.37 －）

> 仲間と話したっていうのが<u>平成 3 年</u>ぐらいだったかな。……アスペルガーだとか、ADHD。<u>平成 7、8 年</u>くらいには論文を読んだりしていましたね。（－ No.30 －）

矯正の現場に障害による解釈が登場したのは、1990 年代に入ってからである（品川 2005）。実践家は障害の概念、症状、それらへの対応の仕方について学会、研修、書籍・文献、職員同士で行う勉強会で学び、医療的な知識を習得していった。特に、障害について熟知した同僚が現場に与える影響力は大きいものであった。

> やっぱり［実務の］なかで、学会とか……に出たりしながら、<u>問題意識をずっともってこられてた方［職員］がまわりに及ぼす影響</u>のほうが大きいですね。（－ No.26 －）

若手の実践家のなかには、現職に就く前に大学や大学院で障害についての知識を習得している者やボランティアとして療育施設で障害をもつ児童と関わった経験を積んでいる者がいた。

## 第6章 矯正施設における医療化プロセス

就職する前から発達障害については勉強してたので……大学院とかのときには知ってたと思うんですけど。（－ No.25 －）

職員研修でLDとか少し話を聞いて、そういう概念、そういう子どもがいるんだなーということは頭にあったんですけれども。……そういう子が何人かいたので、「実際にいるんだなー」っていう。どんなふうにしなきゃならないかについて本を買って、読んだりしていくなかで「こういう属性があるのかな」という感じで。自分で本を読んで勉強したという感じですね。（－ No.32 －）

矯正施設では医学や心理学の知識を多用しており[2]、医療的な解釈が以前からなかったわけではない。とりわけ、鑑別に携わっている法務技官は、以前から少年を「器質面から……なんかあるんじゃないか」、「今は解明されていないけど脳の問題」などと漠然とした枠組ではあるが、医療と結びつけて把握しようとしていた。筆者が「診断が知られるようになる前から、あれ？何か変だなといった感じはあったのでしょうか」と質問すると、ある法務技官は次のように答えた。

性格傾向の問題のみでは捉えきれないので「器質面から……なんかあるんじゃないか」っていう話は当時から出ていて。……「今は解明されてないけど、脳の問題なんだろうな」っていうことは、当時よく技官のなかでは話は出てましたね。（－ No.24 －）

こうした傾向は、少年の処遇や教育段階でも同様にみられた。別の法務技官も、以前から少年に対して医療面に配慮した処遇や教育を行ってきたと語っている。筆者が「診断が知れわたっていない時期ですよね。どのように少年を解釈していたんですか」と質問すると、法務技官は次のように語った。

情緒障害っていうようないい方で当時はひっくるめられていわれていた

と思う……[障害ごとに]分けて考えられてなかったりした時期だったので。……能力はそんな低くないんだけど、ちょっと一風変わってるっていう感じの人ですね。……僕が勤務したところは……いわゆるP(仮名)少年院のほうといういい方で何となく一つの診断じゃないですけど、グループ分けみたいなのはしてましたね。(－No.23－)

障害だからっていうのは自分自身はそんなに考えてなくて。障害がついていようがついていまいが、落ち着きのない人には落ち着きをもたせる方法を。(－No.27－)

　実践家は、以前から障害のある少年を「情緒障害」「P（仮名）少年院のほう」といったカテゴリーで分類して処遇しており、実践が非医療から医療的なものへ劇的に変容したとは感じていなかった。非行の原因は、診断で説明されていなかったが、医療的な視点で解釈され、処遇に結びつけられていた。また、診断がつけられていなくても、個々の少年に応じた対応が行われていた。したがって、実践家は以前から医療的な解釈や実践を実務経験のなかで形成しており、矯正における医療化はゆるやかな移行であった。

### 2）医療の不確実性のパターン
　医療的な解釈や実践は、矯正の現場でゆるやかながらも浸透しつつあったが、非医療的な要素もみられた。それらは、医療の不確実性として説明することができ、2つのパターンに類型化することができる。それらは、先行研究でも述べた不確実性の3つの形態のうちの2つ（①医学上の不確実性、②機能上の不確実性）であり、以下にそれらについて説明する。

### ①医学上の不確実性
　障害をもった少年への処遇は、個々の少年のニーズに応じて決定され、必ずしも医療少年院送致に限定されるわけではない。医療少年院への送致は、医療的な治療が必要であるとみなされた場合であり、治療が終了した時点で

一般少年院に移送される。第1章3節でも述べたように、発達障害は原因や治療方法が確立されておらず、専門家の間でも意見が統一されていない。治療薬があるわけではないため、継続的な療育が必要になる。したがって、診断の付与が必ずしも医療的な治療に直接つながるわけではない。処遇については、主に法務技官の語りが多いため、ここでは法務技官の語りに注目する。筆者が「発達障害の少年はどのように処遇され、教育されますか」と質問すると法務技官らは次のように語った。

> 医療専門施設では、投薬治療が中心になりますので、そちらのケアが優先されると判断された場合は医療少年院。そうじゃないとむしろ、生活指導で工夫しながら対応していく。(- No.28 -)

> 発達障害の場合には、薬っていうのもあるんだけど、ただ基本的にそれ飲んだからすごく治るとかそういうレベルの話ではなくて、対症療法的なかたちになりますから。(- No.29 -)

発達障害の原因や治療は定まっておらず、医学的な知識は発展途上の状態にある。医療的な措置が完全に成し遂げられることはなく、その代わりに治療的な役割として教育的な措置が行われている。

また、法務技官は少年を医療的に解釈することについて葛藤を抱えていた。筆者が「器質的な問題なのか、しつけ不足などの問題なのかを区別するのは困難ではないですか」と質問すると、法務技官は次のように語った。

> 非行少年をみていると、どこからが障害なのか、心理的なものなのか、教育の問題なのか、すごく区別がしにくいなって思う子もけっこう多いので。……たとえば、幼少期から養育がちゃんとしていないと、落ち着きのなさとか出てきますよね。親から暴力を振るわれてたりすると、対処法が……暴力になっちゃうから衝動的だっていわれちゃうだろうし……。そこらへんをどう見極めるかっていう。(- No.25 -)

しつけ不足とかそういった環境要因もかぶったうえでの人がやっぱりだいぶ。だからどこからどこまでが器質的な問題で、どこからどこまでがって区別しにくいと思いますね。（－ No.28 －）

　前章でみてきたように、少年の衝撃性、反抗、脅迫、暴力、盗みなどの行為が障害の症状として理解されるものなのか、そうではないのかを判別することは極めて困難であった。非行少年は成育歴や家庭環境に問題を抱えているケースが多く、非行が環境や教育の問題として表出したのか、それとも器質的な問題（障害）を原因に表出したのかを区別することは極めて難しい。こうした判断の難しさは、発達障害などの診断がいかに非医療的な要素によって、曖昧に構成されているのかを物語っている。

②機能上の不確実性
　非行少年の多くは、診断を付与されていない状態で少年鑑別所に入所したが、再犯者のなかには少数ではあるが、すでに診断が付与されている者もいた。筆者が「障害をもつ少年はどの段階で診断されていますか」と質問すると、ある実践家は次のように語った。

　　大半は診断されていないですよね。鑑別所に入ってからわかるケースの方が多いような気がしますね。再犯の子とかは［診断が］あったりするんですけど。（－ No.29 －）

　少年鑑別所では、少年に障害の疑いがあり診断する必要があるとみなされた場合には、基本的に医師が診断していた。それを法務技官が行うことはない。法務技官（No.29）も、「最終的に診断自体は、医師がしている」と述べ、筆者の「法務技官が診断をつけることは？」という質問に対しては「ないです」と答えている。ただし、施設規模によって、少年鑑別所に医師が常駐していないこともあり、その場合には入所期間内に確定診断を出すことが難しくなっていた。筆者が鑑別所でどのようなプロセスを経て発達障害の診断を

付与するのかについて質問すると、法務技官は、鑑別期間内に発達障害の診断に必要な心理テストをすべてこなし、診断をくだすことは難しいと語った。

<u>たいていは疑いですね。</u>……やっぱり軽度［の障害］とかの人だと、ただでさえわかりづらいのに、<u>［鑑別所の入所］期間も短かったりとかで……なかなか確定診断にいたることっていうのは難しいことが多いです</u>かね。（－ No.23 －）

<u>診断はできないですよね、4週間ぐらいでは</u>……。精神科医の先生たちにいわせれば、脳の欠陥であったり……発達歴もきっちりあらいあげて、診断名もいろいろ変遷したりしながら、3年ぐらいかかったりすることもあるんですよ。……<u>鑑別所ではやっぱり疑いのレベルでしか出してこ</u>れなくて。（－ No.26 －）

　少年鑑別所の入所期間は3週間から4週間程度（重大事件、否認事件などの場合、最長8週間）であり、収容期間内に少年の資質、性格、非行の原因を調べ、必要な業務を行い、さらに外部の医師（大学病院など）と連携して診断の手続きを行うことは時間の制約上、容易ではない。医師が常駐していない小規模の少年鑑別所では、短期間で診断結果を出すことは難しく、鑑別結果には「障害の疑いあり」もしくは、障害の特徴を列挙するにとどまる場合が多い。少年院での診断はさらに少なくなるが、「障害」の疑いが高まり、医療的な処置が必要であると判断された場合には、少年鑑別所に「再鑑別」の依頼が提出される。ある教官は家庭裁判所調査官とのやり取りのなかで、発達障害があるのではないかと疑われる少年に出会うことがあるが、毎回、医師に診てもらうのは難しいことだと語っている。

<u>毎回、［疑いのある］全ての少年を［病院へ］連れていって診てもらうってことはとてもじゃないけどできない。</u>たとえばこれから先どうみても少年院送致になるだろうという場合には、診てもらうかという感じです

> よね。……それがないとちょっとやっぱり、これから処遇考えていく上でも、重要だろうなってなってきたらやるっていうようなかたちですね。（－ No.37 －）

　また、障害の有無については処遇される組織の特性によって異なっていた。少年刑務所では、少年が障害をもっているのかどうかを判断しづらい状況にあった。筆者が少年刑務所の職員に「障害をもっている人はいますか。どれぐらいいますか」と質問したところ、彼女は「わからない」と答えたうえで、以下のように語った。

> 明らかに［障害をもっている少年は］いるなーとは思います。……ここは<u>大人になってある程度症状が落ち着いている</u>っていうことと、少年院以上に……やってはいけないことがはっきりしているから。あと、<u>勉強とかもしないので、症状が出ません</u>。（－ No.30 －）

　少年受刑者は早いと 17、18 歳で入所するが、多くは 20 歳から 25 歳であり、発達障害などの症状はある程度落ち着いている場合が多いようである。また、少年刑務所では義務教育を終えている少年が多いため、学習面で生じる能力不足や不適応性はみえづらくなっている。
　以上のように、診断されるかどうかは施設の特徴による制約を受けざるをえなかった。比較的規模が大きく、発達障害などに詳しい医師が常駐している施設では診断されやすいが、小規模施設では外部との連携に時間がかかるため容易ではない。診断は疑いのあるすべての少年に付与されるわけではないのである。

### 3）不確実性についての解釈と管理

　ここまで、医療的な実践には不確実性が存在し、それらによって医療と非医療的なものが共存してきたことを明らかにした。実践家は、この医療と非医療の両義性をどのように解釈し、管理・運用しているのだろうか。

## ①肯定的な意味づけ

　実践家は医療的な実践や解釈に対して楽観的であり、肯定的に捉えようとする傾向にあった。以下は、筆者が「少年に障害があるとわかったことで、以前と比べて少年への見方が変わりましたか。どのような点で変わりましたか」と質問したときの語りである。

　　<u>無駄にテストをやる必要はなくなったし。本当に必要なテストができるっていうのは。……理解がしやすくなってきたっていうのはあります</u>ね。……［以前は］わからん、わからんっていって。あれ［心理検査］もやるし、これもやるしっていうかたちで。出てきた反応も、解説本にはあまりのってないようなものだったりするから……結局わからないっていうかたちのことが。（－ No.23 －）

　法務技官は、診断による解釈が導入されたことで、以前のようにあてもなく心理検査を繰り返す必要がなくなったと評価している。また、その他の実践家のなかには、以前に比べて余裕をもって落ち着いた指導ができるようになったと語る者もいた。

　　<u>こっちも立ち位置がはっきりしてくるんですよ。</u>前はこの子ふざけてるのかなとか、甘くみてるのかそういう疑いが頭の中にいっぱいありつつ。親御さんも同じ気持ちらしくて。この子は［ある特定のことが］苦手だとはっきりした瞬間、<u>こっちも安心して関われるので、むこう［少年］も落ち着いてきますね。</u>（－ No.22 －）

　　<u>こちらに余裕ができますよね。</u>この子は、わざとやってるんじゃなくて、わかんないんだ。わからないことがその子の大変さなんだから、それをこっちがカリカリしてたら駄目だって。それは昔からそう思ってたけど、はっきりした。今までの接し方でいいんだって。それでこちらにゆとりができたのは確かですね。……<u>少年をいきなり否定しないですむという</u>

意味では、少年とのつながりはとりやすいと思う。(－No.30－)

職員も、やっぱり自分が理解できる範囲内で、[障害をもつ]子どもがいる。だから、こういうふうな特性があるから、ちょっと待ってやる。こういうときの対応の仕方を考えてやったらもう少し落ち着くんじゃないかとか。……職員の方も落ち着いてできますし、自信もてます。子どものほうも先生に教えてもらったやり方で、[取り組むことができ]……いい関係がたもてる。(－No.32－)

「この子はこういう感じの子だから駄目だ」と決めつけて考えるのと、「その子の特徴としてこういうところが問題なんだ」と考えるのでは、ぜんぜん違うと思います。そのあたりは、全く考え方が変わってきたところではある。(－No.33－)

職員が頭にこなくなったというか。……職員のほうもストレスがたまらなくなって、イライラしてくるとか、何でいってもダメなんだって、だんだんムカムカしてくるんですよね。昔は多分、それでガンガン［指導を］やってたと思うんですけど、それでやるとそれこそ不適切な処遇を招いたりするわけですよね。そういうことがなくなった。ああこの子は多分この系統の子なんだ、そしたらこういう風にしてやったらいいなっていう。(－No.37－)

　こうして、実践家はこれまで理解できずにいた少年の言動が、実は障害に起因しているのかもしれないと把握することで、彼ら自身のスタンスが明確になり、余裕をもって、落ち着いて指導ができるようになったと肯定的に意味づけている。医療的な解釈は、指導や評価の仕方がわからなかった少年に対して、どのように指導や評価をすればいいのかという道筋を示すことにつながった。もちろん、障害のある少年への対応の仕方は容易ではないが、実践家は対応の方向性が漠然としたものから具体的なものへと代わったことを

評価している。実践家は医療的な解釈をとおして少年とよりよい関係を築きやすくなったと認識している。さらに、実践家は医療的な説明の付与によって施設間で共通認識が得られやすくなったと語っている。

> 裁判所の調査官なんかとカンファレンスをしていて……［少年の］特色を話すときに、発達障害の概念ができてきて、多分ちょっとあやしいんですよねって話す時に、<u>共通認識はもちやすくなったと思います。</u>（－No.24－）

　こうして医療的な実践や解釈は、矯正施設で鑑別、処遇、教育の実践を円滑に行うための利用可能な資源として肯定的に意味づけられたのである。
　ここまで、実践家の多くが医療的な解釈に対して肯定的に意味づけてきたことを明らかにしてきたが、否定的な意味づけが全くなかったわけではない。実践家のなかには、診断に対して不安や葛藤を感じている者もいた。ある実践家は次のように語っている。

> <u>嫌がる人もいる。差別じゃないかとか、レッテル貼りじゃないかって。最近はだいぶ減りましたけど、最初は相当な抵抗があった。今でもあると思います。</u>……今までのやり方で説明ができるのにどうして障害とかみていかなきゃいけないのって……本当にそれで説明がついたのかなーって思うんです。（－No.22－）

②**教育的な意義の強調**
　では、診断はどのような意味をもつのだろうか。そもそも実践家にとって、診断とは非行少年を理解するための一材料にすぎない。以下は、筆者が「診断にはどのような意味があると思いますか。診断は、非行少年の処遇や教育上、有益だと思いますか」と質問したときの答えである。

> <u>［診断は］判断材料の一つにはなると思うんですけど。</u>もっと他にもい

ろいろ集めないといけない情報もあるので。事件そのものについてはかなり情報が必要なので。判断材料の一つといった感じですかね。（−No.35 −）

あくまでも、リスクファクターの一つの要因として捉えている……。それ［障害］の可能性があるということで。要因の一つとして。ですから、その行動傾向があるっていうところだけで、さまざまなリスクが複雑にからみ合って非行へと結びつくため、すぐに非行に結びつくかといえば、そうではないわけなので。……間違った理解が広がらないようになればいいなと思います。（− No.33 −）

勉強できないから非行に走るかっていうと、そうでもない。家庭が悪ければ非行に走るかっていうと、そうでもない。そういう原因はあるけれども、今までの生活でいろいろあった末にそうなっているので、やはり簡単にはいえないかなーと思っています。発達障害も一緒だと思うんですけど、［障害が］あるから危ないとまではいえないだろうし。ただ、それは一つの原因になっていることはあるとは思います。（− No.29 −）

　実践家は医療的な解釈を評価する一方で、診断はあくまで判断材料の一つで、障害はたくさんある原因のうちの一つでしかないと語っている。こうした解釈は、著者が「非行と障害の関連性についてどのように考えていますか」と質問したときの実践家の語りからも理解できる。

個人的には、すぐ非行イコール、発達障害……という結びつけは危険だと思っています。発達障害をもっておられる大多数の方が非行とは無縁で生活を送っておられます。……発達障害の子がもっている行動傾向と、非行少年独自がもっています攻撃性の高さですとか、衝動性の高さですとか、そういうところとリンクする部分がたまたま合致して、それが表に出たというだけであって。（− No.34 −）

第6章　矯正施設における医療化プロセス　175

　　発達障害だから非行になるということはない。ただ、発達障害ということで、周りからあいつちょっと違うねっていう目でみられて、それが二次的障害みたいにして非行に至ったということも考えられているので。
　　（－ No.21 －）

　実践家は診断を少年を理解するための判断材料として位置づけ、それが非行の直接的な原因になったわけではないと慎重に解釈している。非行はさまざまな要因が複雑にからんで生じるものであり、医療的にすべてを把握することはできない。そして、彼らは診断ではなく、いかに教育的に対応していくのかということを重視している。

　　少年院のなかで診断することはないので……子どもを理解して、じゃあどうするべきかを考えていくってことが私の仕事だと思っているので。……子どもの特徴をつかむときのポイントとして捉えている。（－ No.33 －）

　　どんな援助ができるのか。診断するっていうことは、それに対応する指導なり、処遇の方法があってこそだと思うので、診断が一人歩きすることっていうのは賛成じゃないんですが、診断したことによって、彼らの生きにくさに何か援助の手立てがあるのであれば、それはその診断することの意味があると思う。（－ No.30 －）

　実践家にとって診断とは、少年への指導や働きかけにつなげられることをとおしてはじめて意義をもつ。診断は、少年を適切に処遇・教育するために必要であり、また、教育は障害という診断の理解をとおして可能になる。このように、矯正施設における実践では、医療（診断）には非医療（教育）、非医療には医療的な要素が必要であり、実践を支える資源として双方が用いられている。
　実際、実践家は医療的に解釈しながらも、教育的な配慮や支援を行っている。筆者が「発達障害の少年に対してどのような対応をしていますか。気を

つけている点はありますか」と質問すると、実践家は次のように語った。

> その子にあった指導をしていくなかで……［障害の］行動傾向があることに対してどう捉えていくのかっていうことを、想像して、予想して……働きかけ方をいろいろなかたちでしている。理解させる方法を考えていく。単に理解できなかったから、理解できないって決めつけて、あの少年は駄目な奴だと決めつけるのではなく。（－ No.33 －）

> ここでやっている教育は、集団のなかでの一員ですということを常に教えている。［省略］同僚間の受容感、職員との受容感というのが大きなものじゃないかと思う。［省略］自分の存在感、居場所。社会のなかで居場所がなかった。家庭でも［居場所が］なかった子どもたちが、今初めてほんとの居場所を見つけて、居場所のなかで……ちゃんと考えられるんだという体験。それをやっぱり重視していく。（－ No.31 －）

> 私自身が心がけていることは、時間かけて待つようにしています。自分の言葉がうまく表現できない、言語化できない子が多いですので……なんとか自分の言葉、下手でもいいので、いえるきっかけを与えるような感じでできるだけ時間をとって、話を聞く。話を聞いてもらえるというのは、家庭環境が複雑な子が多く、そういう経験を積んでいない子が多いですから、そのあたりを意識してやっています。（－ No.34 －）

> ［理解できているのかについて］確認を職員が何回もしてやるとか、紙に書かせてチェックさせてやるとか。（－ No.32 －）

> ［説明や指示を］シンプルにわかりやすく、あまりくどくならないように……より意識するようにはなったかとは思いますけど。ただまあ、そうじゃない［障害をもたない少年］場合でも、一般的にはそういうことは心がけてやってるかな。（－ No.29 －）

第6章　矯正施設における医療化プロセス　177

　実践家は、少年に自信をつけてもらうために、さまざまな教育的な働きかけをしている。その働きかけとは、具体的に指示すること、視覚化させること、繰り返し説明すること、確認すること、ゆっくり待つということ、物事を集団で考え取り組むこと、居場所を確保することなどであり、教育的な配慮がちりばめられている。たとえば、身体を動かす運動（行進、体操など）の場面では、鏡をみながら指導することで、少年自身の身体がどのような動き方をしているのかを把握させ、適切な行動の仕方を指導している。また、視覚面では、ルールや目標を絵や文字にして掲示させることで聴覚や認知能力の弱さを補うようにしている。

**③医療と非医療の戦略的使い分け**
　実践家は診断を戦略的に使い分けており、それは告知の場面や告知に対する考え方に表れていた。実践家は、非行少年を発達障害で解釈することを評価する一方で、確定診断が出ていても少年や保護者に告知することをためらっていた。筆者がある法務教官に「実際に診断を伝えることはあるんですか」と質問すると、法務教官は「それは我々の段階ではしないですね」（－No.18－）と答えた。さらに筆者が「たとえば［障害の］疑いがある場合でも［伝えないのですか］？」と質問すると法務教官は次のように答えた。

　　疑いがある場合でもですね、極力いわないようにしてますよね。お医者
　　さんであればいいんでしょうけどね。（－No.37－）

　　本人に対してもはっきりとした障害名の告知はしてなかったと思いま
　　すね。ただ、婉曲的にテスト結果は伝えているんですけど。（－No.35－）

　このように、実践家は診断や障害の疑いについては少年に伝えないが、心理テストの結果である行動特性については伝える場合があると語った。以下は、筆者が「［心理テストの］結果っていうものは、少年にどの程度伝えていますか」と質問した時の回答である。

人によって違うんですよ。私の場合は伝えるんですけどね。どういう点が得意であるのかとか、どういう点が不得意であるのかとか、そういった面をね、細かくお話するんですよ。……実はこういう面は得意なんだけれど、そうじゃないところをいって、得意な部分で、こうしていけばいけるんだよと。……自分自身に対する、見方が変わってきますしね。（－No.37－）

　実践家は、少年に診断を告知することがあったが、少年の行動特性を強調して伝える傾向にあった。こうした診断の告知に対するためらいは、第一に、実践家が職務上の役割を認識しているからである。法務教官が「お医者さんであればいいんでしょうけどね」と語るように、実践家は診断の付与と告知は、医師のみが行うべきことであると認識している。
　第二に、組織的な役割がある。少年鑑別所では、入所期間が短く、告知後の対応に責任をもつことができないため、告知をひかえる傾向にあった。

　ずっとこちらもフォローアップしていく機関じゃないので、そこで告知した方の今後どうするかっていう責任をもてないところもありますから。（－No.23－）

　第三に、障害の程度がある。実践家は、軽度の障害の場合に、そもそも告知する意義があるのか迷っていた。

　重度の子なんかは、周りに告知したほうがいいと思うんですけど。軽度の［障害の］子なんかは［告知するかどうか］迷うところですね。（－No.23－）

　なぜなら、障害を告知するという行為には、非行少年の自尊心や可能性を低めてしまう場合があるからである。

第6章　矯正施設における医療化プロセス　179

　それ［障害］を伝えることによって、自分がちょっと他の子と違う存在なんだっていうことを認識して、逆に自尊心が下がっていっちゃうっていうのがあって。……そういう言い方じゃなくて「……あなたにはこういう特徴がありますよ」って……［診断を］あえていわないで、むしろその特性をお話しておくと。（－ No.37 －）

　それ［診断］を理由に、僕は病気だからっていう。結局……何か手立てを加えて先にいける可能性をつぶしてしまうことがありますので。（－ No.32 －）

　非行少年の場合……障害があることをいってしまうと、変にやけになったり、ひらきなおっちゃう子もいるんですよね。（－ No.35 －）

　非行少年は家族や学校から疎外されやすく、能力、学歴の低さ、成功体験の希薄さゆえに自己否定観が極めて強い（魚住　2003，品川　2005）。実践家は診断の告知が少年の自尊心をさらに傷つけ、更生しようとする意欲や少年自身の可能性をつぶしてしまう危険性をもっていると認識している。
　また、診断の告知は非行少年の両親に対して行われることがあった。非行の原因は親子関係にあるとみなされがちであるが、診断を非行少年の両親に告知することで、彼らの責任が軽減されるからである。

　親御さんもほっとして、自分たちも大変だったり、困惑していた気持ちが一応わかってもらえて、一緒に頑張ろうっていうチームになってくれる。……［これまでは］どうしても親子関係の問題に収束せざるをえないような感じだったんだけど、それも確かにあると思うけれど、その下に何かその子のもっていた特徴がないと説明がつかない、続かないような感じだったと思う。（－ No.22 －）

　この語りでは、診断の告知が両親を安心させるのと同時に、責任の所在を

軽減させ、家庭裁判所調査官と一緒になって取り組んでいこうとする姿勢を形成させていることがわかる。実践家は、診断の告知が教育的実践に有効に働くことがあることを実感している。もちろん、障害のレッテルを貼る行為は、相手に障害のスティグマ性を実感させ、拒否感をともなわせる場合がある（第3章参照）。しかしながら、非行の場合、親は医療的解釈に対して、あまり拒否反応を示さないようである。

> 親御さんもものすごく苦しんでいて、「何なんですかこれはいったい、誰か説明してください」っていう感じが強い。……もっと早い時期5歳、6歳ぐらいの段階で［診断名を］言われたら受容できないことも、私たちの場合、10年以上はたっている人たちなので、むしろ何とかいってくださいみたいな感じが多いです。（－ No.22 －）

「子どもが幼いころに診断を伝えるということ」と「非行を繰り返す少年に対して診断を伝えるということ」は、全く異なった意味をもっているようである。ただし、伝える相手によって告知するか否かは異なる。

> 親御さん自身も実はその［障害の］気があったりして……そういう場合は親御さん自身もその子のちょっと変わった部分に気がついていなくて、同じなので傾向が。そういう方には伝えにくいですね。特徴はお伝えするけど、名前［診断名］は出しません。（－ No.22 －）

以上のように、診断を告知するという行為は、告知する状況や告知する側と告知される側の関係性によって異なっており、その影響はプラスにもマイナスにも変容させることができた。したがって、診断の告知は変則的で状況や場面に依存しているといえる。実践家は医療的な説明（診断）を実践の状況や人との関係性を考慮し、ある場面では効果的に使い、あるときにはあえて使わないというように戦略的に使い分けていたのである。

## 4 小括

　本章では、非行の医療的な解釈や実践が不確実性をともないながら実践家の間で管理・運用されていくプロセスを明らかにした。以下に、そのプロセスについてまとめる。

　第一に、非行の問題は、矯正の現場において確かにこれまでみられなかったような診断で説明・解釈されるようになっていた。しかしながら、実践家は診断が現場で流布する以前から、非行少年を経験に基づいて医療的に解釈・対処しており、矯正における医療化はゆるやかに進んでいた。

　第二に、非医療的な要素は、矯正施設に医療的な知識が介入した後も、医療の不確実性として実践に表出していた。それらは、医学上の不確実性と機能上の不確実性に類型化することができた。しかし、実践家はこれらの不確実性を教育的な意義を強調することで肯定的な意味づけに変換し、実践に応じて医療と非医療的な要素を戦略的に使い分けるなど、医療的な解釈を実践の資源として用いていた。そうすることで、医療的な解釈や実践は、現場で大きな葛藤や混乱をもたらすことなく非医療的な要素と共存することができていた。こうして、医療の不確実性は相互作用場面における解釈によって曖昧にされていた。

　本章の分析では、非行と発達障害の関係性が矯正施設の現場でも認められつつあり、処遇に影響を与えつつあるが、医学上の不確実性や機能上の不確実性として、曖昧なままですまされていく実態も明らかになった。こうした不確実な実態は、矯正施設の業務上の怠慢として解釈されてしまうかもしれない。あるいは、非行と発達障害の関係性は少なからずあるのだから、非行を未然に防げるような対応策の開発をすべきだと指摘されるかもしれない。しかしながら、非行少年を発達障害というカテゴリーで厳密に分類し、処遇していこうとする行為こそが医療化なのであり、それは危惧されるべきことである。非行と発達障害の関係性を追及し、医療的なカテゴリーで分類・処遇することを強化すれば、不確実性の管理・運用の仕方はますます巧妙になっていくだろう。たとえ、不確実性をなくすために医療的な介入を強化したと

しても、そこに医療実践があるかぎり、別の不確実性が生じるだけなのである。こうした構造を生じさせるものこそが医療化なのである。

　佐藤によれば、薬物政策における医療化は部分的なものであり、それは医療的な知識がある現象を統制するうえで利用可能性が高く、有効な資源となりうることによって成立する（佐藤　2006）。この指摘は本書の主張とも一致している。ある現象に対しては、医療化だけでなく、経済化、犯罪化、心理主義化、教育化、遺伝化など多元的な説明原理が存在する。そのなかで、どの原理が選択・採用されるかは、問題がどれだけ合理的かつ効率的に運用されるかによる。このように、医療化概念の説明力は、部分的で限定的なものでしかない。それゆえ、今後は、医療化を相互作用によって重層的に構成されるものとして捉え、その説明原理がどのような場面でどの程度採用されるのかその詳細を検討していく必要があるだろう。

　〈注〉
　1　専門家と実践家の研究については、第5章を参照。
　2　少年鑑別所では鑑別のための心理検査（法務省式検査など）を行っている。

# 第7章 まとめと結論

以上では、子どもの不適応や逸脱行動が医療的に解釈・実践されていくプロセスを医療化理論に基づいて分析した。このプロセスは、コンラッドとシュナイダーが示した医療化の水準（概念、制度、相互作用）に依拠した（Conrad & Schneider 訳書 2003）。特に、本書では相互作用の水準に注目し、小学校、療育施設、矯正教育の3つの場面における医療実践を分析した。分析では、実践家が子どもの不適応や逸脱をどのように医療の問題として解釈し、支援しているのかを明らかにした。そして、医療実践にみられる不確実性を実践家がどのように管理・運用しているのかについて検討した。

まず、各章で明らかになったことを整理し（1節）、医療化の理論枠組を再考する（2節）。そして、本書の知見に基づいて、実践的インプリケーションを示す（3節）。

## 1 各章のまとめ

第2章では、発達障害に分類される「学習障害」の制度化過程を取りあげ、医療的要因と社会的要因に基づいて分析した。日本において、学習障害の概念は医学的研究の発展というよりも、「全国LD親の会」の活動をとおして普及した。アメリカではすでに1940年代から研究が蓄積されており、1970年代には定義や教育的支援が公式に制度化されていた。しかし、日本では一部の専門家のみが共有する知識で、全く社会的関心を集めなかった。日本では1990年代に入ってからようやく文部省によって定義され、社会的問題として認知されるようになった。「全国LD親の会」は、全国に点々としてい

たインフォーマルな親の会を全国規模にし、専門家の医学的根拠を武器に要望活動を行い、クレイムの正統性を獲得した。これはコンラッドとシュナイダーの「定義のポリティクス」（Conrad & Schneider 訳書 2003）であった。「全国LD親の会」と専門家の利害関係が一致したことで、学習障害の制度化は急速に推し進められたのである。

　第3章は、発達障害児の支援を行っている小学校の教員9名のインタビュー調査に依拠して、小学校における医療化プロセスを相互作用場面から検討した。発達障害の制度化は、人々のまなざしを変えるだけでなく、責任の所在を曖昧にし、子どもの役割を変容させた。親や教員、または児童本人の責任は免除されたが、児童は「病人役割」を担うようになった。こうして小学校における医療化は、制度や組織の導入によって急速に進展した。障害の診断・療育過程では、教員や親たちの混乱や葛藤、あるいは、医療実践上に曖昧で不確実な点がみられたが、教員は障害を肯定的に意味づけ、教育的支援を重視することでそれらの問題を最小限にしていた。そうすることで、教育現場の実践は医療とうまく折り合いをつけながら円滑に進められていた。

　第4章では、療育施設の実践家11名の語りに依拠して、支援現場でどのような問題が表出しているのかを分析し、そこに不確実性が存在しているのかについて検討した。療育施設では、障害の概念をめぐる混乱、障害の捉えかた方の曖昧さ、診断の難しさなど、医学上の不確実性に分類される問題がたくさん生じていた。しかし、実践家はそうした不確実性に慣れている傾向にあった。療育方法は多様で、標準化されておらず、どの専門家が配置されるかは病院によって異なっていた。重要であったのは、実践家は、組織間で障害の認識や療育方法が異なっていることを認識していたが、組織間の軋轢をさけるために、互いに距離をおいていたことであった。組織間の連携の背後には医療実践における不確実性が存在し、連携を阻む要因として機能する一方で、それらは実践家によって管理・運用され、見過ごされる傾向にあった。

　第5章は少年非行の語られ方に注目し、専門家と実践家の論文に依拠して非行の医療的な解釈の特徴を明らかにした。非行は1990年代後半から医療的に解釈されているが、加害少年に発達障害があった場合の事件では、少年

の責任は必ずしも免除されておらず、事件によっては刑罰が適応されており、医療化の特徴を読み取ることが困難であった。専門家や実践家は、障害を非行のリスクファクターの一つとしてみなしたが、非行の直接的な原因ではないと説明し、医療的に解釈することの意義を処遇や矯正教育に生かすことにみいだしていた。また、専門家は発達障害に至った原因について医学的要因だけでなく、環境要因、情緒的要因を挙げており、非医療的に説明していた。発達障害は、環境要因や情緒的要因による不適応や逸脱が診断として概念化されており、非行の医療的な解釈には非医療的な解釈が含まれやすかった。

続いて、第6章では矯正教育の現場の実践家17名の語りに基づき、医療的な解釈や実践がどのように行われているのかを明らかにした。矯正教育の現場でも、非行少年は診断で説明・解釈されつつあった。しかし、実践家は診断が現場で流布する前から、非行少年を経験に基づいて医療的に解釈・対処しており、矯正における医療化はゆるやかに進んだ。矯正施設では施設の特性上、診断できない場合があるなど、機能上の不確実性が存在していた点で特徴的であった。しかし、実践家はこれらの不確実性を教育的な意義を強調することで肯定的な意味づけに変換し、実践に応じて医療と非医療的な要素を戦略的に使いわけるなど、医療的な解釈を実践の資源として用いた。そうすることで、医療的な解釈や実践は、現場で大きな葛藤や混乱をもたらすことなく非医療的な実践と共存できていた。

## 2 考察と結論

第2章では、学習障害の事例を取りあげ、医療化の制度化（マクロ）過程に注目した。ここでは、アメリカと日本における学習障害の制度化プロセスを比較できた点で意義があったが、既存の医療化の理論枠組を再考するに至る結論は導きだされなかった。つまり、学習障害の事例研究では既存の医療化論と同様の結論が導き出された。たとえば、コンラッドとシュナイダーが提示した医療化の時系列モデルの「探査」、「クレイム申し立て」、「正当性」、「医療的逸脱認定の制度化」のプロセスや根拠ある一般化で示された「医療

化や脱医療化は政治的達成の結果であって、科学的達成の結果ではない」こと（Conrad & Schneider 訳書 2003）は、日本の学習障害の事例においても同様の結論が導かれた。コンラッドによれば、近年、アメリカでは医療化を推進させる主要なプレイヤーが医師から製薬会社へと劇的に移行しつつあるが（Conrad 2007）、日本の学習障害の事例でそうした傾向はみられなかった。おそらく、アメリカではメチルフェニデート（リタリン）の乱用・依存、製薬会社の啓発活動（親の会への多額の資金提供など）が社会問題化しており[1]、アメリカより遅れて発達障害が制度化された日本では、アメリカの動向を把握しており、国や製薬会社がリタリンやコンサートの処方・使用に関して、慎重にならざるをえない状況があったのであろう。日本の発達障害の事例の場合、製薬会社が医師以上に医療化を促進するキーパーソンとはなりえていなかった。確かに、日本の親たちは以前と比べると、インターネットや報道などの情報網を駆使して、積極的に診断を求めるようになっている。その結果、以前よりも多くの児童が来院するようになっている[2]。また、ADHD は子どもの障害として成立してきたが、次第に大人にまで付与されるカテゴリーへと拡大している（Conrad & Potter 2000）。こうした傾向は、日本でも同様にみられた。日本でも子どもから大人まで、より多くの人々が発達障害の診断を付与されるようになっている。ただし、アメリカの親のように、日本の親が発達障害の診断をうけた自分の子どもをみて「私も同様の障害であったに違いない」と診断を求めに行くケースはあまり聞かれなかった。日本でも心理主義化[3]や医療化が進みつつあるが、カウンセリングを日常的に使用するアメリカとは、心理学・精神医学的な知識や行為（精神科へ行くこと）に対する意識が異なるのであろう。日本では、まだこうしたものに抵抗があるように思われる[4]。

　しかしながら、製薬会社の啓発活動は日本でも近年盛んに行われるようになっている（冨高 2010）。製薬会社は受診率の低い病気を対象に、テレビ CM を使って、病気の啓発活動を行っている。近年みられる CM で紹介された病気は、うつ病、男性型脱毛症、ED、ニコチン依存症、高コレステロール血症、過敏性腸症候群、逆流性食道炎などがある。精神科医の冨高は『な

ぜうつ病の人が増えたのか』のなかで興味深いことを指摘している。冨高は厚生労働省調査に基づき、気分障害（うつ病患者を含む）の患者数が1999年から2005年までの間に2倍以上に増加しており、その背景に製薬会社による啓蒙活動があったことを指摘している。1999年は、日本に初めてうつ病の治療薬として用いられるSSRI（選択的セロトニン再取り込み阻害薬）が導入された年であり、SSRIが市場に導入されると他の先進諸国においても、うつ病患者やメンタル休職者が爆発的に増加するという現象がみられた。啓蒙活動が積極的に行われる背景には、SSRIが従来の抗うつ薬の薬価よりも数倍高いこと、うつ病は慢性的な病気であり服薬が長期化することが多いことがあげられ、製薬会社にとって抗うつ薬市場が魅力的な市場となったのである（冨高　2010）。こうして、日本もアメリカと同様に、製薬会社の存在は医療化を進めるうえで重要な役割を担いつつあり、日本における製薬会社の今後の展開をみていく必要がある。

　次に、小学校、療育施設、矯正教育の相互作用場面（ミクロ）でみられた医療化プロセスに焦点をあてて、医療化を捉えなおす。

### 1）学校、療育施設、矯正施設における医療化プロセス

　まず、小学校の事例はこれまで医療と関わりがなかったところに、医療がどのように介入・浸透していくのかを検討できた点で意義があった。医療と関わりがなかった現場に医療が介入するためには、医療的な制度の成立・施行が欠かせなかった。教員は勤務する小学校がモデル校として指定されるなど、制度が現場に介入した時に、医療的な知識や対応の仕方を学び、習得しようとしていた。教員は障害のある児童を指導しなければならなくなった時に、初めて現実の問題として認識し、医療的な知識や療育方法を積極的に学ぼうとしていた。多忙な教員が発達障害に関わる知識や療育のためのさまざまな技法を学び、習得することは容易ではない。このように小学校における医療化は、概念、制度、相互作用の3つの水準まで進んでいた。学校における医療化は、医療的な制度が施行された時、そして、教員が発達障害児を実際に指導しなければならなくなった時に急速に進行した。

医療的な制度の施行は、医療化を促進させるという意味で大きな影響を与えたが、それは3つの施設の事例を比べてみても明らかであった。
　まず、不適応や逸脱を発見する状況について考えてみよう。小学校はモデル事業に指定されていたため、チェックテストを行ったり、障害の疑いのある児童を専門家委員に報告するなど、疑いのある児童を積極的にみつけ出そうとする傾向にあった。校内委員会、専門家委員会、巡回相談の設置は、まさに障害の疑いのある児童を発見しようとする仕組みであった。反対に、療育施設は来院した患者のみを扱うという点において受動的であった。療育施設や矯正施設は、制度の影響を直接的には受けていない。矯正施設では、実践家が障害の疑いのある少年にチェックテストを行ったり、医師に診察を頼むことがあったが、障害の疑いのある少年を積極的にみつけ出そうとする体制はなかった。
　小学校における医療化は、コンラッドとシュナイダーの理論と照らし合わせると、どのようなことがいえるだろうか。まず、医療化の帰結として理論化されている6つの観点（「責任の転嫁」「医学における道徳的中立性の仮定」、「専門家による統制の支配」、「医療的社会統制」、「社会問題の個人化」、「脱政治化」）(Conrad & Schneider 訳書　2003)について検討する。まず「責任の転嫁」であるが、コンラッドとシュナイダーが指摘するように、児童やその親の責任は軽減されていた。そして、児童は障害のレッテルを貼られることで、医療的な支援を受ける義務が生じていた。「医学における道徳的中立性の仮定」については、教員は医師による診断を信頼できるものとして受けとめようとしていた。一方で、教員のなかには、医師による診断や治療を信用できずにいたり、疑問に感じている者もいた。小学校では、療育施設で提出された医療的な知識を中立的なものとして受け入れている場合もみられたが、そうではない側面もみられた。同様に、「専門家による統制の支配」や「医療的社会統制」についても、小学校では専門家委員会を設置し、医師の助言（診断、療育）を受け入れてはいるが、それらは必ずしも支配的ではなかった。教員は障害の疑いのある児童を発見しても、親や職員との関係性を重視し、積極的に医療機関へつなげようとしていなかった。発達障害児の支援方法についても、教

第7章　まとめと結論　189

員は既存の実践を多用しており、教員による統制力は大きかった。続いて、「社会問題の個人化」、それにともなう「脱政治化」を取りあげる。児童の不適応や逸脱は、以前であれば親や教員の指導不足やしつけ不足、あるいは児童の性格、能力不足の問題として扱われてきた。医療的な制度の介入によって、問題は児童の内面にある障害にあると理解されるようになり、個人化されている。同時に、子どもの不適応や逸脱行動の原因が障害にあるとみなされることによって、制度の問題、学校の体制上の問題は見過ごされる傾向にあり、脱政治化が進行していた。問題は社会構造のなかにあるかもしれないが、個人の問題（病気）として扱うことで、社会環境に対する適応の問題である可能性を見落とし、現存する政治・制度を擁護することになる（Conrad & Schneider 訳書, 2003, pp.473-474）。

　以上のように、小学校ではコンラッドとシュナイダーが提示した医療化の6つの帰結のうち、「責任の転嫁」、「社会問題の個人化」、「脱政治化」については同様の帰結がみられたが、「医学における道徳的中立性の仮定」、「専門家による統制の支配」、「医療的社会統制」についてはみられなかった[5]。

　また、小学校では障害の疑いはあるが診断されていないまま支援をうけている児童が多数在籍していた。支援方法においても、医療的な方法というよりは既存の教育実践（支援方法）の方が重視されていた。教員のなかには、児童に障害の疑いがあっても、積極的に医療機関へつなげようとせず、診断の付与に対して曖昧な態度をとる者もいた。なぜなら、教員にとっては、親や教員同士の関係性を良好に保つことや児童をどのように指導するのかといった対処法の方が診断を付与することよりも重要であったからである。支援方法は療育施設で用いられているような技法を用いることはほとんどなく、教育現場でこれまでに培ってきた指導方法を用いて、対応する傾向にあった。こうした傾向は、医療実践における不確実性そのものであり、それらの管理・運用のされ方でもあった。こうして、小学校では医療的な実践を取り入れる一方で、学校でこれまでに培ってきた論理を優先し、医療的な実践を教育的な論理に置き換えて解釈・実践していた。教員が不確実性をうまく管理・運用することで、教員と親や教員同士の反発・拒否を最小限におさえ、医療化

を促進させたのである。

　次に、療育施設は以前から医療実践が行われている場であり、他の2つの場面（学校、矯正教育）に比べると、「非医療から医療へ」という医療化の移行プロセスが捉えづらかった。しかし、発達障害の制度化によって、療育施設でも医療実践に変化が生じていた。療育施設の実践家は、発達障害に分類される障害の概念の変遷にともない、常に新しい情報（医学的知識や療育方法）を得ようとしていた。障害の範囲や程度は、専門家の間で意見が異なっており、実践家間（特に異なった組織間）でそれらを共有することは容易ではなかった。とりわけ、教育の領域で学習障害が公式に定義されたときには、療育施設に混乱をもたらした。教育の領域では、学習障害がより多くの症状を含む障害として定義されたからである。また、発達障害の制度の施行によって、不適応や逸脱とみなされた児童は、障害の可能性があると広く認識されるようになった。その結果、療育施設では親や教員によって疑いのある児童が多数発見され、来院患者が急増した。患者は、病院で診察を受けるまでに数ヶ月、ひどい場合には、何年も待たなければならない状況にあった。療育施設には、以前であれば来院しなかったであろう児童が多く来院するようになっていた（石川　2005）。このように、療育施設において「非医療から医療へ」の移行は明確ではなかったが、医療施設外で進行しつつある医療化の影響を受け、ときには混乱をともないながら、以前とは異なった支援環境に変化せざるをえなかった。

　最後に、矯正施設では、非行少年を発達障害の観点から解釈し、処遇しようとしており、医療化のプロセスがみられた。以前は、発達障害のある非行少年を、「変わった子」、「多動の子」、「処遇困難者」などとみなしていたが、医療的に解釈するようになっていた。矯正教育の現場では、医療的な制度が直接介入したわけではないが、発達障害が教育の領域で制度化したこと、そして、少年の発達上の問題を重視する児童精神科医が少年を鑑別することが増えたことで、医療的な解釈や支援が広がっていた。特に、発達障害の概念や療育方法について熟知した実践家がいる施設では、医療的な実践を積極的に導入する傾向にあった。ただし、少年鑑別所では、以前から、障害のある

少年を診断ではないが、それと類似したカテゴリーで解釈し、処遇してきたため、小学校と比べると矯正施設の医療化はゆるやかに進んだ。また、小学校と同様に、矯正施設でも医療化が進みにくい側面があった。矯正施設の特徴、役割によって医療的な実践に制約が生じたり、非行少年に特有の診断の難しさがあった。

以上のように、3つの現場では以前の支援状況、医療的な制度の介入、組織の特徴、支援内容など異なった支援状況にあったが、共通してみられたのはそれぞれの組織で混乱や葛藤を抱えていたが、それらを組織内でうまく対処していたという事実である。支援現場の実践を円滑に、効率よく進めるために、実践家はそれらをうまく対処せざるをえなかったともいえる。とりわけ、小学校と矯正施設ではそうした状況が顕著であった。

### 2）3つの場面でみられた不確実性

まず、本研究が不確実性に注目した意義を再度、確認しておこう。医療実践において不確実性が避けられないことは指摘されてきたが（Fox 2000）、日本では事例ごとにどのような不確実性が存在し、それらが医療関係者によってどのように取り扱われているのかについて十分に検討されてこなかった。不確実性はそれらが扱われる場所によって、異なった特徴や働きをもち、事例ごとにみていく必要があった。さらに、医療化プロセスにおいて不確実性がどのように機能するのか、医療化と不確実性の関係性はどのようであるのかは議論がなされておらず、検討する意義があった。

分析の結果、発達障害児の医療実践にも不確実性の存在が明らかになった。そこで、3つの場面でどのような不確実性がみられたのかを**表7-1**（次頁）に整理した。

まず、小学校であるが、教員の語りから導き出された不確実性の多くは療育施設で表出されたものであった。教員は発達障害児やその親との関わり、複数の発達障害児の状況を比較することで、医療実践における不確実性を間接的に捉えていた。あるいは、モデル事業や通級で関わりのある医師との対話によって、教員は療育施設で不確実性が生じていることに気づいていた。

表7-1　3つの場面における不確実性

| 小学校 | 療育施設 | 矯正施設 |
|---|---|---|
| ・医師によって診断の方法や処方が異なる | ・障害の概念が療育施設と学校とでは異なる | ・診断の付与が必ずしも医療的な処遇につながらない |
| ・多数の診断を付与されている児童がいる | ・障害の概念の混乱によって、親は不確かな状況を経験する | ・非行少年の場合、問題行動のどこまでが障害によるものなのか、それ以外によるものなのかを判断することが難しい |
| ・診断の難しさ（一対一の診察では問題行動がみられない） | ・障害について、支援者間で共通した認識をもつことが困難である | ・施設の役割や性質上、診断、療育が難しい |
| ・医師によって処方が異なる（薬物治療を好む医師とそうでない医師がいる） | ・障害の捉え方は、感覚的、経験的である | |
| ・治療・療育方法の多様性 | ・療育方法の多様性 | |
| | ・どの専門家を配置するかが明確ではない | |

　たとえば、教員は多数の診断を付与されている児童がいること、診断が難しい場合があること、医師によって診察の仕方や処方が異なることを語っている。また、ある小学校（S校やK校）では何通りもの対応策を記述したマニュアルが作成されていたが、その内容は医学的知識に基づいたものというよりは、これまで各教科で蓄積されてきた教授法、指導方法に依拠したものであった。教育現場では、児童を医療的に解釈する一方で、児童への対応は教育現場で従来から蓄積されてきた手法を用いる傾向にあった。教育現場における医療実践とは、医療的な解釈を取り入れつつ、教育現場で従来から行われてきた実践を援用するものであった。

　以上のように、小学校では療育施設で生じている不確実性の存在を垣間みることができた。そこで、療育施設でそれらが実際にどのように表出し、扱われているのかについて分析した。療育施設では、障害の定義、診断・療育において不確実性の存在が顕著にみられた。不確実性の3つの類型に基づけば、医学上の不確実性が多くみられた。

　まず、発達障害に分類される諸障害の定義やその範囲は専門家間、領域間（学校と療育施設など）、あるいは、医学と制度間で異なっており、曖昧であった。そのため、同じ療育施設で働いている実践家の間であっても、障害

## 第7章 まとめと結論

の範囲について共通した認識を得ることが難しかった。実践家は障害の範囲を「感覚的に」、「経験的に」把握していると語っており、障害を客観的に捉えることの難しさがうかがえた。診断や療育プロセスでは、発達障害の診断が困難な場合もあった。児童の不適応や逸脱が障害によるものなのか、家庭環境（経済状況の悪化、虐待の有無など）によるものなのかを判別することは困難であった。この指摘は、最近になって専門家の間でも議論されており重要である。たとえば、杉山は虐待された子どもの多くが発達障害と同様の症状をもつことを明らかにし、被虐待児を発達障害症候群として位置づけるべきではないかと述べている。虐待された子どもは心に問題を抱えるだけでなく、脳の発達に障害をもたらし、それらは自閉症に似た行為や問題行動として現れ、生涯にわたる問題になってしまう場合がある（杉山 2007）。この指摘は、虐待された子どもが抱える問題を医学的に明らかにし、包括的な支援が必要であることを訴えている点で評価できる。しかしながら、この指摘は医療化論に基づくと、別の問題をはらむ。医療化の帰結で示されているように、一旦、児童に障害のレッテルを貼ってしまうと、問題は個人化されてしまい、それ以外の要因は気づかれにくくなる（Conrad & Schneider 訳書 2003）。つまり、被虐待児に発達障害のレッテルを貼れば、家庭の経済状況、児童と親の関係性、虐待などの問題は見過ごされてしまう可能性がある。また、虐待されている子どもが、虐待の事実に気づかれないまま、発達障害と診断された場合、虐待の発見はますます遅れてしまうだろう。そもそも、虐待された子どもの場合、発達障害の原因はどのように位置づけられるのだろうか。杉山は、「強い情緒的な体験はそれ自体が器質的な影響を起こしうる」（杉山 2002, p.214）と述べ、虐待によって被虐待児の脳になんらかの器質的な問題が生じ、発達障害に至る可能性について論じている。医療化論が指摘しているように、病気というカテゴリーが付与された時点で、本人やその周辺者（親、教員など）の責任は軽減・免除される（Conrad & Schneider 訳書 2003）。この点を鑑みれば、環境要因に問題がないとされる発達障害児と虐待をうけた子ども（環境要因に問題がある）を同一の障害カテゴリーで捉えることは危険である。虐待された子どもの場合、親の責任が免除されることで、問題が隠蔽されてしまい

かねない。

　続いて、療育場面における不確実性であるが、発達障害の療育は標準化されていないため、流行に左右されやすく、病院によって異なった手法が用いられていた。実践家は療育の多様性に対応するために、さまざまな手法を常に習得しようと努めることで、専門性を維持しようとしていた。療育に携わる専門家は言語聴覚士、保育士、作業療法士、臨床心理士など多様であり、どの実践家が配置されるかは病院によって異なり、仕事の範囲や役割も明確に区切られていなかった。

　最後に、矯正施設の不確実性について整理する。小学校における不確実性の多くは、療育施設でみられる不確実性を教員が間接的に捉えたものであった。一方で、矯正の現場では、小学校のように療育施設における不確実性について実践家が語ることはなく、それらは矯正施設内で生じていた。おそらく、少年鑑別所や少年院が療育施設の役割を果たしているからであろう。具体的には非行少年の場合、非行のどこまでが障害によるものなのか、どこまでが家庭、学校、地域などの環境問題によるものなのかを判別することが難しかった。診断が付与されたとしても、必ずしも医療的な処遇（医療少年院への送致）につながるわけではなかった。矯正施設では少年鑑別所や少年院という施設の特徴や役割（収容期間、施設規模、専門医が在中するかなど）によって、医師による診察が困難で、疑いがある場合でも診断できないことがあった。

### 3）不確実性の3類型

　前述のように、不確実性には「医学上の不確実性」、「機能上の不確実性」、「実存的不安としての不確実性」の3類型がある（Gabe et al. 2004）。本書で明らかになった不確実性が、どの類型に位置づけられるのかを**表7-2**（次頁）に整理した。

　表7-2では、事例研究で明らかになった不確実性を類型別に診断、療育（治療）の段階にわけて表示した。まず、医学上の不確実性には、障害の概念が確立していないこと、それにともなう障害の概念の曖昧さ、診断の難しさ、障害の捉えづらさ、治療・療育方法の多様性などがあった。第1章で述べた

## 表7-2 不確実性の3類型

| | 診断 | 療育（治療） |
|---|---|---|
| 医学上の不確実性<br>clinical | □診断の概念<br>・障害の定義、範囲が明確ではない（制度上、学問上で異なる）<br>・障害の原因が確立されていない<br>・支援者間で障害について共通した認識を持ちづらい<br>・障害について感覚的、経験的に把握している<br>□診断<br>・診断方法が標準化されていない<br>・多数の診断を付与されている児童がいる<br>・非行少年の場合、問題行動が器質によるものか、それ以外によるものなのか判別しにくい | □治療・療育の仕方の多様性<br>・治療方法の見解が医師によって異なる（リタリンの処方の仕方など）<br>・発達障害の場合、薬物療法もあるが、療育による支援が大部分を占める（完治する障害ではない。薬の処方は少ない） |
| 機能上の不確実性<br>functional | □診察の状況依存性<br>・一対一の診察では児童の不適応や逸脱行為をみいだせないことがある<br>□組織の性質や役割<br>・組織の性質や役割上、診断が困難になることがある<br>・組織（学校、療育施設、矯正施設）ごとに障害についての考え方にズレが生じる | □専門家の配置と役割<br>・どの専門家（言語聴覚士、臨床心理士、作業療法士、保育士など）が配置されるのかは、病院によって異なる。また、それぞれの専門家の役割は明確ではない<br>□組織の性質や役割<br>・組織の性質上、治療・療育することが難しい<br>□療育の期間<br>・発達障害の療育には終わりがないため、支援機関によっては期間をもうけている（療育のうち切り） |
| 実存的不安としての不確実性<br>existential | □親の経験<br>・支援先によって異なったことを伝えられ、不確かな状況を経験する。混乱する<br>・親自身が納得できる診断・処方を出してくれる医師を探して病院めぐりをする<br>・本当に障害なのか、障害のレッテルを貼る必要があるのか葛藤する | |

ように、障害の原因が発見されていないことや治療方法が多様であることは他の病気や障害においてもみられることであるが、精神疾患の場合は、それ

ら以上に曖昧で不確実な部分が多いため問題視されてきた（Spector & Kitsuse 訳書 1990, Kutchins & Kirk 訳書 2002）。発達障害の場合、概念の曖昧さは、診断の難しさ、誤診、把握のしづらさにつながり、実践家の間で障害の把握の仕方や扱い方において混乱が生じていた。また、療育施設や矯正施設では、被虐待児や非行少年の行為が発達障害の症状と類似するため、それらを発達障害と区別することが難しいことが明らかになった。これらは、発達障害固有の不確実性といえる。

次に、機能上の不確実性で特徴的であったのは、組織の性質や役割上、診断や治療・療育が困難になっていたことである。この点は、矯正施設で顕著にみられた。不確実性の特徴とそれらの管理・運用のされ方は、支援組織によって異なるため、発達障害のように多様な施設で支援される障害や病気は、必然的に不確実性（特に、機能上の不確実性）をもちやすくなる。また、実践家が発達障害の範囲や程度について共通した認識をもつことは、同じ組織内の実践家間であっても難しいことが確認されたが、組織が異なるとそれはより難しくなる傾向にあった。これらは、医学上の不確実性でみられた発達障害の概念の曖昧さの影響を受けている。その他にも、療育施設では専門家の配置や役割が曖昧であること、発達障害児には療育期間が設定されており、それはしばしば継続的ではないことが明らかになった。

実存的不安としての不確実性は、医学上の不確実性でみられた曖昧さや不確かさに直面した児童の親が抱える不安、混乱、葛藤などである。もちろん、すべての親が経験するものではない。自分の子どもに障害があることを医師から告知された親のなかには、子どもの不適応や逸脱が自分のしつけや教育によるものではなかったのだと安堵し、医療的な介入をスムーズに受け入れる者もいる。一方で、実存的不安としての不確実性でみられるように、医療的な介入や支援に戸惑う親がいた。親たちは、発達障害にみられる医学上や機能上の不確実性によって、たびたび不確かな状況にさらされていた。たとえば、ある親は発達障害の医学上の不確実性に気づき、多くの病院に来院し、納得いく診断をだしてくれる医師を探し、不安や葛藤を解消しようとしていた。こうした病院めぐりは、親が不確実性に直面した時の対処・管理法

の一つである。本書では、主に実践家が不確実性に直面した時の管理・運用方法に焦点をあてたが、実存的不安としての不確実性で明らかになったことは、不確実性の管理・運用は実践家だけが行うものではないという点である。医療関係者だけでなく、患者本人やその親も不確実性に直面し、それらを管理・運用しているのである。ギデンズが指摘するように、後期近代の医療においては、専門家だけでなく治療方法も多様化している。患者は医療における多様性のなかで自己責任のもと、どの専門家にするのか、どの医療実践を選ぶのか常に選択していかなければならない（Giddens 訳書　2005）。この点で私たち患者は、医療の不確実性を以前よりも経験しやすくなっている。そして、なんらかの医療を選択する限りそこには必ず不確実性が存在し、それらとうまく付き合っていくしかない。医療の不確実性をどのように管理・運用するかは、もはや実践家によるものだけではない。医療関係者による不確実性の管理・運用がどのようなものであるかによって、私たち患者が経験する不確実性やそれらの付き合い方（管理・運用）も異なってくるだろう。

### 4）不確実性の管理・運用

ここでは、上述した不確実性が実践家によってどのように管理・運用されているのかについて整理する。不確実性の管理・運用の仕方は、①解釈レベル、②行為レベルにわけることができた。**表7-3**（次頁）では、小学校、療育施設、矯正施設のそれぞれの組織で、不確実性が2つのレベルにおいてどのように管理されていたのかを整理した。

まず、解釈レベルであるが、実践家は医療実践において曖昧で不確かな状況に遭遇し、不安に思ったり、葛藤を抱えるが、そうした状態を自身の解釈において解消しようとしていた。実践家は現場の実践を納得して行うために、医療実践に肯定的な意味を付与したり、障害のイメージを中和させたり、診断よりも教育的な働きかけの意義を強調していた。こうした解釈をとおして、実践家は「疑いはあるが診断のついていない児童」に対しても支援をすることができていた。発達障害は完治できない障害であり、ほとんどの障害の対処が療育となるため、診断がなくても支援することが可能になるのである。

表7-3　小学校、療育施設、矯正施設における不確実性の管理・運用の仕方

|  | 解釈レベル | 行為レベル |
| --- | --- | --- |
| 小学校 | □肯定的な意味づけ<br>・診断よりも、支援を重視。児童の苦手なところをいかに克服させるのかが大切。<br>□障害の否定的イメージの中和<br>・児童の症状を脳のタイプや個性としてとらえ、障害を肯定的に解釈する。 | □既存の教育実践を優先する<br>・医療的な対応よりも、既存の教授法や指導方法を用いて対応する。<br>□診断を付与しようとしない<br>・児童の親や同僚との関係性を重視し、障害の疑いがあることを伝えなかったり、医療機関を無理に勧めようとしない。<br>□告知の仕方<br>・親との関係性が良好な場合のみ、告知する。 |
| 療育施設 | □多数の診断が付与されることについて<br>・多数の診断が付与されることはよくあること。後から診断する医師のほうが有利なのはあたりまえ。 | □告知の仕方<br>・障害という言葉を使用しない。<br>・親の状態をみて、徐々に伝える。<br>□親や関連機関と距離をおく<br>・療育には期間があり、持続的ではない場合がある。<br>・医療現場の療育方法を他の組織に積極的には勧めない。 |
| 矯正施設 | □肯定的な意味づけ<br>・余裕をもって指導できるようになった。<br>・心理テストを繰り返さなくてもよくなったと評価。<br>・施設間で共通した認識をもてるようになった。<br>□教育的な意義の強調<br>・診断は非行少年を理解するための判断材料の一つにすぎない。<br>・診断は教育的な働きかけにつなげることをとおして意義をもつ。 | □告知の仕方<br>・少年やその親の関係性、少年の状態、組織の役割、障害の程度に応じて、戦略的に告知をしたり、しなかったりする。 |

ただし、こうした解釈による管理は、小学校や矯正施設でみられたものであり、療育施設ではあまりみられなかった。療育施設では以前から医療実践を行っており、実践家にとって医療的な行為を施すことはあたりまえのことだからである。このように、新しく医療実践を導入した小学校や矯正施設と以

前から医療実践を行ってきた療育施設とでは異なった意味付与がなされていた。療育施設では、医療実践における曖昧さや不確かさを「よくあること」と認識する傾向にあり、教育や矯正施設の現場のように、医療実践を解釈のレベルで正当化しようとするプロセスはみられなかった。

　行為レベルでは、「告知」が3つの場面でみられ、不確実性の管理・運用の手段の一つとなっていた。発達障害の告知は、診断を患者に伝えたり伝えなかったりするという点において、医療実践の曖昧さの一つとして捉えることもできるが、ここでは管理・運用の手段として用いられている点に注目したい。告知は、主に実存的不安としての不確実性を管理・運用するものとして使われていた。診断（疑いも含む）の告知は、支援現場における人間関係（実践家同士、実践家と親）を悪化させる可能性があり、そうした状況を作らないために、人間関係が良好な場合や診断を受け入れる準備ができている親には告知し、そうでないときにはあえて告知しないようにしていた。告知する場合、実践家は相手の不安やショックを考慮して「障害」という言葉を使わず、障害の特徴のみを伝えたり、婉曲的に伝えることがあった。このように、支援現場で最も重視されているのは良好な人間関係であり、それらを壊してまで医療実践を遂行させようとはしていなかった。実践家は親が診断に対してどれぐらい受け入れる体制が整っているのかを考慮して、親が不安、混乱、葛藤を抱えすぎないように、告知の仕方をコントロールしているのである。

　行為レベルにおける管理・運用は、他にもみられた。学校では療育施設で用いられている療育方法を積極的に導入するというよりは、これまでに培ってきた教育方法を優先させて支援していた。そうすることで、教員は新しい手法や技法に混乱したり、戸惑うことなく、スムーズに支援することが可能になっていた。また、療育施設の実践家は、他の組織の実践家との交流において、一定の距離をおくようにしていた。療育施設の実践家はよりよい療育方法を知っていたとしても、それを療育施設以外の実践家に勧めれば、反発や抵抗感情が生まれると推測しており、積極的な介入は控える傾向にあった。

　以上のように、発達障害をめぐる実践は曖昧で不確かな要素がたくさんみられるが、実践家はそうした不確実性をできるかぎり最小限にし、折りあい

をつけながら現場での実践を円滑に進めようとした。ときには、実践家が医学上の不確実性（概念や原因の曖昧さ）をうまく利用することで、障害のマイナスイメージを中和させたり、実践を肯定的に意味づけるなど自由に解釈を変容させていた。こうして、不確実性の管理・運用は医療とは異なった解釈や行為に基づいて行われた。

### 5）不確実性と医療化

　ここまで、小学校、療育施設、矯正施設の不確実性の特徴とそれらの管理・運用のされ方を整理した。不確実性は医療実践において避けられないものである（Fox 2000）。この点は、医療化プロセスにおいて、不確実性が不可避であることを意味している。しかし、これまで不確実性と医療化の関係性は論じられてこなかった。

　3つの施設の医療実践で明らかになったことは、実践家たちは現場でさまざまな不確実性に遭遇したが、それらをうまく管理・運用していたということである。小学校の教員は療育施設の実践に曖昧で不確かな実態があることに気づき、障害というレッテルを貼ることに対して疑問を抱くこともあったが、障害や教育的な支援を肯定的に意味づけることで、障害に対する抵抗感を少なくしていた。療育施設は医療の不確実性が表出する現場であるが、実践家は不確実性の存在をよくあることだと認識し、患者やその親に対しては、告知の仕方や関わり方において不確実性を曖昧にする傾向にあった。矯正施設では、教育現場と同様に、教育的な意義を重視することで不確実性の存在を曖昧にした。つまり、医療化プロセスに関わる人々の不確実性の管理・運用こそが、医療化を促進させているのではないだろうか。実践家が不確実性の管理・運用をうまく行えば医療化は進むが、うまく管理・運用できなければ、医療化は進まないのである。不確実性の存在そのものが医療化の不全なのではなく、不確実性をうまく管理・運用できないことが医療化の不全なのである。このように考えると、不確実性の管理・運用とは、医療化概念の意義の前提ですらあるといえる。医療化とは、不確実性の管理・運用の程度（うまく管理・運用できているか、できていないか）の結果なのである。

もちろん、3つの領域では、不確実性をうまく管理・運用できていない場面もみられた。特に、療育施設では、「実存的不安としての不確実性」の親の経験にみられたように、親のなかには不確実性の存在に早期に気づき不安や葛藤を経験している者がおり、医療関係者が不確実性をうまく管理・処理しきれていない時があった。こうした場合、不確実性はうまく管理・運用されておらず、医療化は進んでいないということになる。しかしながら、前述したように、不確実性は医療関係者によってのみ管理・運用されるものではない。療育施設の実践家だけでなく、直接医療と関わりのない教員や矯正施設の実践家、そして、患者や親など、より多くの人々が不確実性に遭遇し、それらをうまく管理・運用しようとしている。「実存的不安としての不確実性」にみられた親の病院めぐりは、不確実性を管理・運用する手段の一つであった。親たちは医療的な解釈や行為に対して拒否感を示す一方で、結局、別の医師のところに診察に行っており、医療というレールのうえで選択をしている。不確実性は実践家と患者（親）の双方によって管理・運用されている可能性が高い。本書では、患者やその親にインタビューを行っていないため、彼らが医療の不確実性をどのように管理・処理しているのかについて十分な知見が得られていないが、先行研究で同様の知見が指摘されている。鷹田は小児がんの子どもを持つ親が不確実性に直面し、葛藤しつつも、それらをうまく管理し、対処しようとしていることを明らかにしている（鷹田　2011）。
　不確実性の問題は、これまで医療関係者（特に医師）が不確実性の存在に気づきながらも、それらをうまく管理・運用してしまうために、人々がそれらの存在に気づきにくくなっていることに重点があてられていた。しかしながら、「実存的不安としての不確実性」で明らかになったように、不確実性の管理・運用は支援者だけでなく、患者自身や親たちによってもなされている。そして、不確実性を管理・運用する実践家は、いまや医師や看護師などの医療関係者だけでなく、教員や矯正施設の実践家など、多様な職種の実践家にまで広がっている。発達障害児・者支援は教育だけでなく、さまざまな場面で支援されるようになっており、障害児・者支援の場が拡大すればするほど、直接医療とは関わらない実践家（支援者）も医療の不確実性を経験し、それ

らの管理・運用に関わらざるをえなくなる。こうして、人々はさまざまな場面で医療と関わり、不確実性を管理・運用せざるをえない状況にある。不確実性を経験し、それらをうまく管理・運用することが当たり前のように求められるようなエートスが蔓延し始めていることこそが問題なのではないだろうか。

　以上のように考えると、医療化の捉えづらさや医療化の程度を規定するものは、不確実性それ自体とその管理・運用のされ方にある。医療実践の場でどのような不確実性が存在し、それらがどのように運用されるのかは、組織や実践家間で異なる。それゆえ、医療化の程度や範囲は常に不安定で、部分的なものになる。したがって、医療化の程度と範囲は、事例ごとに不確実性を分析することをとおしてのみ明らかにされる。特に、相互作用場面では、医療関係者、当事者、その周辺者など多くの人が医療と関わるため、不確実性はより多く発見される。それゆえ、それらを研究者が医療化した状態とみなすのか、それとも医療化していない状態とみなすのかを判断することは困難であった。しかし、医療化は不確実性の管理・運用によって進むのだと考えれば、医療実践にみられる不確実性を発見した時点で、医療化しているのかどうかを判断してもあまり意味がない。不確実性それ自体は、確かに医療化されていなかったり、医療化の程度が低い状態であるのだが、それらは実践家、患者、その周辺者たちによって管理・運用される。小学校の事例でいえば、教員は疑いのある児童に対して、診断をつけさせようとはしていなかった。診断をつけないということは、医療実践上、不確実性の一つであり、それだけをみると医療化されていない。しかし、その前後の文脈を読み解いていくと、教員は「診断をあえてつけさせていない」のであり、不確実性を管理・運用することで、柔軟に医療実践を遂行している。したがって、医療化は巧妙に進行している。私たちは不確実性それ自体ではなく、それらの管理・運用のされ方の程度をみることで、医療化を把握する必要がある。

　ただし、不確実性の管理・運用の仕方を把握したとしても、医療化の程度や範囲を完全に把握することには限界がある。コンラッドとシュナイダーが医療化には程度や範囲があり、それらは明確になっていないと指摘して以降

(Conrad & Schneider 訳書 2003)、程度や範囲について明確な理論的な展開があったわけではない。おそらく、医療化の概念は全体をおおまかに把握することは長けていても、細部にわたってつきつめること関しては弱い。これは、医療化理論の欠点である。

## 3　実践的インプリケーション

　本書は、発達障害児支援においてさまざまなタイプの曖昧さや不確かさが存在していることを明らかにし、実践家がそれらをどのように管理・運用しているのかを分析し、医療化を捉えなおしてきた。特に、不確実性の分析は、発達障害者支援を円滑に進めるうえで、実践的に貢献できる側面があるため以下に示す。

　第一に、行政や支援に携わる人々は、各関連機関で生じている不確実性やそれらの管理・運用のされ方についてもっと知る必要がある。発達障害者支援法で掲げられているように、関連機関の連携は発達障害者の支援を充実化させるために重視されている。多くの人が発達障害というレッテルを貼られ、支援されている以上、関連機関の連携を進めていく必要があるのだろうが、現状は連携という言葉を強調するだけで、どのような連携が望ましいのか、連携を難しくさせている要素は何かについて十分な議論がなされていない。先行研究や本研究の事例からも明らかにされているが、関連組織間の連携は必ずしも容易ではい。たとえば、発達障害に分類される障害が教育の領域で制度化されたことで、障害の概念が教育現場と療育現場とで微妙に異なり、双方の現場で混乱が生じていた。また、一見、関連機関との関係性が良好である場合もあったが、それは互いの領域にあえてふみこまず、距離をおくことをとおして成立するものであった。こうした態度は、関連機関との関係性を良好に保つうえで重要な役割を果たしている。しかし、本当にこのような距離のとり方でよいのか。そして、連携とはどういった状態を理想としているのかについての議論が必要不可欠であろう。こうした議論を進めるにあたって、不確実性の存在やそれらの管理・運用に関する議論は、関連機関

の関係性を捉えなおす契機になり、円滑な連携を進めるための糸口となりうるのではないだろうか。

　第二に、不確実性の存在やそれらの管理・運用のされ方について発達障害者本人やその家族、そして、支援に携わる実践家が事前に理解することは意義がある。発達障害は完治するものではなく、診断を付与された時点で、一生、患者は障害をもっていることを受け入れなければならない。それは、多かれ少なかれ、患者が医療とずっと関わっていくことを意味している。医療と関わるということは、同時に医療の不確実性ともつきあっていかなければならない。この点について、鷹田は、「不確かさの多くが完全に排除することができない性質のものである以上、患者と家族はそのことを自らの生（ライフ）の一部として引き受けていくことが求められる」（鷹田　2011, p.98）と述べている。フォックスが指摘するように、不確実性は医療従事者によってうまく処理されてしまうため、患者はその存在に気づきにくくなる（Fox 2000）。不確実性の存在に気づくことが遅れることで、患者やその家族は漠然とした不安を抱えやすくなる。このように考えると、本書で発達障害児の医療実践に不確実性が存在し、支援現場でどのように対処されているのかを明らかにしたことは、今後、患者やその家族、実践家が不確実性に遭遇した際の手助けになるだろう。療育施設でどのような曖昧さや不確かさに遭遇する可能性があるのか、それらは施設でどのように扱われているのか、患者やその家族は事前にある程度、予測して行動することができる。また、発達障害児・者への支援は医療だけではなく、生活全般に広げられており、医療関係者ではない人々が支援を行う場合も多くなる。より多くの人々が医療の不確実性（特に実存的不安としての不確実）を把握できていれば、実践家は患者がどんな問題に直面し、不安を感じているのかについて理解しやすくなり、またそうした患者への対応の仕方も考えやすくなるだろう。

　第三に、私たちは、子どもの不適応や逸脱行動を発達障害として解釈し、支援していくことで、見過ごしてしまう問題があることを自覚すべきである。小学校や療育施設の事例で明らかになったように、不適応や逸脱行動の原因は個人の障害（内側）にあるとみなされるため、親や教員の責任は免除され

る傾向にある。発達障害の原因は、医学的にも児童の養育環境によるものではないとされている。親や教員の責任が免除されるということは、家庭や学校の問題として生じているかもしれない不適応や逸脱に気づきにくくなり、そうした問題を見過ごしてしまう可能性がある。特に、発達障害というカテゴリーは医学的に精緻化されておらず、曖昧な点が多い。実践家が語ったように、不適応や逸脱が本当に医療の問題(障害の症状)として表出しているのか、それ以外の問題として表出しているのかは明確ではない。たとえば、親子関係の問題で愛着に飢えた子ども、あるいは、虐待をうけて育った子どもの行為は発達障害の症状と類似しており、そうした行為を障害かどうか判別することは容易ではない。しかしながら、一旦、児童に障害のレッテルを貼ってしまうと、家庭の経済状況や親子関係に問題があったとしても、それらは見過ごされてしまう可能性があり、問題の本質に迫ることができない。また、学校という組織のなかで子どもが不適応や逸脱的行為をとる場合、原因は学校組織や教員の能力不足にあるかもしれないが、医療的に解釈するとそれらの問題は捨象されてしまうのである。不適応や逸脱を発達障害の問題として扱うことで、見過ごされてしまう問題があることを自覚し、医療的な解釈・実践に対してはもっと慎重にならなければならない。

　第6章で指摘したように、矯正施設では医療的な解釈や実践が導入されてからも、非行と障害の関係性は慎重に捉えられている。矯正施設では、発達障害を非行のリスク要因の一つとみなし、医療的なアプローチをとり入れているが、非行少年の養育環境を重視しており、非行の原因を多面的に捉えようとしている。矯正施設において、発達障害の医学的な知識や療育方法は、矯正施設の実践をより充実させるための利用可能な一手段なのである。もちろん、小学校でも発達障害に関わる知識や療育方法は、現場の実践をより充実させるための手段としてうまく用いられようとしていた。しかし、非行少年の場合、少年に障害があっても、親や当事者の責任が免除されることは少ないが、学校や療育施設では親や当事者の責任は免除される傾向にある。法を犯しているかいないかという問題の重さと関係しているのだと考えられるが、同じように障害のレッテルが貼られながら、一方では責任が免除され、

一方では責任が免除されないということが起きている。このように医療的な解釈や実践は、それらが用いられる場面によって、異なる帰結を導き出す曖昧さをもっている。

<注>
1 コンラッドらのADHDの事例研究を参照（Conrad & Potter 2000）。
2 発達障害者支援センターの職員へのインタビュー（第4章参照）によれば、来院者数が急増し、患者は診察までに数ヶ月待たなければならない場合があった。また、同様の指摘がある（石川　2005）。
3 心理主義化とは、「心理学や精神医学の知識や技法が多くの人々に受け入れられることによって、社会から個人の内面へと人々の関心が移行する傾向、社会的現象を社会からではなく個々人の性格や内面から理解しようとする傾向、および、『共感』や相手の『きもち』あるいは『自己実現』を重視する傾向」（森　2000, p.9）を意味する。また、樫村は「社会の脱制度化や再帰化が進み、人々を支配していた伝統や価値や規範に代わって、心理学的言説や技術が人々を支配していく社会である」（樫村　2003, i頁）と定義している。
4 平成18年度厚生労働科学研究費補助金「こころの健康についての疫学調査に関する研究」（総括研究報告書）で実施された調査によれば、過去1年の間に何らかの精神障害を経験した者でこころの健康に関する受診・相談経験があった者はわずか約17％であった。
5 「医学における道徳的中立性の仮定」、「専門家による統制の支配」、「医療的社会統制」の帰結（Conrad & Schneider訳書　2003）がみられるかどうかは、医療化の程度による。発達障害児支援は、医療と教育の両者の介入が重視されるため、医療のみが支援現場を統制することはなかった。

# 参考文献

Adamson, Christopher, 1997, "Existential and Clinical Uncertainty in the Medical Encounter: an Idiographic Account of an Illness Trajectory Defined by Inflammatory Bowel Disease and Avascular Necrosis" *Sociology of Health & Illness* ,19(2): 133-159.
赤羽由起夫, 2007, 「少年非行における医療化と厳罰化―『子供と医療化』の再検討」『犯罪社会学研究』32, pp.104-118.
――, 2012, 「少年犯罪と精神疾患の関係の語られ方―戦後の新聞報道の分析を通じて」『犯罪社会学研究』37, pp. 104-118.
American Psychiatric Association, 2000, *Diagnostic and Statistical Manual of Mental Disorders, DSM-IV-TR,* (=2003a, 髙橋三郎・大野裕・染矢俊幸訳『DSM-IV-TR　精神疾患の診断・統計マニュアル』医学書院).
――, 2000, Quick Reference to the Diagnostic Criteria from DSM-IV-TR, (=2003b , 髙橋三郎・大野裕・染矢俊幸訳『DSM-IV-TR　精神疾患の分類と診断の手引』医学書院).
――, 1987, Diagnostic and Statistical Manual of Mental Disorders, Third Edition-Revised, (=1988, 髙橋三郎訳『DSM-III-R　精神障害の診断・統計マニュアル』医学書院).
鮎川潤, 2001, 『少年犯罪―ほんとうに多発化・凶悪化しているのか』平凡社.
Becker, Howard S.,1963,*Outsiders: studies in the sociology of deviance*, (=1978, 村上直之訳『アウトサイダーズ―ラベリング理論とはなにか』新泉社).
Conrad, Peter, 1976, *Identifying Hyperactive Children The Medicalization of Deviant Behavior*, Lexington Books.
――, 1981, "On the Medicalization of Deviance and Social Control", Ingleby David ed. *Critical Psychiatry: The Politics of Mental Health*, Penguin Books, (=1985, 国本芳樹訳「逸脱とその社会コントロールの医学化」, pp.169-201, 宮崎隆吉他訳『批判的精神医学―反精神医学その後』悠久書房).
――, 2007, *The Medicalization of Society: on the Transformation of Human Conditions into Treatable Disorders,* The Johns Hopkins University Press.
Conrad, Peter and Potter, Deborah, 2000, "From Hyperactive Children to ADHD Adults: Observations on the Expansion of Medical Categories." *Social Problems* 47(4): 559-582.
Conrad, Peter and Schneider, Joseph W., 1992, *Deviance and Medicalization: From Badness to Sickness*, Temple University Press, (=2003, 進藤雄三・杉田聡・近藤正英訳『逸脱と医療化―悪から病いへ』ミネルヴァ書房).

Davis, Fred, 1960, "Uncertainty in medical prognosis: clinical and functional", *American Journal of Sociology*, 66(1): 41-47.
土井隆義, 2007, 「犯罪被害者問題の勃興とパターナリズム—少年法改正をめぐる構築と脱構築の力学」北澤毅編『非行・少年犯罪 (リーディングス 日本の教育と社会第9巻) 』日本図書センター.
藤川洋子・梅下節瑠・六浦祐樹, 2002, 「性非行にみるアスペルガー障害—家庭裁判所調査官の立場から」『児童青年精神医学とその近接領域』43(3), pp.280-289.
藤川洋子, 2008, 『発達障害と少年非行—司法面接の実際』金剛出版.
―――, 2012, 「家庭裁判所における発達障害—どのような連携が望まれるか」『発達障害研究』34(2), pp.151-156.
Fox, Renée C.,2000, "Medical Uncertainty Revisited", Albrecht, Gary L., Fitzpatrick, Ray and Scrimshaw, Susan C. ed., *The Handbook of Social Studies in Health and Medicine,* Sage:409-425.
福島章, 2000, 『子どもの脳が危ない』PHP研究所.
―――, 2005, 『犯罪精神医学入門—人はなぜ人を殺せるのか』中央公論新社.
Gabe, Jonathan, Bury Mike and Elston, Ann, Mary,2004,*Key Concepts in Medical Sociology,* Sage.
Giddens, Anthony, 1991, *Modernity and self-Identity: Self and Society in the Late Modern Age,* Polity Press. (=2005, 秋吉美都・安藤太郎・筒井淳也訳『モダニティと自己アイデンティティ—後期近代における自己と社会』ハーベスト社).
Glaser, Barney G. and Strauss, Anselm L., 1965, *Awareness of Dying,* Aldine Publishing Co., (=1988, 木下康仁訳『死のアウェアネス理論と看護—死の認識と終末期ケア』医学書院).
Hallahan, Daniel P. and Kauffman, James M., 1976, "Historical Roots", *Introduction to Learning Disabilities: A Psycho-Behavioral Approach,* (=原本昭夫訳, 1985, 「一部分訳—『学習障害』の歴史的起源」『鹿児島経済大学社会学部論集』4(2), pp.91-117).
浜井浩一, 2008, 「はじめに—グローバル化する厳罰化ポピュリズムとその対策」『犯罪社会学研究』33, pp.4-10.
浜田寿美男, 2007, 「『発達障害』と非行・犯罪」『臨床心理学』7(6), pp.841-846.
原田謙, 2002, 「ADHD/非行・暴力・犯罪への親和性—反抗挑戦性障害・行為障害を含むスペクトル」『現代のエスプリ』414, pp.163-171.
平井秀幸, 2004, 「『医療化』論再考」『現代社会理論研究』14, pp.252-264.
―――, 2005, 「覚せい剤使用の『犯罪化』・『医療化』論に関する再検討—『相互作用レベル』における社会的介入に注目して」『犯罪社会学研究』30, pp.119-137.
平澤紀子・神野幸雄・石塚謙二・池谷尚剛・坂本裕・藤原義博・花熊暁・小枝達也・藤井茂樹, 2011, 「幼稚園における障害のある幼児への対応に関する研究—全国公立幼稚園への質問紙調査の検討から」『岐阜大学教育学部研究報告　人文科学』60(1),

pp.173-178.

廣瀬由美子・東條吉邦・井伊智子, 2005, 「小中学校における校内支援体制の在り方に関する一考察—『LDのモデル事業』研究指定校の実態から」『国立特殊教育総合研究所研究紀要』32, pp.29-38.

広田照幸, 2003, 『教育には何ができないか—教育神話の解体と再生の試み』春秋社.

広田照幸・古賀正義・伊藤茂樹編, 2012, 『現代日本の少年院教育—質的調査を通して』名古屋大学出版会.

星野周弘・米川茂信・荒木伸怡・澤登俊雄・西村春夫編, 1995, 『犯罪・非行事典』大成出版社.

細井保宏, 2004, 「軽度発達障害の兆候を有する非行少年の鑑別」『刑政』115(1), pp.112-124.

細川徹, 2002, 「学習障害 概論—歴史的背景」『小児科診療』65(6), pp.885-889.

細川徹・本間博彰, 2002, わが国における障害児虐待の実態とその特徴」『厚生科学研究平成13年度報告書』, pp.382-390.

市川宏伸, 2006, 「言語障害と注意欠陥多動性障害」太田昌孝編『発達障害』日本評論社, pp.65-78.

碇陽子, 2005, 「『医療化』論再考—Peter Conradの社会構築主義的アプローチを中心に」『超域文化科学紀要』, pp.197-219.

石川元, 2007, 『アスペルガー症候群—歴史と現場から究める』至文堂.

石川憲彦, 2005, 「自閉症スペクトラムの社会的処遇—発達障害者支援法の成立をめぐって」高岡健・岡村達也編『自閉症スペクトラム 浅草事件の検証—自閉症と裁判』批評社, pp.81-96.

石川憲彦・高岡健, 2006, 『心の病いはこうしてつくられる—児童青年精神医学の深淵から』批評社.

Illich, Ivan, 1976, *Limits to Medicine-Medical Nemesis: the Expropriation of Health*, (=1998, 金子嗣郎訳『脱病院化社会』晶文社).

甲斐美恵, 2007, 「高機能広汎性発達障害が疑われる少年の調査について—生活史聴取上の留意点」『家裁調査官研究紀要』5, pp.70-89.

鴨下守孝・松本良枝編集代表, 2006, 『矯正用語事典』東京法令出版.

金岡繁裕, 2012, 「発達障害のある人の刑事責任について—責任能力および処遇決定の見地から」『発達障害研究』34(2), pp.157-164.

金澤治, 2003, 『LD・ADHDは病気なのか』講談社.

上林靖子, 2002, 「AD/HD—その歴史的展望」『精神科治療学』17(1), pp.5-13.

樫村愛子, 2003, 『「心理学化する社会」の臨床社会学』世織書房.

木村祐子・小針誠, 2010, 「『PTSD』はいかに語られたか—新聞記事における心理主義化現象の分析」『人間文化創成科学論叢』12, pp.191-199.

北澤毅編, 2007, 『非行・少年犯罪 (リーディングス 日本の教育と社会第9巻)』日本図

書センター．

小泉哲雄・小杉礼子・津富宏・東條吉邦, 2008,『就職困難な若年者の就業支援の課題に関する研究（資料シリーズNo.39）』独立行政法人高齢・障害者雇用支援機構障害者職業総合センター．

車谷隆宏, 2006,「アスペルガー障害の非行事例」『現代のエスプリ』至文堂465, pp.68-74.

Kutchins, Herb and Kirk, Stuart A., 1997, *Making Us Crazy：DSM—The Psychiatric Bible and the Creation of Mental Disorders*, The Free Press,（＝2002, 高木俊介・塚本千秋監訳『精神疾患はつくられる—DSM診断の罠』日本評論社）．

槇野葉月・野村俊明, 2005,「注意欠陥/多動性障害（AD/HD）と非行」『千葉大学教育実践研究』12, pp.25-31.

牧野智和, 2006,「少年犯罪報道に見る『不安』—『朝日新聞』報道を例にして」『教育社会学研究』78, pp.129-146.

松浦直己, 2007,「実証的調査に基づく、少年非行の危険因子に関する研究—少年院における調査と一般高校生との比較を通して」『社会安全』65, pp.14-23.

Maynard, Douglas W., 2003, *Bad News, Good News*, The University of Chicago Press,（＝樫田美雄・岡田光弘訳, 2004,『医療現場の会話分析—悪いニュースをどう伝えるか』勁草書房）．

三井さよ, 2004,『ケアの社会学—臨床現場との対話』勁草書房．

宮本信也, 2000,「注意欠陥・多動障害」『小児の精神と神経』40(4), pp.255-264.

望月葉子・内藤孝子, 2009,『発達障害者の就労支援の課題に関する研究（調査研究報告書No.88）』独立行政法人高齢・障害者雇用支援機構障害者職業総合センター．

森真一, 2000,『自己コントロールの檻』講談社．

文部科学省, 2002,『学習障害（LD）への教育的支援—全国モデル事業の実際』ぎょうせい．

———, 2003,『学習障害（LD）への教育的支援—続・全国モデル事業の実際』ぎょうせい．

茂木俊彦他編, 1997,『障害児教育大事典』旬報社．

茂木俊彦他編, 2010,『特別支援教育大事典』旬報社．

向井義, 2003a,「少年院という社会の開発と処遇システムの再構築—宇治少年院における教育及び社会学的実践を通して」高島昌二編『福祉と政治の社会学的分析』ミネルヴァ書房, pp.186-215.

———, 2003b,「軽度発達障害児に対する研究機関・学校との協働—開かれた少年院をめざして」『刑政』114 (5), pp.57-63.

———, 2004,「非行少年の再犯予防—LD・ADHDに対する少年院の取り組みから」『小児科臨床』57増刊号, pp.1549-1556.

中根晃, 2002,「発達障害の行動異常—高機能自閉症とアスペルガー障害、そしてLD、

ADHD」『調研紀要』73, pp.1-23.
日本発達障害福祉連盟編, 2008,『発達障害白書2009年版』日本文化科学社.
──, 2010,『発達障害白書2011年版』日本文化科学社.
野村俊明, 2001,「突発的に暴力犯罪を行なったアスペルガー障害と考えられる一例──少年非行と発達障害の関連について」『犯罪学雑誌』67(2), pp.56-62.
野村俊明・金樹英・工藤剛, 2001,「注意欠陥／多動性障害ADHDと行為障害──医療少年院の経験から」『犯罪心理学研究』39(2), pp.29-36.
額賀淑郎, 2006,「医療化論と生物医療化論」『社会学評論』56(4), pp.815-829.
小栗正幸, 2006,「発達障害の視点からみた少年非行の理解」『医学のあゆみ』217(10), pp.943-947.
生地新, 2005,「発達障害概念の拡大の危険性について」高岡健・岡村達也編『自閉症スペクトラム　浅草事件の検証──自閉症と裁判』批評社, pp.59-71.
岡田幸之・松本俊彦・千葉泰彦他, 2006,「行為障害と非行および注意欠陥/多動性障害と反社会性人格障害との関連に関する研究」『社会安全』60, pp.6-15.
奥山眞紀子, 2000,「不適切な養育（虐待）と行動障害」『小児の精神と神経』40(4), pp.279-285.
大庭絵里, 2010,「メディア言説における『非行少年』観の変化」『神奈川大学国際経営論集』39, pp.155-164.
太田昌孝編, 2006a,『発達障害』日本評論社.
──, 2006b,『発達障害児の心と行動──改訂版』財団法人放送大学教育振興会.
尾崎茂・和田清, 2005,「メチルフェニデート乱用・依存の現状」『精神医学』47(6), pp.595-597.
Parsons, Talcott, 1951, *The Social System,* The Free Press, (＝1974, 佐藤勉訳『社会体系論』青木書店).
齋藤久子, 2000,「学習障害の歴史と動向（1節）」齋藤久子監修『学習障害──発達的・精神医学的・教育的アプローチ』ブレーン出版, pp.1-19.
齊藤万比古, 2000,「注意欠陥／多動性障害（ADHD）とその併存障害─人格発達上のリスク・ファクターとしてのADHD」『小児の精神と神経』40(4), pp.243-254.
斎藤環, 2003,『心理学化する社会──なぜ、トラウマと癒しが求められるのか』PHPエディターズグループ.
佐々木正美, 2008,『自閉症児のためのTEACCHハンドブック──改訂新版　自閉症療育ハンドブック』学研.
佐藤哲彦, 2006,「薬物政策における医療的処遇──『逸脱の経済化』の一局面としての『医療化』」森田洋司監修『医療化のポリティクス──近代医療の地平を問う』学文社, pp.81-95.
澤登俊雄, 2011,『少年法入門　第5版』有斐閣.
進藤雄三, 2003,「特集　医療化のポリティクス──『責任』と『主体化』をめぐって」『日

本社会病理学会』18, pp.1-14.
品川裕香, 2005, 『心からのごめんなさいへ――一人ひとりの個性に合わせた教育を導入した少年院の挑戦』中央法規出版.
白井千晶, 2001, 「不妊の『マクドナルド化』――生殖の医療化の事例として」『保健医療社会学論集』12, pp.102-114.
Spector, Malcolm and Kitsuse, John I., 1977, *Constructing Social Problems*, Cummings Publishing, (=1990, 村上直之・中河伸俊・鮎川潤・森俊太訳『社会問題の構築――ラベリング理論をこえて』マルジュ社).
Sudnow, David, 1967, *The Social Organzation of Dying*, Prentice-Hall, (=1992, 岩田啓靖・志村哲郎・山田富秋訳『病院でつくられる死――「死」と「死につつあること」の社会学』せりか書房).
杉山登志郎, 2000, 「学習障害の診断 (1節1～2)」齋藤久子監修『学習障害――発達的・精神医学的・教育的アプローチ』ブレーン出版, pp.31-50.
――, 2002, 「非行と発達障害」『臨床心理学』2(2), pp.210-219.
――, 2007, 『子ども虐待という第四の発達障害』学研.
鷹田佳典, 2011, 「病いをめぐる不確かさとその軌跡――小児がんの子どもを持つ親を事例として」『ソシオロジ』55(3), pp.85-101.
髙木憲次, 1951, 「療育の根本理念」『肢体不自由兒の療育』1(1), pp.7-11.
高岡健・岡村達也編, 2005, 『自閉症スペクトラム　浅草事件の検証――自閉症と裁判』批評社.
高松鶴吉, 1990, 『療育とはなにか』ぶどう社.
田中康雄, 2006a, 「軽度発達障害の理解－地域支援のために必要な医師の役割」『月刊保団連』902, pp.4-11.
――, 2006b, 「発達障害と非行臨床――養育環境の重要性」『小児保健研究』65(2), pp.174-179.
谷岡一郎, 2007, 「犯罪・非行の質と量を測定する基準づくりに向けて――裁判員制度化でのSentencing Guidelineの必要性」『犯罪社会学研究』32, p.76-86.
冨高辰一郎, 2010, 『なぜうつ病の人が増えたのか』幻冬舎ルネッサンス.
十一元三, 2002, 「性非行にみるアスペルガー障害――認知機能検査所見と性非行の特異性との関連」『児童青年精神医学とその近接領域』43(3), pp.290-300.
――, 2011, 「広汎性発達障害が関与する事件の責任能力鑑定――少年事件・刑事事件を通じてみられる問題点」『精神医学』53(10), pp.965-971.
鶴田真紀, 2006, 「知的障害者のライフストーリーの構築――インタビューにおける聞く実践とカテゴリーの省察的検討」『障害学研究』2, pp.124-149.
内田良, 2002, 「スティグマの感情――相互作用過程における精神的傷害の二類型」『ソシオロジ』46(3), pp.55-71.
Wilbur J., Scott 1990, "PTSD in DSM-III: A Case in Politics of Diagnosis and Disease"

Social Problems, 37(3): 294-309, (=馬込武志訳, 2000, 「DSM-Ⅲにおける心的外傷後ストレス障害 (PTSD)」平英美・中河伸俊編『構築主義の社会学—論争と議論のエスノグラフィー』世界思想社, pp.193-232.

魚住絹代, 2003, 『女子少年院』角川書店.

Woolgar, Steve and Pawluch Dorothy, 1985,"Ontological Gerrymandering: The Anatomy of Social Problems Explanation," *Social Problems* 32(2): 214-227, (=2000, 平英美訳「オントロジカル・ゲリマンダリング—社会問題をめぐる説明の解剖学」平英美・中河伸俊編『構築主義の社会学—論争と議論のエスノグラフィー』世界思想社, pp. 18-45.

World Health Organization, 1992,*The ICD-10 Classification of Mental and Behavioural Disorders: Clinical descriptions and diagnostic guidelines,* World Health Organization, (=2005, 融道男・中根允文・小見山実・岡崎祐士・大久保善朗監訳『ICD-10 精神および行動の障害—臨床記述と診断ガイドライン　新訂版』医学書院.

山口薫, 2000, 『学習障害・学習困難への教育的対応—日本の学校教育改革を目指して』文教資料協会.

山口孝志, 2006, 「少年院における矯正教育の実情」『法律のひろば』59(1), pp.30-37.

山崎晃資・成瀬浩, 2005, 「注意欠陥／多動性障害への使用—メチルフェニデートの有用性と有害性をめぐって」『精神医学』47(6), pp.601-604.

横島健一郎, 2002, 「発達障害と非行に関する調査官の視点」『家裁調査官研究展望』31, pp.41-48.

横谷祐輔・田部絢子・内藤千尋・髙橋智, 2012, 「児童養護施設における発達障害児の実態と支援に関する調査研究—児童養護施設の職員調査から」『東京学芸大学紀要　総合教育科学系』63(3), pp.1-20.

吉永千恵子, 2001, 「『行為障害』とは何か」『刑政』112(6), pp.54-61.

────, 2008, 「少年鑑別所の精神科臨床とADHD (特集注意欠陥多動性障害 (ADHD))」『臨床精神医学』37(2), pp.191-196.

全国LD親の会, 2001, 『全国LD (学習障害) 親の会—設立10周年記念誌「かけはし」の10年』全国LD親の会.

Zola, Kenneth I., 1978, "Healthism and Disabling Medicalization,"Illich, Ivan, et al., Disabling Professions, Boston: Marion Boyers. (=1984, 尾崎浩訳「健康主義と人の能力を奪う医療化」, 『専門家時代の幻想』新評論).

### <参照HP>

特定非営利活動法人全国LD親の会
(http://www.jpald.net/2014 .4.30.)
LD (学習障害) 親の会「けやき」
(http://www.ne.jp/asahi/hp/keyaki/ 2004.7.1.)
特定非営利活動法人　アスペ・エルデの会

(http://www.as-japan.jp/j/2014.4.30.)
一般社団法人日本LD学会
(http://www.jald.or.jp/2014.4.30.)

# おわりに──発達障害児支援への期待

　発達障害児をとりまく環境は、ここ20年の間に大きく変化しました。筆者が研究をスタートさせたのは、発達障害に分類される「学習障害」や「ADHD」が教育現場で注目され始めたころでした。研究を継続させていくなかで、もろもろの障害が「発達障害」とみなされるようになり、2004年には発達障害者支援法が制定され、発達障害児・者はさまざまな場面で支援の対象になっています。発達障害に限らず、精神疾患の診断数は年々増え続けています。本書を執筆中に、アメリカ精神医学会が出版するDSMの5版が2013年に出版され、翌年には翻訳されました（本書では改訂前の定義を用いています）。世界保健機構（WHO）が作成しているICDの改訂も進められています。予防医学の発展、健康志向の向上などを背景に、医療による体制が刻々と整備され、人々を医療的に対処・管理していくシステムが構築されています。

　しかし、本研究で明らかになったように、医療は支援現場の実践を円滑に進めるための資源として活用されるのであり、必ずしも現場を統制するものであるわけではありません。支援実践に携わる実践家のさまざまな戦略によって、医療は巧妙に管理・運用されているといっていいでしょう。そして、患者自身も医療とうまく付き合っていくことが求められる社会が到来しつつあります。

　現在、筆者は発達障害児の親を対象にインタビュー調査を実施しています。発達障害児の親のなかには、わが子のために、医療的な知識や支援方法を熱心に学び、高度なスキルを専門家なみに習得しようとする人たちがいます。そうした親たちの切実な思いを目の当たりにして思うのですが、「勉強ので

きない子」、「不器用な子」、「変わった子」などとして生きていけない社会とは何なのでしょうか。発達障害というカテゴリーは、多様な子どもを柔軟に受け入れる社会体制が失われたから必要になっただけなのではないでしょうか。なぜ子どもの不適応な行為までもが医療の対象となるのでしょうか。この研究をスタートさせた当初の違和感を改めて抱かざるをえません。発達障害という診断が広く認知され、支援体制が整いつつある今、医療は発達障害児・者を支え、救うという意味において社会貢献をしています。しかし、発達障害という障害が単に医療的な問題としてだけでなく、日本の雇用形態の変化、高学歴化、社会が求める人材の変化、人々の医療に対する態度などをとおして、社会的に生み出された側面があるということを忘れずにいたいと思います。

　本書は、多くの方々の協力や支えによって完成することができました。この研究に関わってくださったすべての方に、感謝の意を述べたいと思います。
　まずは、本研究の調査に快く応じてくださった皆様に、心よりお礼申し上げます。お忙しいなか、長時間にわたって貴重なお話をしてくださり、本当に多くのことを学ばせていただきました。発達障害児の支援に関わる人たちは、医療実践で生じるさまざまな問題に直面し、戸惑いながらも、目の前にいる発達障害児にとって、何をすることが一番いいことなのかを考え、きめ細かい働きかけをされていました。インタビューをとおして、実践の奥深さに感動することが多々ありました。また、本研究が発達障害をテーマにした研究であったこと、調査対象先の一つが矯正施設であったことなどから、調査が順調に進まず、行き詰ってしまうことがありましたが、実践家の方々や先生方のお力添えによって研究を継続させることができました。ありがとうございました。
　本書は、お茶の水女子大学人間文化研究科に提出された博士論文（社会科学）をもとに、加筆・修正して書かれています。博士前期課程より指導してくださった耳塚先生は、マイペースな私を辛抱強く見守ってくださり、私の拙い論文を読んでは、この研究の社会的意義がどこにあるのかを問うてくだ

さいました。博士論文の査読を務めてくださった米田俊彦先生、浜野隆先生、杉野勇先生、藤崎宏子先生からは、鋭いコメントをたくさんいただきました。そこで出てきた論点は、現在、研究を進めるうえで重要な道筋になっています。また、学部生のころから指導していただいている加藤隆雄先生(南山大学)には、本研究について多くの助言をしていただき、研究が思うように進まないときも励ましてくださいました。お世話になりました先生方に、心よりお礼申し上げます。

　本書は、日本学術振興会平成26年度研究成果公開促進費「学術図書」の交付を受けて刊行することができました。研究を継続していくにあたって、博士後期課程在籍時には、2006年度にお茶の水女子大学21世紀COE公募研究、財団法人社会安全研究財団〈B 若手研究助成〉、特別教育研究費による事業「コミュニケーションシステムの開発によるリスク社会への対応」(お茶の水女子大学)において、助成を受けることができました。2007年度には、お茶の水女子大学「ユニバーサルマインドを持つ女性人材の育成」(交通費)の助成を受けています。若手研究者に寛大なこれらの助成がなければ、本研究を継続させることは難しかったと思います。この場を借りてお礼申し上げます。

　お茶の水女子大学の研究室の先輩方には、博士前期課程のころから多くのことを学ばせていただきました。研究の厳しさを共に分かち合いながら、乗り越えていける素晴らしい環境があったことに感謝しています。特に、博士論文に関しては、堀有喜衣さん(労働政策研究・研修機構)と中島ゆりさん(長崎大学)からご助言をいただきました。また、本書を出版するにあたって、発表の機会を設けていただき、三部倫子さん(お茶の水女子大学)、藤田智子さん(東京学芸大学)からもアドバイスをいただきました。校正の際には、大学院生の加藤晴乃さんに読んでいただきました。また、本書の刊行のために東信堂の下田勝司さんが担当してくださいました。多くの貴重なご意見をいただき、ありがとうございました。

　最後に、私事で恐縮ですが、私を支えてくれた家族に謝意を記したいと思

います。長い間、学生の身であった私を応援し、支えてくれた両親、妹、夫、娘に感謝します。家族の温かい支援があってここまでくることができました。ありがとうございます。そして、博士後期課程の修了を喜んでくれた亡き父にこの本を捧げます。

2014 年 12 月

著 者

## 【付　録】

インタビュー内容（第3、4、6章）の概要

I　小学校（第3章）のインタビュー内容

（教員の属性について）
1. 教員の名前
2. 性別
3. 職歴
4. 勤務年数
5. 役職
6. 担当学年

（学校について）
1. 総全校数
2. モデル事業の指定年度
3. 専門家委員会、校内委員会、巡回相談事業について
4. 学習障害や発達障害児に対する支援はどのように行われていますか（通級など）。
5. 校内の組織について（通級のあり方、専門家委員会と校内委員会の組織、養護教諭やスクールカウンセラーとの関わり）。

（教師について）
1. 学習障害という言葉をいつ初めて知りましたか。どのようにして、知識を得ましたか。誰に教わりましたか。それはいつですか。
2. 貴校にいる児童が、あなたにとって初めての学習障害児ですか。
3. あなたのクラスに学習障害（発達障害）といわれるような生徒はいますか。何人ぐらいいますか（他の障害も含めて）。
4. その子どもは、いつ、どこで、誰によって、初めて「学習障害」（発達障害）と言われましたか。その経緯を知っていたら教えてください。

5. その時、保護者の方の反応はどのようでしたか。混乱はありませんでしたか。心理テストを受けることへの反応はどうでしたか。
6. 診断される以前から児童のことを知っていましたか。診断される以前は、児童をどのようにみなしたり、評価してきましたか。診断された後、あなたの評価は以前と比べて変わりましたか。
7. あなたは、児童が学習障害（発達障害）だと知ってどのように思いましたか。
8. 学習障害、ADHDなど診断を付与することについて、どのように考えていますか。
9. 専門家（スクールカウンセラー、巡回相談員、医師）と接することはありますか。それはどのような時ですか。他の児童のことや別の教育問題について質問したり、相談することはありますか。巡回相談員とはどのような関係がありましたか。現在は、継続した関係がありますか。
10. 専門家との関係はどのようですか。意見が食い違うことがありますか。あなたにとって、専門家の支援は有益ですか。葛藤を感じることがありますか。
11. 医師と直接会話はありましたか。関係性はどのようですか。診断のために児童の行動などについて文書を作成したことがありますか。
12. 専門家や親に何か求めることがありますか。
13. あなたは、どのようなときに児童が学習障害（発達障害）なのではないかと感じ、訴えますか。
14. 学習障害（疑いも含む）であることを児童本人に伝えていますか。他の児童にそれを伝えますか。
15. あなたのクラスに他に疑いがあると感じる児童はいますか。それは、男女どちらで、どんなつまずきがありますか。それを保護者に伝えることはありますか。
16. 児童の保健室利用はありますか。
17. 専門家、保護者、学校などの間で、葛藤を感じることがありますか。それは、どんな時で、どんなことですか。

18. 薬物療法（リタリンなど）を行っている児童がいますか。

II　療育施設（第4章）のインタビュー内容
1. 名前
2. 性別
3. 年齢
4. 職歴
5. 1日の仕事の流れや内容について教えてください。
6. 発達障害やその他の周辺的な障害の概念は、いつ頃知りましたか。また、どのようにして知識を身につけましたか。
7. 医療的な概念を知る前は、発達障害児をどのような児童だとみなしていましたか。
8. 発達障害児への診断は誰がしますか。
9. どの障害をもった児童が多いですか。どれぐらいの患者が来ますか。
10. 診断はどのように行われていますか。診断の流れを教えてください。また、診断はどのような方法で行っていますか。
11. 療育は誰がどの程度行っていますか。また、どのような方法を用いていますか。
12. 発達障害児や親御さんに接する際に、どのようなことに注意していますか。
13. 発達障害児をどのような児童だと理解していますか。
14. 印象に残っているエピソードはありますか。
15. 他の施設等との連携は、どのようなかたちで行っていますか。
16. 学校、病院、支援センター等の連携はありますか。
17. 連携をとるうえで、重要なことはどんなことだと思いますか。また難しいと思うことが何かありますか。

III　矯正施設（第6章）のインタビュー内容
1. 名前

2. 性別
3. 年齢
4. 職種
5. 職歴
6. 役職
7. 日々の仕事の内容や手順について教えてください。
8. 学習障害、ADHDなどの発達障害の概念をいつ知りましたか。
9. どのようにしてそれらの知識を身につけましたか。
10. 研修等、知識を習得するためのプログラムがありますか。
11. 診断を非行少年や親、または被害者に伝えますか。
12. その反応はどのようなものですか。
13. 障害のある少年はどの段階で診断されますか。
14. 誰が診断しますか。
15. 非行少年すべてにスクリーニングテストが実施されていますか。疑いのある少年だけですか。
16. 「発達障害者支援法」の施行で何か変わったことはありますか。
17. 障害をもった児童は、施設内に何人ぐらいいますか。増えていますか。
18. いつごろから診断するようになりましたか。
19. 発達障害等の障害は、処遇や教育上、どの程度考慮されていますか。または、処遇や教育にどのようにいかしていくべきだと考えていますか。
20. 発達障害の少年に対してどのように接していますか。
21. 比較的最近になって知られるようになった障害ですが、以前と比べて少年への見方が変わりましたか。どのような点で変わりましたか。
22. 発達障害の少年への教育は、これまでと比べて変わりましたか。どのような点で変わりましたか。
23. 非行と発達障害等の関連性が指摘されていますが、あなたはどのように考えていますか。
24. 報道では、「発達障害」がクローズアップされることがありますが、どのように感じていますか。

25. 医師や専門家の間で何か葛藤を感じることがありますか。
26. 診断は非行少年の処遇や教育上、有益だと思いますか。

## 初出一覧

本書は以下の論文を加筆・修正した。

- 「子どもの不適応的行動の医療化―『学習障害』概念の制度化過程」『Sociology Today』お茶の水社会学研究会　第14号, 18-30, 2005年（第2章）
- 「医療化現象としての『発達障害』―教育現場における解釈過程を中心に」『教育社会学研究』日本教育社会学学会編　第79集, 5-24, 2006年（第3章）
- 「少年非行と障害の関連性の語られ方―DSM型診断における解釈の特徴と限界」『人間文化創成科学論叢』お茶の水女子大学大学院人間文化創成科学研究科　第11巻, 227-236, 2009年（第5章）
- 「少年非行における医療的な解釈と実践―実践家の語りにみる医療化プロセス」『教育社会学研究』日本教育社会学学会編　第86集, 159-178, 2010年（第6章）

# 索　引

## 【欧文】

DBDマーチ　146, 155
DSM　6, 10, 35, 50, 75, 215
ICD　50-55, 119, 121, 141, 215
PTSD（外傷後ストレス障害）　10, 18, 31-34
SSRI　187
SST　57-58, 115, 127
TEACCH　57-58, 114-115, 127-129
Zero to Three　35

## 【あ】

アスペルガー症候群　5, 7, 31-32, 49-51, 145-146
逸脱　8-9, 11, 17-18, 38, 44-45, 88
逸脱と医療化　11, 31, 37, 40
イリッチ　9
医療化　ii, 9-12, 44-47, 187-191, 200-203
　――の帰結　42-44
　――の水準（概念・制度・相互作用）　12, 62-63, 77, 183
　――の程度　14, 45-47, 202-203
　――理論　36-44
医療社会学　8, 12, 17-18, 37
医療的社会統制　12, 188-189
ウールガーとポーラッチ　41
上野一彦　68, 71-72

## 【か】

学習障害（LD）　5, 31-32, 49-52, 59, 62-76, 183-184
ギデンズ　13, 197
虐待　34, 41, 126, 151, 154, 193, 205
矯正施設　20-22, 24-28, 159-182, 190-200
グレイザーとストラウス　15
クレイム申し立て（クレイム活動）　38-39, 41, 62, 69, 74, 185
厳罰化　26-28, 30, 144, 159
行為障害　24, 53-55, 154-155
高機能自閉症　7, 22, 35, 51-52, 80

構築主義　9, 17-19, 37, 40-41, 62, 143
広汎性発達障害　5, 49-53
告知　22, 130-132, 134, 177-180, 199-200
個人化　42-44, 188-189, 193
コンサータ　58-59, 100
コンラッドとシュナイダー　ii, 9-12, 17-18, 24, 36-44, 74, 159, 185-186, 189

## 【さ】

実証主義的アプローチ　48
自閉症　5, 7, 49-52, 57-58
自閉症スペクトラム　51-52
小学校　20-24, 77-109, 187-189, 191-192, 194, 198-199
小児がん　15, 16, 201
少年院　20, 24-26, 142, 160, 162
少年鑑別所　160, 162, 168-169, 178, 190
少年法改正　25-27, 160
スペクターとキツセ　9-10, 17-18, 39
正統性　38-41, 72, 74, 80, 184
制度化　38-41, 59, 62-63, 72-75, 119, 123, 161, 183-186, 190, 203
製薬会社　11, 18, 39, 41, 59, 62, 186-187
責任の所在　24, 42-43, 45, 92-93, 106-107, 142, 159, 160, 184
責任の転嫁　25-26, 42-43, 188-189
全国LD親の会　19, 69, 70-72, 74-75, 183-184
ゾラ　9
存在論的ゲリマンダリング　40-41

## 【た】

脱政治化　42, 44, 188-189
注意欠陥多動性障害（ADHD）　5, 49-51, 59, 65, 100, 145-146, 151, 153, 155
通級　63, 79, 85-87, 95, 97-99, 108
定義のポリティクス　10, 184
同性愛　9-10, 18, 25, 38
道徳的起業家　38, 74-75

| | | | |
|---|---|---|---|
| 特別支援教育 | 56, 59, 80 | 不適応 | 3, 44-45 |

【は】

【ま】

| | | | |
|---|---|---|---|
| パーソンズ | 9, 13, 42, 94 | メチルフェニデート | 58, 186 |
| 発達障害 | 5-8, 31-32, 44-45, 49-56, 59-60 | | |

【や】

| | |
|---|---|
| 発達障害者支援センター | 21, 110-113, 116-117, 119, 141 |
| 発達障害者支援法 | 5-8, 49-53, 59 |
| 反抗挑戦性障害 | 53-55, 154-155, 161 |
| 犯罪化 | 30, 46, 182 |
| 微細脳機能障害 | 14, 64-66 |
| 微細脳損傷障害 | 14, 64-65, 68 |
| 病人役割 | 9, 42, 94-95, 184 |
| フォックス | 13-14, 204 |
| 不確実性 | 12-16, 98-102, 139-140, 149-152, 166-170, 191-203 |
| 　医学上の―― | 14-16, 139, 166-168, 181, 192, 194-196, 200 |
| 　機能上の―― | 15-16, 139, 168-170, 194-196 |
| 　実在的不安としての―― | 15-16, 29, 139-140, 194-197, 199, 201 |

| | |
|---|---|
| 薬物 | 12, 146, 158, 182 |
| 薬物療法 | 5, 58, 100, 114, 146 |

【ら】

| | |
|---|---|
| ラベリング−相互作用論 | 9, 11, 17-19, 37 |
| リタリン | 58-59, 98, 100, 186 |
| 療育（治療教育） | 5, 55-59 |
| 療育施設 | 20-24, 110-141, 184, 190, 192-200 |
| レッテルの拒否・抵抗 | 95-97, 106, 131 |
| 連携 | 8, 24, 116, 135-136, 140, 184, 203-204 |

## 著者紹介

木村　祐子　（きむら　ゆうこ）
　　1978年　岐阜県生まれ
　　2013年　お茶の水女子大学大学院人間文化研究科博士後期課程修了
　　博士（社会科学）
　　現在　お茶の水女子大学大学院人間文化創成科学研究科リサーチフェロー、
　　　　　お茶の水女子大学・玉川大学非常勤講師
　　主要論文
　　「医療化現象としての『発達障害』―教育現場における解釈過程を中心に」『教育社会学研究』第79集、2006年、「少年非行における医療的な解釈と実践―実践家の語りにみる医療化プロセス」『教育社会学研究』第86集、2010年。

*The Sociology of Support for Developmental Disabilities:*
*The Medicalization and the Practitioners' Interpretation*

---

**発達障害支援の社会学――医療化と実践家の解釈**
2015年2月28日　　初　版第1刷発行　　　　　　　　〔検印省略〕
　　　　　　　　　　　　　　　　　　　　　　定価はカバーに表示してあります。

著者Ⓒ木村祐子　発行者 下田勝司　　　　　印刷・製本／中央精版印刷株式会社
東京都文京区向丘1-20-6　郵便振替 00110-6-37828
〒113-0023 TEL (03) 3818-5521 FAX (03) 3818-5514　　株式会社　東信堂
Published by TOSHINDO PUBLISHING CO.,LTD.
1-20-6, Mukougaoka, Bunkyo-ku, Tokyo, 113-0023, Japan
E-mail : tk203444@fsinet.or.jp　http://www.toshindo-pub.com

ISBN978-4-7989-1286-8 C3037　　Copyright Ⓒ Yuko Kimura

東信堂

|  |  |  |
|---|---|---|
| マナーと作法の社会学 | 加野芳正編著 | 二四〇〇円 |
| マナーと作法の人間学 | 矢野智司編著 | 二〇〇〇円 |
| 子ども・若者の自己形成空間<br>―教育人間学の視線から | 高橋勝編著 | 二七〇〇円 |
| 文化変容のなかの子ども―経験・他者・関係性 | 高橋勝 | 二三〇〇円 |
| 君は自分と通話できるケータイを持っているか | 小西正雄 | 二〇〇〇円 |
| 教育文化人間論―「現代の諸課題と学校教育」講義 | 小西正雄 | 二四〇〇円 |
| 発達障害支援の社会学<br>―医療化と実践家の解釈 | 木村祐子 | 三六〇〇円 |
| 「学校協議会」の教育効果<br>―「開かれた学校づくり」のエスノグラフィー | 平田淳 | 五六〇〇円 |
| 学級規模と指導方法の社会学<br>―実態と教育効果 | 山崎博敏 | 二二〇〇円 |
| 夢追い形進路形成の功罪<br>―高校改革の社会学 | 荒川葉 | 二八〇〇円 |
| 進路形成に対する「在り方生き方指導」の功罪<br>―高校進路指導の社会学 | 望月由起 | 三六〇〇円 |
| 教育から職業へのトランジション<br>―若者の就労と進路職業選択の社会学 | 山内乾史編著 | 二六〇〇円 |
| 教育と不平等の社会理論―再生産論をこえて | 小内透 | 三二〇〇円 |
| 〈シリーズ 日本の教育を問いなおす〉 | | |
| 拡大する社会格差に挑む教育 | 西村和雄・大森不二雄<br>倉元直樹・木村拓也編 | 二四〇〇円 |
| 混迷する評価の時代―教育評価を根底から問う | 西村和雄・大森不二雄<br>倉元直樹・木村拓也編 | 二四〇〇円 |
| 教育における評価とモラル | 西村和雄 | 二四〇〇円 |
| 〈大転換期と教育社会変革:地域社会変革の社会論的考察〉 | | |
| 第1巻 教育社会史―日本とイタリアと生活者生涯学習と | 小林甫 | 七八〇〇円 |
| 第2巻 現代的教養Ⅰ―地域的展開・技術者生涯学習の | 小林甫 | 六八〇〇円 |
| 第2巻 現代的教養Ⅱ―生成と展望 | 小林甫 | 六八〇〇円 |
| 第3巻 学習力変革―社会自治と社会構築 | 小林甫 | 近刊 |
| 第4巻 社会共生力―東アジアと成人学習 | 小林甫 | 近刊 |

〒113-0023 東京都文京区向丘1-20-6
TEL 03-3818-5521 FAX03-3818-5514 振替 00110-6-37828
Email tk203444@fsinet.or.jp URL:http://www.toshindo-pub.com/

※定価：表示価格（本体）＋税

東信堂

|  |  |  |
|---|---|---|
| 亀裂の弁証法——現象としての石原晋太郎 | 森 元孝 | 五八〇〇円 |
| 理論社会学——社会構築のための媒体と論理 | 森 元孝 | 二四〇〇円 |
| 貨幣の社会学——経済社会学への招待 | 森 元孝 | 一八〇〇円 |
| グローバル化と知的様式——社会科学方法論についての七つのエッセー | J・ガルトゥング 大矢光太郎訳 | 二八〇〇円 |
| 社会的自我論の現代的展開 | 船津 衛 | 二四〇〇円 |
| 社会学の射程——ポストコロニアルな地球市民の社会学へ | 庄司 興吉 | 三二〇〇円 |
| 地球市民学を創る——変革のなかで | 庄司興吉編著 | 三二〇〇円 |
| 教育と不平等の社会理論——再生産論を超えて | 小内 透 | 三二〇〇円 |
| 現代社会と権威主義——フランクフルト学派権威論の再構成 | 橋本 健二 | 四五〇〇円 |
| 現代日本の階級構造——理論・方法・計量分析 | 橋本 健二 | 四五〇〇円 |
| 人間諸科学の形成と制度化——社会諸科学との比較研究 | 長谷川幸一 | 三八〇〇円 |
| ハンナ・アレント——共通世界と他者 | 中島 道男 | 二四〇〇円 |
| 観察の政治思想——アーレントと判断力 | 小山 花子 | 二五〇〇円 |
| インターネットの銀河系——ネット時代のビジネスと社会 | M・カステル 矢澤・小山訳 | 三六〇〇円 |
| 園田保健社会学の形成と展開 | 山手茂 米林喜男編著 | 三六〇〇円 |
| 社会的健康論 | 須田木綿子 園田恭一 | 二五〇〇円 |
| 保健・医療・福祉の研究・教育・実践 | 園田恭一 山手茂 編 | 三四〇〇円 |
| 研究道 学的探求の道案内 | 米林喜男 編 | 二八〇〇円 |
| 福祉政策の理論と実際(改訂版) 福祉社会学研究入門 | 平岡公一・武川正吾・黒田浩一郎 監修 山田昌弘・三重野卓 編 | 二五〇〇円 |
| 認知症家族介護を生きる——新しい認知症ケア時代の臨床社会学 | 井口 高志 | 四二〇〇円 |
| 社会福祉における介護時間の研究——タイムスタディ調査の応用 | 渡邊 裕子 | 五四〇〇円 |
| 介護予防支援と福祉コミュニティ——行政・営利・非営利の境界線 | 松村 直道 | 二五〇〇円 |
| 対人サービスの民営化 | 須田木綿子 | 二三〇〇円 |

〒113-0023 東京都文京区向丘1-20-6
TEL 03-3818-5521 FAX03-3818-5514 振替 00110-6-37828
Email tk203444@fsinet.or.jp URL:http://www.toshindo-pub.com/

※定価：表示価格（本体）＋税

東信堂

|  |  |  |
|---|---|---|
| ハンス・ヨナス「回想記」 | 盛永・木下・馬渕・山本訳 | 四八〇〇円 |
| 責任という原理——科学技術文明のための倫理学の試み（新装版） | H・ヨナス／加藤尚武監訳 | 四八〇〇円 |
| 原子力と倫理——原子力時代の自己理解 | 小Th・小笠・野成リッ祥ト人編著 | 一八〇〇円 |
| 生命科学とバイオセキュリティ——デュアルユース・ジレンマとその対応 | 四ノ宮　成祥編著 | 二四〇〇円 |
| バイオエシックス入門（第3版） | 河原　直人編著 | 二三八一円 |
| バイオエシックスの展望 | 今井　道夫／香川　知晶編 | 三三〇〇円 |
| 医学の歴史 | 松坂浦井悦宏子監訳 | 四六〇〇円 |
| 死の質——エンド・オブ・ライフケア世界ランキング | 丸祐恵井司／小野谷訳 | 二六〇〇円 |
| 生命の神聖性説批判 | 加奈石飯田亘之訳 | 四六〇〇円 |
| 医療・看護倫理の要点 | 石川・小野谷・片桐・永野訳 | 二〇〇〇円 |
| 概念と個別性——スピノザ哲学研究 | 朝倉　友海 | 四六四〇円 |
| 《現われ》とその秩序——メーヌ・ド・ビラン研究 | 村松　正隆 | 三八〇〇円 |
| 省みることの哲学——ジャン・ナベール研究 | 越門　勝彦 | 三六〇〇円 |
| ミシェル・フーコー——批判的実証主義と主体性の哲学 | 手塚　博 | 三二〇〇円 |
| カンデライオ〈ジョルダーノ・ブルーノ著作集 1巻〉 | 加藤　守通訳 | 三六〇〇円 |
| 原因・原理・一者について〈ジョルダーノ・ブルーノ著作集 3巻〉 | 加藤　守通訳 | 三二〇〇円 |
| 傲れる野獣の追放〈ジョルダーノ・ブルーノ著作集 5巻〉 | 加藤　守通訳 | 四八〇〇円 |
| 英雄的狂気〈ジョルダーノ・ブルーノ著作集 7巻〉 | 加藤　守通訳 | 三六〇〇円 |
| 〔哲学への誘い——新しい形を求めて　全5巻〕 | | |
| 自己 | 松永　澄夫編 | |
| 世界経験の枠組み | 松永　澄夫編 | |
| 社会の中の哲学 | 松永　澄夫編 | 各三八〇〇円 |
| 哲学の振る舞い | 松永　澄夫編 | |
| 哲学の立ち位置 | 松永　澄夫編 | |
| 哲学史を読むI・II | 松永　澄夫 | 三九〇〇円 |
| 価値・意味・秩序——もう一つの哲学概論：哲学が考えるべきこと | 浅田・松田・伊佐敷・橋本・松永・髙木・村瀬・鈴木・松永 淳一弘夫也夫克澄夫泉澄夫編 | 三二〇〇円 |
| 言葉は社会を動かすか | 松永　澄夫編 | 二三〇〇円 |
| 言葉の働く場所 | 松永　澄夫 | 二三〇〇円 |
| 食を料理する——哲学的考察 | 松永　澄夫 | 二〇〇〇円 |
| 言葉の力〈音の経験・言葉の力 第I部〉 | 松永　澄夫 | 二五〇〇円 |
| 音の経験〈音の経験・言葉の力 第II部〉——言葉はどのようにして可能となるのか | 松永　澄夫 | 二八〇〇円 |

〒113-0023　東京都文京区向丘1-20-6
TEL 03-3818-5521　FAX03-3818-5514　振替00110-6-37828
Email tk203444@fsinet.or.jp　URL:http://www.toshindo-pub.com/

※定価：表示価格（本体）＋税